教育部人文社会科学研究青年项目(12YJC630309)

R&D联盟网络及其对高新技术企业竞争优势影响研究

赵红梅　江崇莲　著

中国矿业大学出版社

内 容 提 要

本书对R&D联盟、R&D联盟网络以及高新技术企业竞争优势等相关理论的研究现状进行了分析与评价，并系统梳理了社会资本、弱联结优势以及结构空洞等社会网络相关理论，从而为从社会网络视角研究R&D联盟网络对高新技术企业竞争优势的影响奠定了理论基础；从更为微观的层面揭示了单个高新技术企业通过R&D联盟网络获取竞争优势的内在机理，为高新技术企业在R&D联盟网络中获取竞争优势提供了理论支持，有利于我国高新技术企业在激烈的国际市场竞争中不断提升技术创新能力，从而提升我国整体的科技创新能力。

本书可供从事管理专业研究的工程技术、科研人员以及高校师生参考。

图书在版编目(CIP)数据

R&D联盟网络及其对高新技术企业竞争优势影响研究/赵红梅，江崇莲著. —徐州：中国矿业大学出版社，2017.6

ISBN 978-7-5646-3520-6

Ⅰ. ①R… Ⅱ. ①赵… ②江… Ⅲ. ①高技术企业—技术合作—影响—企业绩效—研究—中国 Ⅳ. ①F279.244.4

中国版本图书馆CIP数据核字(2017)第083339号

书　　名　R&D联盟网络及其对高新技术企业竞争优势影响研究
著　　者　赵红梅　江崇莲
责任编辑　周　红
出版发行　中国矿业大学出版社有限责任公司
　　　　　　（江苏省徐州市解放南路　邮编221008）
营销热线　(0516)83885307　83884995
出版服务　(0516)83885767　83884920
网　　址　http://www.cumtp.com　**E-mail**：cumtpvip@cumtp.com
印　　刷　江苏凤凰数码印务有限公司
开　　本　787×960　1/16　**印张** 13.5　**字数** 242千字
版次印次　2017年6月第1版　2017年6月第1次印刷
定　　价　36.00元

前　言

随着技术复杂性和竞争环境不确定性程度的日益提高，高新技术企业技术创新所需要的技术和知识已经超出了传统的企业核心能力范围，组建或参加R&D联盟成为高新技术企业获取竞争优势的必然战略选择。不同R&D联盟中的高新技术企业逐渐通过其R&D联盟伙伴，甚至伙伴的伙伴建立起联结关系，这种相互联结的R&D联盟伙伴关系的总和构成了R&D联盟网络。R&D联盟网络的形成开启了以联盟网络作为竞争主体的外部技术竞争的新时代。因此，将高新技术企业竞争优势的研究视角从高新技术企业间的双边互动拓展到R&D联盟网络水平层次具有重要的理论与实际意义。

首先对R&D联盟、R&D联盟网络以及高新技术企业竞争优势等相关理论的研究现状进行了分析与评价，并系统梳理了社会资本、弱联结优势以及结构空洞等社会网络相关理论，从而为从社会网络视角研究R&D联盟网络对高新技术企业竞争优势的影响奠定了理论基础。

在对R&D联盟网络相关文献分析的基础上，对R&D联盟网络的概念和特点进行界定和分析；运用社会网络嵌入性理论分析R&D联盟网络的形成动因；基于强弱关系理论和自组织理论分析R&D联盟网络的形成路径；运用复制动态博弈理论研究R&D联盟网络形成的博弈过程；基于R&D联盟伙伴选择的试验性，将波谱尔的试错思想引入R&D联盟伙伴选择研究中，并运用先验概率、后验概率和风险损失函数，建立R&D联盟网络形成中伙伴选择试错模型，以提高高新技术企业选择R&D联盟伙伴的效率，从而从形成动因、路径、过程以及伙伴选择几个维度揭示R&D联盟网络的形成机理。

从结构、关系和位置三个维度对R&D联盟网络属性进行分析和测度；在此基础上，运用强弱关系和结构洞等社会网络理论，揭示了R&D联盟网络能够产生结构维度的知识转移效应和组织学习效应、关系维度的社会资本效应和创新效应以及位置维度的控制效应、信息效应和声望效应的微观机理，从而为研究R&D联盟网络影响高新技术企业竞争优势的机制奠定了理论基础。

基于R&D联盟网络环境，分析高新技术企业竞争优势的内涵和特征；结合集成思想，对R&D联盟网络环境下高新技术企业获取竞争优势的集成竞争能力进行了界定和分析，提炼出学习能力、联盟能力和创新能力等三个关键能力因子，并研究了关键能力因子对高新技术企业竞争优势的影响。以高新技术企业集成竞争能力的关键能力因子为中介，研究了R&D联盟网络的结构、关系和位置属性对高新技术企业竞争优势的影响，并提出了相应假设。

采用问卷调查法对R&D联盟网络影响高新技术企业竞争优势进行实证研究，描述了问卷的设计过程和基本内容；基于R&D联盟网络的结构、关系和位置属性的内涵和测度方法，开发出R&D联盟网络属性的测度量表；选定台湾南港软体工业园和台湾“经济部工业局”企业R&D联盟推动计划书辅助的高新技术企业作为问卷发放对象，并从发放和回收等环节对问卷有效性进行了控制，从而为R&D联盟网络影响高新技术企业竞争优势的实证研究进行了前期设计。

最后，采用PASW Statistics18.0和AMOS8.0软件对数据进行了描述性统计、探索性因子分析和验证性因子分析，并获得了拟合度良好的测量模型。在此基础上，构建、拟合、评价和修正了用于验证R&D联盟网络属性影响高新技术企业竞争优势相关假设的SEM模型；根据最终确定的拟合度良好的模型，验证了R&D联盟网络属性影响高新技术企业竞争优势的相关假设，并给出了未通过验证的个别假设验证结果的解释。

本书从更为微观的层面揭示了单个高新技术企业通过R&D联盟网络获取竞争优势的内在机理，为高新技术企业在R&D联盟网络中获取竞争优势提供了理论支持，有利于我国高新技术企业在激烈的国际市场竞争中不断提升技术创新能力，从而提升我国整体的科技创新能力。

著者

2017年5月

目　录

第1章 绪 论

1.1 研究背景与问题提出

随着经济全球化、科技全球化以及知识经济的到来，高新技术及其持续的技术创新已经成为各国经济增长的重要推动力以及世界市场竞争的焦点。以知识密集和资本密集为特征的高新技术企业，逐渐成为高新技术持续创新的实践主体和主导力量，是影响世界各国科技竞争力的关键因素。美国、英国、日本和德国等发达国家的高新技术产业产值占工业总产值的 30%～40%，而我国却只有 8%左右。近几年来，美国新增产值的 2/3 是由微软这样的高新技术企业创造的，这些高新技术产业对美国国内生产总值的贡献率大于 27%，远远高于房地产业的 14%和汽车产业的 4%。据统计资料分析，我国科技板块上市公司的主营业务收入、利润总额和税金总额分别仅占全部上市公司的 7%、5%和 1%，而且主要集中在电子信息、生物工程以及新材料等较少的几个领域。与发达国家相比，我国高新技术企业仍存在竞争力偏弱与生命周期偏短等方面的不足。2015 年科技部、财政部和国家税务总局对北京市、辽宁省、浙江省、安徽省、山东省、湖北省、陕西省、深圳市八省市高新技术企业进行审核，36 家被取消高新技术企业资格，如中关村公司控股子公司北京华素制药股份有限公司高新技术企业资格被撤销；132 家被责令整改，其主要原因是研发费用不达标、管理不规范等。虽然我国有一些高新技术企业实现了快速发展，但大多数高新技术企业在规模上难以拓展。因而，我国高新技术企业能否在世界市场竞争中获得竞争优势，成为提高我国综合竞争能力不可回避的问题。

随着技术更新不断加快、市场竞争的日益激烈、产品生命周期的不断缩短以及高新技术本身具有的高知识存量、高创新性和高风险等基本特征，任何一个高新技术企业都难以具备技术创新所需要的全部技术和知识，单纯依靠自身的力量很难在市场竞争中获得竞争优势，因此，高新技术企业间合作创新已经成为一种必然的趋势，在合作中竞争成为其新的竞争策略。

在高新技术企业间的合作竞争组织模式中，R&D 联盟成为高新技术企业间一种主要的合作竞争组织模式。发达国家的实践表明，高新技术企业间的 R&D 联盟在新产品开发和技术创新方面最具优势。在诺基亚(NOKIA)通信业务的增长及其战略中，R&D 联盟发挥了重要作用。在 1997～1998 年期间，诺基亚基于增量创新和结构创新与 10 个研发企业缔结了 R&D 联盟，图 1-1 为 1997～1998 年期间诺基亚的 R&D 联盟结构图。

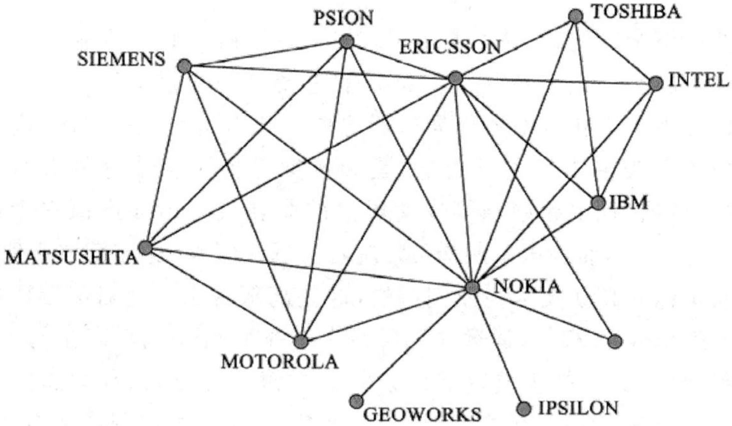

图 1-1　1997～1998 年期间诺基亚的 R&D 联盟结构图

技术的发展有其自身规律。随着技术的不断进步，特定技术轨道的发展空间将变得越来越小，在同一技术轨道上的渐进创新将会变得越来越困难，甚至无法实现，因此技术的融合成为推动技术创新的重要动力。高新技术企业在进行技术创新过程中，为处理多种技术融合的复杂技术难题，需要参加多个 R&D 联盟，将不同领域的高新技术企业的知识和技术进行融合。例如，2001 年诺基亚为开发宽带码分多址移动通信系统的第三代移动交流服务技术，与日本电报电话公共公司等研发企业缔结了 60 个 R&D 联盟，图 1-2 为 2001～2002 年期间诺基亚的 R&D 联盟结构图。

伴随着以信息和通讯技术(CIT)及其网络为基础的网络经济的产生和网络理论的兴起，高新技术企业间的竞争逐渐由工业经济时代的企业之间

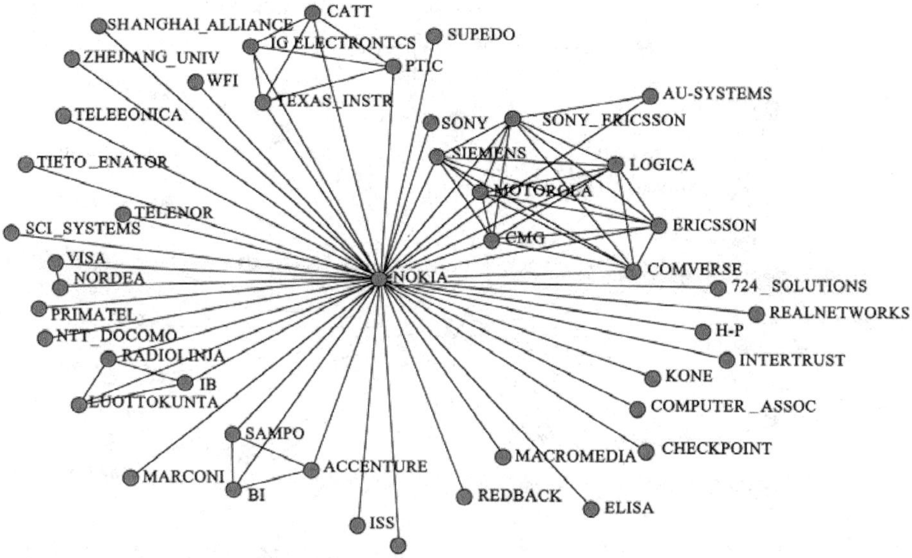

图 1-2　2001～2002 年期间诺基亚的 R&D 联盟结构图

的竞争变为网络与网络之间的竞争，高新技术企业的竞争优势理论也逐渐呈现出一种网络融合的趋势。例如，IBM 在 1985～2002 年间共与 227 个伙伴企业缔结了 384 个联盟，并利用联盟网络完成了从硬件生产企业转变为全球性的服务者和软件企业。图 1-3 所示就是 1991～1992 年期间 IBM 的 R&D 联盟。

1.2　研究目的与意义

随着 R&D 联盟数量的迅速增加，R&D 联盟网络的形成是高新技术企业间组建 R&D 联盟活动的必然发展趋势。为了揭示 R&D 联盟网络对高新技术企业竞争优势的微观影响机制，在系统吸收相关理论研究成果的基础上，揭示 R&D 联盟网络形成的动因、路径、博弈过程以及伙伴选择等微观机理，以探究“R&D 联盟网络中高新技术企业间竞争优势差异的形成原因”为主线，以高新技术企业集成竞争能力的关键能力因子为中介，研究 R&D 联盟网络的结构、关系和位置属性对高新技术企业竞争优势的影响机理，并提出相应假设，以期为我国高新技术企业在 R&D 联盟网络中获取竞争优势提供理论指导。

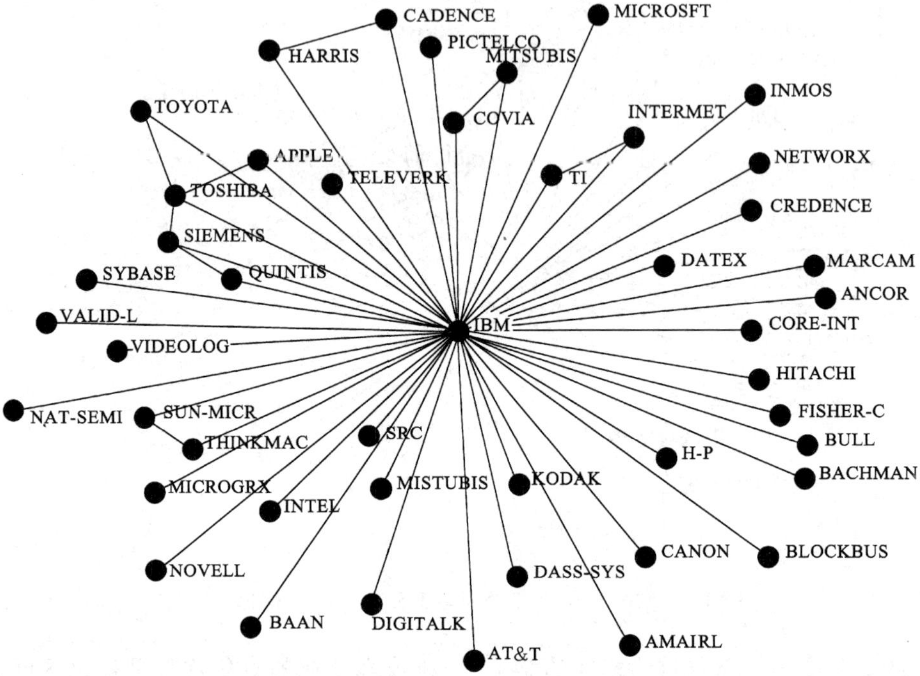

图 1-3　1991～1992 年期间 IBM 的 R&D 联盟网络

本书将高新技术企业竞争优势的研究视角从高新技术企业间的双边互动拓展到 R&D 联盟网络水平层次，系统分析 R&D 联盟网络的结构、关系以及位置属性对高新技术企业竞争优势的作用差异，从微观层面揭示高新技术企业在 R&D 联盟网络环境中获取竞争优势的内在机理。这不仅有利于高新企业在 R&D 联盟网络中有效利用关键网络资源，从而在网络经济中获得竞争优势；也有利于我国高新技术企业在激烈的国际市场竞争中不断提升技术创新能力，从而提升我国整体的科技创新能力。

1.3　国内外研究现状

1.3.1　R&D 联盟研究现状

自 1984 年《国家合作研究法案》(NCRA)颁布以来，很多企业积极进行合作研发，R&D 联盟的数量迅速增加，并引起研究者的极大兴趣。因此，许多学者分别从 R&D 联盟形成动因、模式、绩效的影响因素等不同视角对其进行了广泛的研究。

1.3.1.1 R&D联盟的形成动因

Tyler(1995)从交易成本视角出发，认为高新技术企业间形成R&D联盟能节省交易成本并避免机会主义的威胁；Dodgson(1993)基于资源观，认为R&D联盟能使伙伴之间实现研发资源互补；Kale(2002)基于知识观和组织学习理论，指出R&D联盟是企业学习和吸收伙伴关键技术和能力的一种手段。Teece等(1994)进一步指出R&D联盟伙伴之间的组织学习是企业加入R&D联盟唯一的动因；Reuer和Leiblein(2000)运用风险理论分析了R&D联盟的形成动因，并指出R&D联盟能降低企业的研发风险。Wu Jian(2005)认为跨国公司和中国企业间的R&D联盟的主要动机是建立垂直联系和获得人力资源。Hiroshi Yasuda(2005)运用交易成本理论和资源基础理论将高新技术企业加入战略联盟的动机分为获取伙伴企业的互补资源、缩短研发时间以及降低研发成本等几个类别。庞艳桃(2006)认为高新技术企业参加R&D战略联盟是技术、成本和市场风险驱动的结果。魏然(2000)认为跨国R&D战略联盟的形成动因表现为:市场开放的必然结果、寻求海外市场技术领先的必然选择、企业参与国际市场竞争的必由之路以及技术增强等几个方面。袁立科(2006)从社会资本与企业的互动关系出发，分别从路径依赖、交易成本、合作机会以及知识整合与扩散几个角度围绕社会资本对R&D联盟形成过程的影响作了深入的分析，并结合案例系统阐释了社会资本在R&D联盟动态形成过程中所扮演的角色。

1.3.1.2 R&D联盟模式及选择

Hagedoorn(2002)将R&D联盟分为股权研发合资企业和非股权研发合作协议。股权研发合资企业(RJV)主要涉及在由两个或多个从事研发活动的伙伴共同控制的新组织内分享股权；非股权研发合作协议(RCA)主要涉及分享技术或研发合作，不涉及股权的交换或分享(Vonortas N. S., 1997)。美国公共生物技术公司调查显示，R&D联盟可以分为R&D协议、R&D合作以及少数股权的R&D联盟。Wang Xia(2005)将少数股权R&D联盟定义为研发协议、开发协议或涉及股权协议的合作，并以美国生物技术企业为例，研究了技术特性对R&D联盟形式选择的影响。其研究结果表明:技术关联性和多样性与联盟企业采用高度一体化的研发合作模式呈显著正相关，技术相似性与R&D联盟模式选择呈非单调性关系。

Nakamura等(1996)依据交易成本理论，主张合资企业旨在整合不同企业所拥有的互补性专有无形资产。Colombo(2003)的研究支持以知识为基础的理论,该理论认为在技术联盟中,伙伴技术专有性的分歧会使联盟企业更倾向于采用股权形式合作。Rachelle C. Sampson(2004)认为R&D联盟组织形式是提高知识流动和防止知识泄漏的一种有效手段,并从交易成本理论和知识基础理论两个视角对R&D联盟组织模式选择进行对比分析,得出以下结论:当伙伴的知识基础存在差异且知识转移较难时,研发企业更可能选用股权合资的联盟形式;当伙伴的知识基础完全不同时,研发企业更可能采用其他联盟形式而不是股权合资。

1.3.1.3 R&D联盟绩效的影响因素

Saxton(1997)将R&D联盟作为替代市场或科层组织以获得市场竞争优势的一种替代机制,并认为R&D联盟中项目特性是影响R&D联盟绩效的关键因素。Ring(1994)认为组织之间合作的结构安排非常重要,R&D联盟伙伴的结构特性是影响R&D联盟绩效的关键因素。Yang XiaoHua(2007)运用经济学和组织科学理论,以113个R&D联盟为例,系统地分析了联盟的项目特性和伙伴的结构特性对R&D联盟绩效的影响,得出技术通用性、联盟稳定性以及伙伴之间的互补性均与联盟绩效呈正相关。徐雨霖(2005)提出了R&D联盟的SPC三维分析模型,并系统地分析了企业R&D联盟的结构、行为和绩效三者之间相互影响和制约的复杂互动关系,认为R&D联盟的结构维和行为维共同决定联盟绩效水平的高低。刘学和项晓峰(2006)基于信任和控制关系研究了R&D联盟绩效的影响因素,认为在技术存在高度不确定性的R&D联盟中,信任与控制关系的处理方式是决定联盟绩效的关键因素,并以中国制药产业R&D联盟为对象,对联盟达成前的初始信任与控制战略的关系进行了系统的考察,发现能力信任与过程控制、自我保护控制呈正相关,善意信任与结果控制、自我保护控制呈负相关,而技术不确定性对信任与控制战略的选择影响的相关性具有调节作用。

1.3.1.4 R&D联盟对企业绩效的影响

John D. Neilla(2001)指出在高新技术产业中,与生产或市场等其他联盟相比,R&D联盟能有效提高高新技术企业的价值创造能力,因为研发活动的不确定性和风险性创造了一种有利于形成R&D联盟的环境,并且R&D联盟具有的迅速重新分配资源的灵活性以及创造直接或间接机会的潜力使联盟企业能快速学习或获取伙伴企业的技能、技术、市场或核心能力，甚至战略方向等信息。Chang-Su Kim(2005)认为跨边界的 R&D 联盟能创造有利的学习机会，并加速联盟企业学习和技术创新速度。Rachelle C. Sampson(2007)以电信设备产业的 463 个 R&D 联盟为例，研究伙伴技术多样性和联盟形式对企业竞争优势的影响，研究结果显示，当伙伴间的技术多样性处于适度水平时，R&D 联盟最有助于 R&D 联盟企业提高其竞争优势；当联盟拥有高水平的技术多样性时，股权合资形式的 R&D 联盟有利于联盟企业提高其竞争优势；R&D 联盟经验的边际收益是递减的，即随着研发企业联盟经验的增加，研发企业的联盟收益也快速增加，但当 R&D 联盟经验达到一定水平时，R&D 联盟收益的增长率开始递减。Anand 和 Khanna(2002)认为，当 R&D 联盟是股权合资形式时，联盟经验能改善 R&D 联盟绩效，并使拥有联盟经验的研发企业能从 R&D 联盟中获得更多的收益；当 R&D 联盟活动越是呈现复杂性和不确定性时，R&D 联盟经验对研发企业绩效的影响越呈正向显著性。汤建影和黄瑞华(2007)采用结构方程模型(SEM)结合 151 家企业的调查数据，研究了合作伙伴的技术资源强度、企业的组织学习能力、技术知识的壁垒属性和伙伴间的相容性水平等四个因素对 R&D 联盟企业知识共享绩效的影响作用，得出合作伙伴技术资源强度和伙伴间相容性水平均能够对 R&D 联盟企业知识共享绩效产生正向影响，技术知识的壁垒属性与 R&D 联盟企业知识共享绩效呈负向影响，企业学习能力对 R&D 联盟企业知识共享主观绩效呈正向影响。

1.3.1.5 R&D 联盟研究述评

自 R&D 联盟产生以来，学者主要从 R&D 联盟形成的动因、R&D 联盟模式及其选择、R&D 联盟企业绩效以及 R&D 联盟本身绩效等几个方面进行了深入的研究，并取得了很多研究成果。但上述的研究还存在以下几个方面不足：

① 研究视角的静态化。现有的研究将 R&D 联盟看成静态的组织，从静态的视角研究了 R&D 联盟的形成动因、模式选择以及绩效等，忽视了多个 R&D 联盟的交织互动以及动态演化过程。

② 研究思维的线性化。上述的研究主要以线性思维基于产业层面或企业层次，研究了 R&D 联盟的形成动因、模式选择以及绩效等。其研究的单元是参加 R&D 联盟的企业或 R&D 联盟本身，没有考虑联盟外其他企业行动的影响、其他联盟关系的影响以及研发企业同时参加多个 R&D 联盟的情况，没有涉及 R&D 联盟所处的复杂网络关系以及社会网络环境的

影响。实际上，R&D联盟本质上是R&D联盟伙伴间的一种互动关系，R&D联盟形成的条件、过程和结果都会受社会网络环境的影响，但目前尚未见报道将社会网络思想引入R&D联盟的研究中。

1.3.2 R&D联盟网络相关研究

1.3.2.1 联盟网络研究

国内外学者对联盟网络的研究主要集中在联盟网络结构、联盟网络演化以及联盟网络对企业战略、企业创新和绩效的影响四个方面。

(1) 联盟网络结构的研究

Rosenkopf(2007)对比不同产业的联盟网络结构，提出了比较网络结构理论，并总结出断裂型、蛛网型和混合型三种联盟网络结构。Koichiro(2006)以欧洲塑胶、计算机、电子、仪表以及医药产业为例，对比分析不同产业联盟网络的结构特征，研究结果显示，这些产业中的联盟网络由大量元件组成，但节点率较低，联盟网络中的企业间的直接联系较少；相对于塑胶、计算机、电子和仪表等产业，在医药产业联盟网络中，节点间的平均距离、中介性以及相互依赖程度最高；联盟网络的节点度分配遵循幂律分布，即网络中大多数企业都拥有少量的节点，但少数企业拥有大量的节点；医药产业和电子产业的联盟网络具有相同特性，当除掉随机节点时，联盟网络具有鲁棒性，但除掉关键节点时，联盟网络则变得脆弱。Jonghoon Bae(2004)探索了联盟网络结构对联盟企业盈利能力的影响，并得出联盟企业收入与联盟伙伴控制资源能力以及联盟密度呈正相关的结论。企业借助不同联盟网络结构能获得不同的联盟网络效率和效果，以产权合作为基础的联盟网络能获得比以非产权合作为基础的联盟网络更高的合作效率和更具稳定性的合作关系(王三义等，2006)。

(2) 联盟网络的演化及其对企业战略的影响

Dovev Lavie(2004)以优利系统企业为例，指出联盟网络的演化是网络本身形成、发展和成熟的内生过程，而不是外部刺激的结果，并进一步指出联盟网络的动态演化使企业战略和联盟网络之间的耦合关系变得更为紧密。Koen Dittrich(2007)以IBM为例，研究其如何利用联盟网络完成从利用型战略到探索型战略的战略转型，即IBM从硬件生产企业转变为全球性的服务者和软件企业，研究结果表明，联盟网络能利用外部网络关系的资源优势克服企业核心能力的惰性，可以成为企业进行战略转变的重要工具。

(3) 联盟网络对企业创新的影响

Victor A. Gilsing(2007)研究了联盟网络的特性对企业竞争优势的影响,研究结果显示,网络中节点间的直接联系、间接联系以及冗余性都能对企业竞争优势产生重要影响,联盟网络是创造新知识以及知识转移的重要渠道。Wim Vanhaverberbeke(2008)认为,联盟网络中的企业通过直接联系和间接联系联结在一起。这些联结关系能成为信息传递的渠道和知识交换的催化器。联盟网络利用这些联结关系积极影响着企业在利用性和探索性上的竞争优势。联盟网络的联结方式可以分为基于市场的随机交易联结、基于稳定契约的联结以及基于产权纽带的准一体化联结三类(魏江,2003),不同的网络联结方式在很大程度上决定着企业创新能力和创新效率的高低(王三义,2006)。Gulati R(1995)指出,联盟网络是信息交流最丰富的网络,这些信息能帮助企业识别和选择合作伙伴,得到与新的和可靠的合作伙伴结盟的机会;联盟网络的中心度、关系属性和社会资本等特性都能对企业的知识获得和技术创新等绩效产生影响。

Tsai W(2001)进一步指出,联盟网络为促进组织间学习和知识转移,激励新知识创造,提高组织创新能力提供了机会和有效途径。Powell(1996)基于网络的组织学习理论,认为知识是广泛分布的,企业间的联盟网络是学习和创新的重要来源地。焦俊和李垣(2008)构建了一个基于网络的企业知识获得和创新多因素概念模型,以分析联盟网络的结构特性、合作伙伴的关系属性以及企业的吸收能力如何影响企业知识的获得和内部创新。

(4) 联盟网络对企业绩效的影响

联盟网络作为一种重要的网络资源,学者们从不同的视角研究了其对企业绩效的影响。Calabrese 等(2000)通过分析新兴企业社会网络如何影响企业早期业绩的实证研究,得出新兴企业的业绩与它们创建的网络结构和原始联盟相关的结论,即有效联盟网络能改善新兴公司的早期业绩。并以加拿大生物技术企业的联盟网络对创业企业绩效的影响为例,揭示创业企业的初始绩效随着联盟网络规模的增加、联盟网络效率的提高以及联盟网络范围优势的拓展而增加的内在原因。Leyland Pitt(2006)通过对比瑞典和澳大利亚生物技术产业中的中小企业联盟网络结构,揭示了联盟网络如何影响企业在全球市场上的效率、社会资本和财政收入。Fleming 和 Juda(2004)运用社会网络分析方法,进一步指出联盟网络中相对较少的关键节点能够促进小网络集聚成大网络，并提升整个地区企业的创新能力。学术和管理方面的文献对于联盟网络对企业竞争优势的重要影响逐渐达成共识(G. Ahuja，2000)。Anthony Goerzen(2005)以580个大型跨国公司为例，运用潜变量结构方程模型方法，研究联盟网络多样性对跨国公司经济绩效的影响，发现具有多种联盟网络的跨国公司的绩效平均低于那些具有少量联盟网络的跨国公司的绩效。Anthony Goerzen(2007)以跨国公司为样本，使用多种不同的方法建立模型，并得出联盟网络中重复性伙伴关系与网络中企业的经济绩效呈负显著性影响的结论。

1.3.2.2　R&D网络研究

国内外学者对R&D网络的研究主要集中于R&D网络结构和R&D网络对企业绩效影响两个方面。

(1) R&D网络结构的研究

Sanjeev Goyar(2001)构建了具有双边协议和非独占性关系特征的研发网络的三阶段博弈模型，将研发网络结构分为完整网络、明星网络、部分联结的网络以及空网络，并重点研究了市场竞争、企业投资研发的诱因以及研发网络结构之间的关系。Sanjeev Goyar的研究结果表明，在激烈市场竞争条件下，完整网络具有稳定性，合作的中间水平和非对称性网络是其明显特征；企业间的合作处于中间水平时，社会福利和产业利润最大。

(2) R&D网络对企业绩效的影响

R&D网络能为参加者提供特殊价值，主要在于其能提高网络成员的创新能力和经济绩效(L. Peters，& Groenewegen，1998)。Alice Lam(2003)通过研究全球R&D网络对美国和日本跨国公司组织学习的影响，认为跨国公司所嵌入的内外部R&D网络是跨国公司进行组织学习和创新的关键，R&D网络能通过拓展跨国公司的学习和创新空间，提高跨国公司的绩效。Oana Branzel(2006)认为，网络中多样性研发联系有助于企业重新组合内在的创新活动，并能使其更好地与市场不确定性匹配；R&D网络通过有效利用环境的积极影响和多样性联系能缓解环境压力和内部能力的不足，使参加R&D网络的企业能够获得更高水平绩效。除了分析网络本身对企业绩效的影响，一些学者开始运用社会网络分析方法研究R&D网络对企业绩效的影响。Cowan & Jonard(2007)认为，紧密相连的密集型R&D网络能提高企业的组织绩效，因为密集型网络容易产生信任、共同的语言和解决问题的启发方法，并惩罚机会主义行为，更有利于知识传播和创新。与此相反，Gargiulo 和 Benassi(2000)认为，稀疏网络能提高企业组织绩效，企业如果能占据网络中的结构洞，则能够获得多种溢出的知识资源，同时降低合作成本。

1.3.2.3 R&D 联盟网络相关研究评述

R&D 联盟网络的相关研究成果主要集中在联盟网络和 R&D 网络两个方面：在联盟网络方面，学者主要研究了联盟网络对企业绩效的影响以及其本身的绩效；在 R&D 网络方面，学者主要研究了 R&D 网络结构及其对网络中企业绩效的影响。上述研究成果还存在某些不足之处，主要表现为：

在联盟网络方面的研究，学者侧重于联盟网络的关系特征对企业绩效及战略的影响，对联盟网络结构特征研究较少；多采用定性的方法进行研究，定量的以及实证的研究明显不足；重点分析了联盟网络作为特殊的网络资源为网络中的企业带来的优势，忽视了网络中企业如何有效利用网络资源获得竞争优势。

在 R&D 网络方面的研究，主要集中于国外学者的研究，鲜有国内学者对其进行研究。国外学者大多侧重于 R&D 网络和网络中企业绩效关系的研究，多数研究主要从 R&D 网络的结构特征对企业绩效的影响角度进行分析，很少涉及 R&D 网络关系特征的影响。

1.3.3 高新技术企业竞争优势相关研究

竞争优势的概念最早可以追溯到 E. Chamberlin(1939)的《垄断竞争理论》，1978 年 Hofer 和 Schendel 将其引入战略管理领域。各个学派与研究学者对竞争优势的理解有不同的观点，下面按竞争优势的来源、竞争方式和竞争环境对竞争优势理论进行梳理和归纳。

1.3.3.1 竞争优势的来源

从竞争优势来源看，企业竞争优势理论可以分为外生论和内生论。外生论主要是指以波特为代表的产业结构学派，认为企业是同质的，其竞争优势取决于外部环境和市场结构。内生论主要是指以 Penrose 等为代表的资源基础学派，认为企业是异质的，企业竞争优势来源于其内部的资源、能力以及知识等(张喜凯，2006)。

(1) 企业竞争优势的外生论

企业竞争优势的外生论最初来源于新古典经济学思想。新古典经济学主张，在不完全市场竞争结构的假设前提下，企业竞争优势来源于企业所处的市场结构、产业内的进入和退出障碍以及政府保护和限制等。E. S. Masson和J. S. Bain(1956)在新古典经济学的研究基础上，提出了现代产业组织理论的基本范式S-C-P(结构-行为-绩效)，并认为企业所处的产业环境的差异是企业绩效的决定因素。在产业组织理论基础上，学者们进一步从战略管理学角度研究了企业竞争优势的来源。Kenneth K. Andrews (1981)提出了SWOT原则，认为企业的战略选择是内外部优势和劣势平衡的结果。Michael E. Porter(1980)则构建了著名的"五力"模型，认为供应商、顾客、互补者、替代者以及同行业竞争者等五种力量共同决定行业的竞争状态。随着市场需求的多样化，技术更新的加速和产品生命周期的不断缩短，"五力"模型无法解释同处一个产业中的不同企业间的绩效差异。R. P. Rumelt(1984)通过实证研究，得出以下结论：产业内的利润率分散程度要比产业间的分散程度大3～5倍，并指出企业的超额利润源于企业的特殊性，而非产业内企业间的相互关系。与此同时，学者逐渐将竞争优势的研究视角转移到了企业内部。

(2) 企业竞争优势的内生论

内生论的基本思想主要源于Penrose(1959)的企业内部成长论，并经过Wernerfelt(1984)、Bamey(1991)以及Peteraf(1993)等人的发展，逐渐成为一个包括资源基础观、能力理论和企业知识理论等内容的被广泛认可的理论体系。

资源基础观是在对产业经济学和微观经济学的简单应用基础上，结合经济学、组织理论、传统战略理论以及资源观，主要阐述了企业如何在竞争环境中保持独特和持续性竞争优势(David等，2008)，认为企业竞争优势来源于企业拥有的稀缺性、异质性以及价值性等战略性资源(Teece，2003)。Bamey(1991)强调只有具备价值性、稀缺性、难以模仿性以及难以替代性等特征的内部资源才能成为企业获取竞争优势的战略性源泉。Peteraf (1993)认为，当企业所控制的资源能同时满足资源异质性、事前和事后竞争的限制以及要素的不完全流动性等条件时，该资源才能为企业创造持久性竞争优势。

Prahalad等(1994)学者，基于资源观的理论分析框架，提出了企业能力理论。企业能力理论突出了能力在企业获取竞争优势中的重要作用，认为配置、开发、使用、保护以及整合资源的能力是企业获得竞争优势的关键。企业能力理论以Diericks和Cool (1989)的一般能力为基础，以Prahalad 和 Hame (1990)的核心能力理论为推动力,以 Teece 等(2000)的动态能力理论为形成标志。Prahalad 和 Hamel(1990)首先提出了“核心能力观点”,并认为企业的核心能力是组织中的积累性学识,特别是如何协调各种不同生产技能和有机整合多种技术流派的学识,具有价值性、稀缺性、不可模仿性和不可替代性的特点。Teece 针对核心刚性问题提出了动态能力的概念,认为动态能力是指企业整合、重构和配置内外部资源以适应快速变化环境的能力。动态能力理论秉承了 Schumpeter 的创造性毁灭的基本思想,尤为关注企业的动态效率,强调以开拓性创新动力克服能力中的惯性,认为企业只有通过其动态能力才能不断进行创新,并因此获得可持续竞争优势。

知识观认为企业是异质性的知识体,其竞争优势来源于对隐藏在企业的资源和能力中并能对能力起主导作用的核心知识的创造、存储和应用(Spender&Grant,1996)。知识是企业所掌握的最具战略重要性的资源,并因此成为企业竞争优势的主要来源。然而并不是所有知识都能成为企业竞争优势的源泉,只有具有缄默性、因果模糊性以及专有性等难以流动和替代的知识,才能成为企业获取竞争优势的重要来源。知识观借鉴了 Nonaka 的企业内部知识转化的社会化(Socialization)、外化(Articulation)、组合化(Combination)和内在化(internalization)等过程理论,说明知识转化过程是企业进行组织学习与获取竞争优势的过程(Petersenge,2000)。知识观以全新视角解释了企业竞争优势,有力地推动了持续竞争优势的本质研究。

1.3.3.2 竞争方式

竞争可以规避垄断带来的经营与管理的低效率,因此管理学理论和实践都重视竞争的作用。传统的企业竞争理论认为,竞争性企业之间是一种对抗性的竞争关系。许多理论学派也是基于对抗性竞争关系研究企业竞争优势,如强调竞争优势来源于外部行业定位的产业结构学派和主张竞争优势来源于组织内部资源的企业资源基础观,都侧重于探究如何通过有效的对抗性竞争来获取优势(叶庆祥等,2006)。

随着市场竞争格局和企业之间关系的不断变化,战略管理研究也转而开始探讨如何通过与其他企业合作来获取和保持竞争优势。Dyer & Singh(2000)从企业或组织间的角度来探寻企业竞争优势的来源,并对日本丰田城企业间的合作关系进行了实证研究,指出企业竞争优势产生于组织间的关系租金。Kenneth Preiss(1997)认为新型企业没有明确的界线划分,企业必须走出孤立交易的圈子,将自己的作用过程和运行系统等与竞争对手相互作用,才能建立竞争优势。Neil Rackham(1998)通过大量实例研究后提出了合作竞争成功的三大组成要素,即贡献、亲密与远景。随着合作竞争理论的不断发展和完善,企业竞争优势研究范式也开始从对抗竞争转为合作竞争,从零和博弈转向共赢合作博弈。

1.3.3.3 网络环境下企业竞争优势研究

随着信息技术的快速发展,网络已成为企业生存环境中不可或缺的组成要素。在网络环境下,企业间的竞争形态、内容、特征以及企业竞争优势理论都发生了改变(杨鹏鹏,谢恩,2006)。据此,许多学者开始致力于从网络的视角探究竞争优势的来源。Dyer(1996)指出,日本汽车制造商所建立的物流供应、商务关系以及知识共享等有效网络关系,是它们在全球竞争中能够取得竞争优势的重要原因。Uzzi(1997)针对时装产业的分析指出,企业网络中的社会资本能改善信息传递效率,使得网络成员更好地预测环境的变化,从而加快网络中的技术扩散。Yannis(2004)认为,内部资源能力和外部网络在为企业创造竞争优势的过程中,存在着显著性互动关系。杨鹏鹏和谢恩在资源和社会资本理论的互动基础上,运用理性期望模型,分析了内部资源能力和外部网络在创造企业竞争优势过程中所起的不同作用。Gulati(1999)指出,企业能力及其所处的网络能对企业竞争优势产生影响,并指出企业竞争优势一方面取决于企业自身的能力,另一方面也取决于企业在网络中的位势。S. P. Premaratne(2001)曾以斯里兰卡300多个小企业为例,对企业发展与其拥有的网络关系的相关性进行了实证研究,得到以下结论:小企业所处的关系网络与它所能获得的资源数量呈正相关,企业绩效与其所获支持性资源呈正相关。

1.3.3.4 高新技术企业竞争优势相关研究的评述

企业竞争优势的相关研究,可以归纳为三条演化路径:

(1) 基于竞争优势来源的外生-内生路径

从竞争优势产生来源看,以产业结构学派为代表的外生理论认为企业所处的产业环境是企业竞争优势的关键来源,忽视了企业自身内部资源的作用。以资源基础观、能力基础观以及知识观为主要构成的外生学派,基于外生理论的不足,将研究视角转向企业的内部资源,以企业内部资源作为研究的核心,认为企业自身拥有的异质性资源、核心能力、动态能力以及缄默性知识是企业获取竞争优势的源泉。外生理论和内生理论都是以单一的企业作为分析对象，以企业之间的对抗性竞争为基础，忽视企业之间的合作。

(2) 基于竞争方式的对抗竞争-合作竞争路径

企业竞争优势获取方式的路径从对抗性竞争向合作竞争不断演进和发展。20世纪80年代以来，拜瑞·J·内勒巴夫提出“合作竞争”概念后，合作竞争理论得以迅速发展，许多学者运用合作竞争理论研究了企业竞争优势。

(3) 基于竞争环境的静态-动态-网络路径

无论是外生论还是内生论中资源基础观、能力基础观以及知识观都是以静态的竞争环境为前提。动态能力理论将研究视角拓展到竞争环境的动态演化层次。随着信息技术的发展和渗透，网络已经成为企业竞争环境的一个重要的组成部分。虽然，已有学者从网络视角研究企业竞争优势，但现有的研究只是对企业所处的内外部网络关系进行宏观的研究，没有涉及企业所处的具体微观网络。

1.4　相关理论借鉴

R&D联盟网络是一种特殊类型的社会网络，因而社会网络理论能够为分析R&D联盟网络提供丰富而有力的理论支持。社会网络理论主要包括：社会资本理论、弱联结优势理论、强联结优势理论以及结构空洞理论等。

1.4.1　社会资本理论

法国社会学家Bourdieu(1985)首先提出“社会资本”，并指出社会资本是真实的或潜在的资源集合体，这些资源与对持久性地占有被公认的以及体制化的某些网络结合在一起。Colemna(1990)将个人拥有的表现为社会结构资源的资本资产定义为社会资本，并指出社会结构资源主要存在于社会团体和社会关系网中，个人参加的社会团体越多，其社会资本越雄厚；个人的社会网络规模越大、异质性越强，其社会资本越丰富；社会资本越多，个人摄取资源的能力越强。不仅个人具有社会资本，企业也有“企业社会资本”，通过联结摄取稀缺资源的能力就是企业的社会资本(边燕杰，丘海雄，2002)。特定行为者占有的社会资本数量依赖其网络规模以及与其有联系的行为者拥有的资源数量，个体或组织拥有的社会资本数量能决定其在网络结构中的地位(P. Bourdieu,1986)。社会资本理论从网络规模和成员地位差别等视角出发研究了企业获取资源的能力(邬爱其,2005)。R&D 联盟网络中同样也蕴含着丰富的社会资本,而网络中高新技术企业之间获取社会资本能力并不等同,因此社会资本理论对研究 R&D 联盟网络属性影响高新技术企业竞争优势的微观机制具有重要指导意义。

1.4.2 弱联结优势理论

Grnaovetter (1973) 在《弱关系的力量》一文中,指出人与人之间、组织与组织之间,因接触而存在连带强度是有差别的,并根据互动频率、认识久暂、亲密程度以及互惠内容四个维度将联结分为强联结和弱联结。Grnaovetter (1973)认为强联结和弱联结发挥不同的作用,指出强联结维系着群体和组织内部的连带,弱联结则能使人们在群体之间以及组织之间建立新连带。Grnaovetter (1973)在探究一些网络现象时,指出"弱连带"的概念比"强连带"的概念重要。在此基础上,Grnaovetter (1973)进一步提出弱联结优势假设,认为弱联结的主体之间存在很大差异,能跨越其社会界限,在更大的范围内获取其他群体的重要信息和资源;强联结的主体之间彼此很了解,知识结构、经验和背景等很相似,频繁互动所增加的资源与信息大部分是冗余的,无法带来新资源与信息。在此基础上,Grnaovetter (1973)进一步提出了"弱关系充当信息桥" 的判断,即社会网络中所有弱连带不一定都能充当信息桥,但能够充当信息桥的一定是弱连带。R&D 联盟网络中高新技术企业之间通过其伙伴的伙伴能够形成弱联结关系,弱联结理论为揭示 R&D 联盟网络中没有直接 R&D 联盟关系的高新技术企业之间的互动关系对其获取竞争优势的影响机理具有重要的启示作用。

1.4.3 强联结理论

Grnaovetter (1973)指出,强联结在人际关系和组织间关系中具有重要的作用,尤其在组织间关系支撑的商业行为中,处于不安全位置的人或组织,极有可能借助发展强联结而取得对方的保护,以此降低自身面临的不确定性。Krackhardt 和 Stern (1988)证明得出,强联结提供了组织彼此相互信任的基础,跨边界的强联结有利于组织应对环境的变化和各种不确定性的冲击。强联结之所以能帮助企业克服不确定性带来的风险和危机,其原因在于彼此间通过经常性的交流和交易,可以传递信任感和影响力等资源,容易获得情感支持(罗家德,2002)。企业通过强联结能获得更多有价值的资源,因为隐性知识转移一般只发生在高度信任的企业之间。R&D

联盟网络中高新技术企业之间通过签订 R&D 联盟协议或契约能够形成频繁互动的强联结关系，因此强联结理论为揭示这种联结关系对高新技术企业竞争优势的影响提供了重要的理论基础。

1.4.4 结构空洞理论

Burt(1992)采用结构视角分析社会网络时，指出在个人或组织的社会网络关系中，只是某些主体之间发生直接联系，其他主体之间的关系是间断的，这种不发生直接联系或关系中断的现象，从网络整体来看，好像网络结构中出现了洞穴。Burt 将社会网络中的这种现象称为“结构洞”，并指出结构空洞是网络关系稠密地带之间的网络位置，为活动于期间的成员提供获取新的信息和资源的机会。如图 1-4 所示，Robert 所处的网络位置就是结构洞，这个网络位置能使 Robert 快速接近企业内部和外部市场，因此 Robert 能快速获得更多的信息和资源；相反，James 所处的位置则为企业内部相互联结点。因此，Burt 认为 Robert 凭借在网络中的较佳位置能获取更多竞争优势。

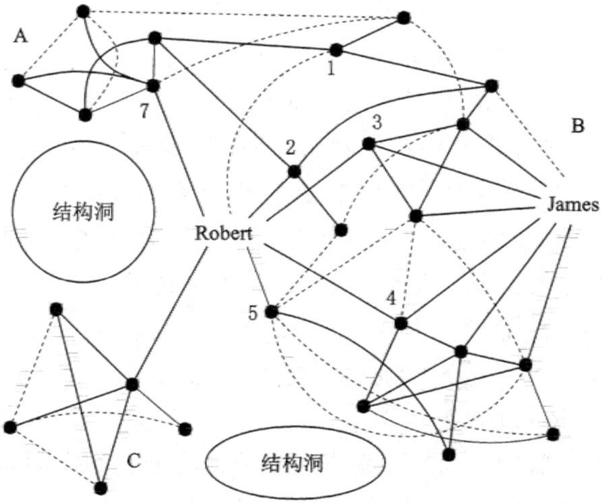

图 1-4　结构洞示意图

结构空洞理论表明，行为者的特性和行为者之间的关系都不重要，重要的是网络位置优势，竞争者拥有的结构洞越多，越容易获得更多网络资源。结构空洞理论为揭示 R&D 联盟网络位置属性对网络中高新技术企业竞争优势影响的差异性提供了重要理论支持。

第 2 章 R&D 联盟网络的形成机理

R&D 联盟的迅猛发展改变了商业竞争的形态，将竞争从单个企业之间扩展到更大的群体之间。R&D 联盟网络已成为高新技术企业竞争市场上一种新的竞争单位和组织形式，为了揭示 R&D 联盟网络对高新技术竞争优势的微观影响，因此需要首先探究 R&D 联盟网络的形成动因、路径、过程以及伙伴选择等机理。

2.1 R&D 联盟网络的内涵

2.1.1 R&D 联盟网络的界定

随着 R&D 联盟的不断发展和演化，二元的 R&D 联盟企业关系相互联结，其总和构成了 R&D 联盟网络。R&D 联盟网络形成示意图如图 2-1 所示，图中①～④代表 R&D 联盟，A～K 代表构成 R&D 联盟的高新技术企业，即 R&D 联盟网络的节点，节点间的连线表示契约或协议关系。高新技术企业 B 既参加了①，也参加了②，因此通过 B，①和②能建立起联结关系；同理，高新技术企业 F 使②和③建立联结关系，高新技术企业 I 能使③和④建立联结关系。①～④通过上述 B、F、G 以及 I 建立起相互联结关系，并进而形成了 R&D 联盟网络。

根据 R&D 联盟向 R&D 联盟网络的动态演化示意图，可以将 R&D 联盟网络界定为：由 R&D 联盟企业，通过契约或合作协议所构成的，具有网络结构和战略意义的研发合作关系网络，其中 R&D 联盟企业是网络中的节点，R&D 联盟关系是节点间的联结方式，即网络中的节点是通过直接或间接的 R&D 联盟关系联结在一起的。R&D 联盟网络架构的主要联结机制是研发合作关系，其实质是 R&D 联盟企业间为达到共同开发新产品和新技术、获得互补性技术创新能力、缩短研发时间以及降低研发成本等战略目标进行组织学习和技术创新的关系网。

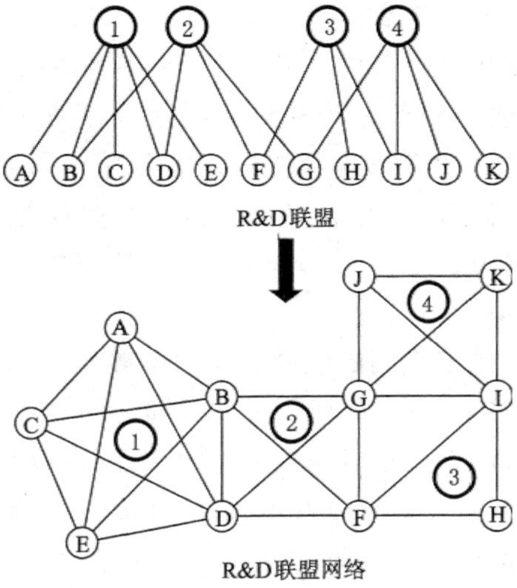

图 2-1　R&D 联盟网形成示意图

2.1.2　R&D 联盟网络的特点

R&D 联盟网络作为一个由众多节点，通过契约或合作协议组成的复杂系统，其特点主要体现在节点、联结关系和网络目标三个方面。

2.1.2.1　节点的复杂自适应性

复杂自适应性是指系统中具有自身目的和主动性的主体，在没有其他实体有意识地控制和管理下，在与环境及其他主体交流过程中，能够“学习”或“积累经验”，并根据学到的经验改变自身的结构和行为方式。由若干个 R&D 联盟企业通过契约或协议等联结方式组成的 R&D 联盟网络是一个复杂的研发系统，研发企业是系统中的活动主体。研发企业加入或退出 R&D 联盟受限于其自身的战略目标和伙伴间所签订的正式契约以及合作协议，不受其他实体有意识地控制和管理，因而研发企业组建或参加 R&D 联盟都有自身的战略动机，是获得互补技术、节省研发成本、分散研发风险以及获得战略网络能力等多种动因驱动的结果。同时，R&D 联盟网络中的研发企业根据自身研发需要，会积极主动地与网络中其他研发企业交流信息和搜寻显性知识，并利用一切机会学习技术诀窍等隐性知识，从而提高其自身研发能力。基于 R&D 联盟网络中研发企业的目的性、不受控制性以及组织学习性等性质，并借鉴复杂自适应性的内涵，可以得出 R&D 联盟网络具有复杂自适应性。

2.1.2.2 联结关系的自愿性和平等性

R&D 联盟网络中节点间的联结关系是指网络中研发企业间所签订的契约或合作协议。研发企业是否签订契约或合作协议完全取决于研发企业自身战略需要，主要受契约或合作协议能否减少研发不确定性、能否提供学习隐性知识的机会以及是否能带来信息优势和控制优势等因素的影响，因而研发企业间为组建 R&D 联盟所签订的契约或合作协议是研发企业的自愿性战略决策。

R&D 联盟网络中节点间的联结关系的平等性是研发企业间签订契约或合作协议的内在要求，节点间以平等身份维持互动式的联结关系。即使某些节点在获取信息、转移知识和组织学习方面占有优势，但其根本原因不是该节点在契约或合作协议方面占优势，而是该节点凭借其声望优势或网络中的优势位置能够获得信息优势或技术优势。

2.1.2.3 网络目标的协同创新性

协同是指系统各部分之间的互相协作能够使整个系统形成微观个体所不具有的新结构和新特征。R&D 联盟网络作为一个研发系统，系统中的 R&D 联盟企业出于技术和竞争原因愿意进行协同创新，其中技术原因主要包括分享研发成本和风险以及突破技术难度等；竞争原因主要包括获得学习技术诀窍等隐性知识的机会、加速研发过程和制定新技术标准等。例如，2000 年全球半导体行业收入为 1 960 亿美元，当年半导体资本投入为 550 亿美元，占全行业收入的 28%，工艺设备投入 300 亿美元，占全行业收入的 15%，两者之和占全行业收入的 43%。技术创新所需要的成本和技术挑战往往是行业内单个研发企业难以承担的，所以研发企业间进行协同创新是一种必然趋势。

R&D 联盟网络节点内以及节点间的创新要素通过非线性的相互作用，能够产生研发企业单独创新所无法实现的研发、学习和创新等方面协同效应，因而，R&D 联盟网络中的研发企业为获得网络协同效应，势必愿意进行协同创新。综合上述分析，可见协同创新性是 R&D 联盟网络的重要目标。

2.2 R&D 联盟网络的形成动因

R&D 联盟网络的形成和其他社会行为一样，不是孤立存在的，而是嵌入在社会关系网络中，是环境变量、R&D 联盟网络效应以及研发企业自身等维度多种因素复杂集成的结果。

2.2.1　网络经济发展的推动

在网络经济下，经济主体表现出对网络前所未有的依赖和相互依存。随着网络经济日益向市场竞争领域的渗透，传统的企业组织边界逐渐变得模糊，新的市场竞争舞台是由一系列企业所联结的网络构成的。在网络经济影响的环境中，高新技术企业必然会主动搜寻研发合作伙伴，以合作研发方式参与市场竞争。

2.2.2　R&D 联盟网络效应的引导

R&D 联盟网络能够为网络中的 R&D 联盟企业间信息流动、知识转移和组织学习提供有效路径。参与其中的高新技术企业通过关系嵌入，在频繁的互动中能接近新知识和新技术，共享 R&D 联盟网络中的信息资源，并提高知识转移和组织学习的效率；通过结构嵌入，高新技术企业如果能占据 R&D 联盟网络中的中心位置，则有机会获得有价值的信息和新的获利机会。高新技术企业为获得 R&D 联盟网络关系嵌入和结构嵌入的潜在效应，势必会组建或参加已有的 R&D 联盟，随着 R&D 联盟数量的增多，从而逐渐产生 R&D 联盟网络。

2.2.3　勘探型战略的驱动

迈尔斯和斯诺将企业战略分为分析、勘探和防御三种类型，并指出企业的战略是一个统一连续体，分析型居于中间，勘探型和防御型位于两端。防御型战略服务于稳定的产品市场，分析型战略指企业在现有技术基础上开发新产品，勘探型战略指企业在追求赢利能力的过程中开发新技术和新产品。企业战略类型的选择服务于企业所在的竞争域，高新技术企业的竞争域是技术创新能力，因而，高新技术企业为获得市场竞争的胜利，必然选择勘探型战略。

随着市场竞争的网络化趋势，实行勘探型战略的高新技术企业在进行新产品和新技术的研发过程中，既不能完全依靠自身的力量进行内部研发，也不能简单从市场上购买研发所需要的创新资源。一方面，完全依靠内部研发不仅成本高昂而且研发时间滞后；另一方面，创新资源是一种隐性知识，固化在研发人员的大脑中，是难以交流的情境性知识，很难在研发人员之间传播和扩散。因而，R&D 联盟成为替代内部研发和市场购买的一种有效的合作研发方式，是高新技术企业实施勘探型战略的必然选择。

在勘探型战略驱动下，高新技术企业会同时与多个高新技术企业结成

R&D联盟，旨在通过伙伴关系能共享更多的私有及隐性知识，包括战略、利润边际以及只有通过“干中学”的隐性知识，而不仅仅是纯粹的市场联系中只能交换的数量与价格信息。因而，勘探型战略成为R&D联盟网络形成的重要驱动力。

2.2.4 引介与桥接资源的获得

研发是一个庞大而复杂的系统工程，技术的复杂性和融合性使得技术研发日益困难，技术的突破和创新不仅需要企业间甚至产业间的合作。嵌入性关系中包含着共同解决问题的机制，这些机制之间通过相互调适，能共同解决问题，减少产品开发时间。

R&D联盟网络通过关系嵌入和结构嵌入能够为R&D联盟伙伴引介和桥接互补技术。图2-2是R&D联盟网络引介图，图中A_1～F_1、A_2～F_2和A_3～F_3分别代表R&D联盟中的节点，节点间的连线表示契约或协议关系，虚线表示两个节点间没有R&D联盟关系；A_1～F_1所组成的R&D联盟网络用①表示，A_2～F_2所组成的R&D联盟网络用②表示，A_3～F_3所组成的R&D联盟网络用③表示，①、②和③又通过节点间的联盟关系扩展为一个更加复杂的R&D联盟网络。图2-2中A_1、E_1、F_1结成多边R&D联盟$A_1E_1F_1$，而A_1、C_1缔结双边R&D联盟A_1C_1，虽然C_1和E_1、F_1没有联盟关系，但通过A_1的桥接和引介作用，C_1能通过结构嵌入从R&D联盟$A_1E_1F_1$中获得所需要的稀缺资源，从而共同解决研发难题，减少产品开发时间，提高研发效率。R&D联盟网络中的高新技术企业通过R&D联盟网络的引介和桥接，可以弥补研发资源的战略缺口，获得研发协同优势。

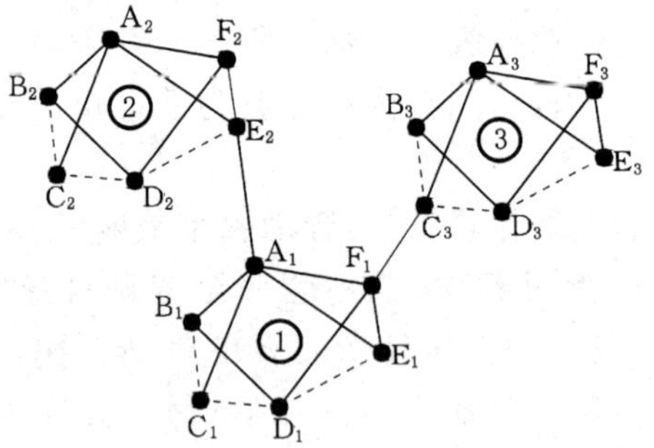

图2-2 R&D联盟网络引介图

2.2.5 降低研发不确定性的需要

企业的内外部环境中包含诸多不确定性因素。Koopmans(1957)认为，不确定性是企业战略和经营的首要问题。高新技术企业在新技术和产品的开发过程中面临的不确定性更加复杂，其主要来源于信息不对称、契约不完全、合作伙伴的不可预见性行为以及由此导致的机会主义等不确定性因素，而且上述不确定性并不是完全孤立的，有时会交织在一起形成更为复杂的不确定性组合。

为规避或降低不确定性，高新技术企业的潜在要求是获取更多信息。R&D 联盟网络的节点间蕴涵着大量信息，网络中的高新技术企业通过网络关系和网络结构能获得降低不确定性所需要的研发信息。在 R&D 联盟网络中，高新技术企业间通过直接联系，提高接触频率和信息流通效率，从而容易相互理解和信任，彼此不会利用对方伙伴的弱点实行机会主义。研发信息不仅可以通过网络间直接联系传播，还可以通过网络结构本身来传播，研发企业在 R&D 联盟网络中所处的结构位置会影响研发企业的信息优势。因而，高新技术企业为在 R&D 联盟网络结构中获得信息优势，努力占据网络中的结构洞。

高新技术企业为降低研发过程中的不确定性风险，通过契约或协议组建 R&D 联盟以及形成 R&D 联盟网络是高新技术企业演化发展的必然趋势。

2.3　R&D 联盟网络的形成路径

鉴于 R&D 联盟网络节点的复杂自适应性、联结关系的自愿性和平等性以及网络目标的协同创新性等特点，高新技术企业可以通过自发和自主结盟形成 R&D 联盟网络。当高新技术企业间自主结盟动力不足或结盟条件不成熟时，需要政府等中介机构进行扶持和引导。作为 R&D 联盟企业间网络化组织方式的 R&D 联盟网络，是通过高新技术企业的自组织、政府等中介机构的他组织以及混合组织三种路径形成的。

2.3.1　高新技术企业的自组织

自组织是指在没有外界干涉的条件下，一个体系获得空间、时间或功能结构的过程。因 R&D 联盟网络成员在关系上投入的时间和精力的多少以及参与各方间利益互惠程度的不同，R&D 联盟网络成员间形成了强弱不同程度的联系。根据 R&D 联盟网络形成的联系强弱程度差异，可以将 R&D 联盟网络形成的自组织路径分为强联系主导型的自组织和弱联系主导型的自组织。

2.3.1.1　强联系主导型的自组织

在没有外界干涉下，R&D联盟的盟主和候选者在动态的博弈过程中能够形成强联系，并且当盟主和候选者的战略目标动态耦合后，R&D联盟盟主完成R&D联盟网络的构建任务。

在降低研发风险、获取研发资源以及提高新技术创新成功率等潜在需求的驱动下，具有知识优势并掌握着行业中关键核心技术的高新技术企业，及时回应市场变动，主动根据自己的标准搜寻潜在的R&D联盟伙伴，这些先动搜寻伙伴的高新技术企业被称为R&D联盟盟主，被动等待R&D联盟机会以供盟主选择的高新技术企业被称为R&D联盟的候选研发企业。在R&D联盟网络构建过程中，作为盟主的先动高新技术企业为了选择合适的研发伙伴，投入大量的人力和物力对候选研发企业的信誉、研发能力和合作历史等进行全方位的考核，并将自己的知识、技术和研发人员等信息向候选研发企业传输。Hansen将组织中密切而频繁的直接联系称之为强连接，R&D联盟的盟主和候选研发企业在相互传递结盟信号和对彼此有效价值的心理预期过程中，频繁地进行互动，从而能够建立起强联系。

R&D联盟的盟主还扮演着统帅者的角色，能使候选研发企业间建立连接关系。在盟主介入之前，候选者研发企业间没有直接联系，缺乏信任基础；盟主介入后，在盟主游说和选择R&D联盟伙伴的过程中，潜在的盟员间通过盟主的桥接和协调机制建立起频繁而密切的直接联系，在强连接的基础上，R&D盟主和候选者以及候选者之间，基于共同的战略目标，签订多边合作协议或制定合作契约以及具体的规章制度。在强联系的驱动下，高新技术企业间结成的基于多边协议或契约的R&D联盟本身就构成了R&D联盟网络，这些R&D联盟网络一般是以盟主为中心的星型网络结构（见图2-3），其中A_1～H_1代表高新技术企业，是网络中的节点，节点之间的连线代表R&D联盟关系。处于图2-3中心位置的A_1代表R&D联盟中的盟主，网络中的其他高新技术企业原本缺乏合作基础，是通过A_1的桥接和协调作用而共同缔结R&D联盟。

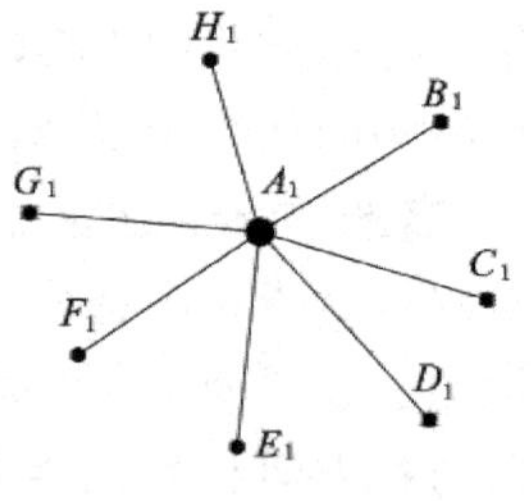

图2-3　星型R&D联盟网络结构示意图

2.3.1.2　弱联系主导型的自组织

Hansen 将组织间疏远、不频繁的联系称之为弱联系。研发企业间弱联系的建立与合作需求直接相关，是一个构筑在合作需求之上的自选择过程。随着网络经济的迅猛发展、产品研发周期的缩短以及市场竞争的激烈，高新技术企业间知识的非对称性和互补性逐渐增强，因而高新技术企业间合作创新的需求也随之增加，它们之间更容易建立某种联系。

R&D 联盟企业间弱联系虽然只承担了有限的时间和亲密性投资，却能成为隐性知识和研发信息交流和扩散的重要渠道，并能够将那些彼此间毫无关系的 R&D 联盟企业联系起来，从而成为推动 R&D 联盟网络形成的主导力量。图 2-4 所示就是弱联系主导型的 R&D 联盟网络示意图，其中 A～N 代表高新技术企业，A～F 的高新技术企业组成蛛网型的 R&D 联盟，H 和 I 组成双边协议形式的 R&D 联盟，J 为孤立的研发企业，G 为星型的 R&D 联盟，K～N 组成蛛网型的 R&D 联盟。星型和蛛网型的 R&D 联盟、双边协议形式的 R&D 联盟以及孤立的高新技术企业间原本是互不相识，缺少合作研发的信息和基础，这些原本无 R&D 联盟关系的研发企业间通过它们共同的伙伴，甚至伙伴的伙伴联结在一起而形成 R&D 联盟网络，实际上只是 B-G、C-K、E-J 和 D-H 等有限的联结关系在起作用。例如，2001 年 3 月 22 日诺基亚、埃里克森和摩托罗拉缔结了 R&D 联盟，3 月 25 日埃里克森又和索尼缔结了 R&D 联盟，6 月 13 日索尼和 NEC 缔结了 R&D 联盟，10 月 21 日 NEC 和微软缔结了 R&D 联盟，因而诺基亚、埃里克森、摩托罗拉、索尼、NEC 以及微软通过有限的联结关系而形成了跨国界 R&D 联盟网络。

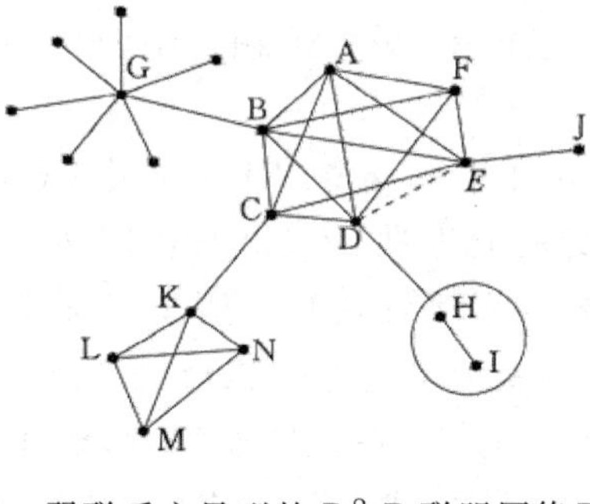

图 2-4　弱联系主导型的 R&D 联盟网络示意图

2.3.2 政府推动的他组织

当高新技术企业间的利益相似性和相互认知性较低，不足以自动激发形成 R&D 联盟网络的意愿，但这种相似利益却客观存在，此时 R&D 联盟网络的形成需要依赖于第三方的促合，这就产生了被组织路径。潜在的 R&D 联盟企业因研发基础、研发需要以及中高层管理者的战略胆识的不同，对研发合作机会或风险理解存在差异。有些潜在的 R&D 联盟企业因担心关键核心知识和技术的泄漏以及对 R&D 联盟及其网络的效应认识不足，处在观望状态，不愿意迅速做出组建或参加 R&D 联盟的战略决策。此时，作为第三方的政府或某些中介机构，容易敏锐识别 R&D 联盟先机，并将 R&D 联盟的潜在的优势效应传递给潜在 R&D 联盟企业，劝说其参与 R&D 联盟及其网络，并为 R&D 联盟企业提供信息和知识交流的平台。因而，在政府或中介机构等第三方的推动下，这些有着互补知识源的潜在 R&D 联盟企业容易形成 R&D 联盟网络。例如，在台湾"经济技术科研部"的推动下，2002 年璨圆光电等十家高新技术企业组建白光 LED 研发联盟，为了确保 LED 研发联盟得以顺利进行，"经济技术科研部"又协助建立研发管理制度。因而，当联盟环境以及结盟条件成熟，而潜在 R&D 联盟企业对结盟认识不足时，政府的扶持和引导是高新技术企业间形成 R&D 联盟网络的有效助推器。

2.3.3 混合组织

R&D 联盟网络的自组织路径和政府推动的他组织路径是最初形成 R&D 联盟网络的两种组织方式。随着 R&D 联盟网络的动态演化，R&D 联盟网络的形成不断融合自组织和被组织两种路径的优点，即混合路径。在 R&D 联盟网络形成过程中，单纯依赖自组织路径或被组织路径都有各自的弊端。

在自组织路径下，由于外部环境的不确定性、信息不对称、沟通不完全以及高新技术企业本身的非理性，R&D 联盟网络构建中的盟主和候选研发企业都很难掌握对方的可靠性信息。盟主可能选中不合适的候选研发企业，候选研发企业也可能错误地选中不合适的盟主。因此，R&D 联盟伙伴选择是一个不断试错的过程，在试错过程中，盟主和候选研发企业前期所投入的搜寻和考核成本以及其他经济损失构成了 R&D 联盟伙伴选择的试错成本。如果试错成本太高就会形成沉淀成本，会损害 R&D 盟主企业或候选研发企业的经济效率，反而会阻碍其产品开发能力和技术创新能力。盟主和候选研发企业自发构建 R&D 联盟网络是一个漫长的过程，高新技术企业间因共同利益和技巧上的限制，在响应变动的环境上较迟钝，很难在市场竞争中把握结盟机遇，容易错过最佳结盟时机。

在由政府推动的他组织路径下，政府只是在 R&D 联盟网络构建的初期发挥作用，当 R&D 联盟网络构建完成之后，将关注其他 R&D 联盟网络的构建。如果过多依赖政府的协调和控制，政府退出 R&D 联盟网络的管理后，R&D 联盟网络很难高效地运行。

因此，只有通过融合了自组织路径和他组织路径优点的混合路径，才能高效地构建 R&D 联盟网络，并使 R&D 联盟网络具有更强的生命力。

2.4　R&D 联盟网络形成的博弈过程及边界条件

在产品研发过程中存在两类研发企业，一类是掌握着行业中关键核心技术并具有绝对的优势，主动根据自己标准搜寻 R&D 联盟伙伴的潜在 R&D 联盟盟主企业；另一类则是在与核心技术相关的辅助技术方面具有比较优势，被动等待 R&D 联盟机会以供盟主选择的候选研发企业。具有绝对优势的 R&D 联盟盟主，在进行研发决策时，可以选择组建 R&D 联盟网络；也可以选择不组建 R&D 联盟网络，独立研发。对于具有辅助优势的候选研发企业而言，其可以选择参与策略，也可以选择拒绝策略。如果高新技术企业预期 R&D 联盟网络能够产生正网络效应，则它们会组建和参与 R&D 联盟网络。R&D 联盟网络的形成过程的本质与有限理性条件下大群体复制动态演化博弈相类似。

2.4.1　复制动态博弈与 R&D 联盟网络形成的契合

2.4.1.1　复制动态博弈理论

复制动态博弈理论源于 Hamilton 等对动物和植物的合作与冲突行为的博弈分析，并综合了 Smith 的演化稳定策略与 Taylor 的动态复制概念最终发展起来的博弈理论。动态复制和演化稳定策略分别表征演化博弈的稳定状态与趋向稳定状态的动态收敛过程，它们共同成为了动态复制演化博弈理论的核心概念。

复制动态博弈理论的基本思想是：在一定规模的博弈群体中，博弈参与人面对确定与不确定的博弈对象进行的反复博弈活动。博弈方只具有有限理性，因此其最佳策略就是模仿与改进过去自己与别人的最有利战略，从而使自己的效用最大化。博弈方通过这种长期模仿与改进，都会趋于某个稳定策略，并且当大多数博弈方采用稳定策略时，任何博弈方都无法从“突变”的博弈策略中受益。复制动态博弈理论基于有限理性假设，认为博弈方缺乏发现最佳行动的能力，不可能在每一次博弈中都能准确地判断自己所处的利害状况，即使达到了最优均衡也容易再次偏离，博弈方之间的策略均衡不是一次性选择的结果，而是多次学习调整的结果。

2.4.1.2 复制动态博弈与R&D联盟网络形成的契合

R&D联盟网络的形成表现为潜在R&D联盟伙伴之间的博弈行为。当候选研发企业投入大量的人力和物力对潜在R&D联盟伙伴的信誉、研发能力和合作历史等方面进行全方位的考核后，认为与潜在R&D联盟盟主结盟后，在与潜在R&D联盟网络中其他成员的博弈中能获得更多收益，它才会作出与该潜在R&D联盟伙伴缔结R&D联盟的策略选择。同理，潜在R&D联盟网络中的盟主及其盟员认为与候选研发企业结盟后，在与候选研发企业的博弈中，其收益也能增加，它们才会接纳候选研发企业入盟。这些博弈行为逐渐动态演化为复杂的R&D联盟网络。

外部环境的不确定性、信息不对称、沟通不完全以及高新技术企业本身的非理性导致高新技术企业只具有有限理性。基于此，在R&D联盟网络的形成过程中，由于研发的复杂性，高新技术合作同样面临着不确定性和不稳定性。高新技术企业难以准确判断出参与研发合作的各种状态以及相应的利益和成本。

在有限理性的作用下，R&D联盟网络的形成是潜在R&D联盟伙伴之间的动态的学习和调整的过程。高新技术企业可以同时与多个高新技术企业建立契约和协议关系，同时参与多个R&D联盟伙伴选择的博弈。由于高新技术企业具有有限理性，作为博弈方的高新技术企业很难准确判断出R&D联盟伙伴选择的最优博弈均衡解，但它根据自己的联盟经验和候选研发企业的结盟信号，能够掌握潜在R&D联盟伙伴的前期策略，因此模仿潜在R&D联盟伙伴的前期最优策略也就成为高新技术企业后一次博弈学习与调整的目标。基于有限理性与动态的学习和调整过程，R&D联盟网络的形成过程与复制动态博弈论能够实现有效契合。

2.4.2 对等结构的R&D联盟网络形成的复制动态博弈模型

2.4.2.1 模型假设

假定R&D联盟网络形成过程中，每个高新技术企业都面临两种策略选择，参与或不参与。在对等结构下，如果两个企业都参与 R&D 联盟网络，双方可以获得同等研发收益增加值 a；如果一方参与 R&D 联盟网络，但另一方不参与 R&D 联盟网络，参与方会产生经济损失，其研发收益增加值为 $-b$，不参与方的研发收益增加值为 0；如果双方都不参加 R&D 联盟网络，则双方的研发收益增加值为 0，其中 $a>0, b>0$。将研发企业随机配对进行博弈，得到博弈收益矩阵，如表 2-1 所示。

表 2-1　R&D 联盟网络形成的博弈支付矩阵

博弈方 2 \ 博弈方 1	参与	不参与
参与	a, a	$-b, 0$
不参与	$0, -b$	$0, 0$

2.4.2.2　博弈模型的构建

假设有比例为 x 的高新技术企业选择参与策略，比例为 $(1-x)$ 的高新技术企业选择不参与策略，作为博弈方的高新技术企业采用这两种策略的博弈方的期望收益和整个 R&D 联盟网络的期望收益，分别用 U_Y、U_N 和 $\overline{U}$ 表示，则有：

$$U_Y = xa + (1-x) \cdot (-b) \tag{2-1}$$

$$U_N = x \cdot 0 + (1-x) \cdot 0 \tag{2-2}$$

$$\overline{U} = xU_Y + (1-x)U_N \tag{2-3}$$

两种博弈方的比例 x 和 $(1-x)$ 不是固定不变的，是随着时间 t 变化的，可以写成时间 t 变化的函数 $x(t)$ 和 $x(1-t)$，以选择参与策略类型博弈方的比例为例，其动态变化速度可以用下列动态微分方程表示：

$$\begin{aligned}\frac{\mathrm{d}x}{\mathrm{d}t} &= x(U_Y-\overline{U}) = x[U_Y - xU_Y - (1-x)U_N] \\ &= x(1-x)(xa+xb-b)\end{aligned} \tag{2-4}$$

基于以上动态微分方程与生物进化中描述特定性状个体频数变化自然选择过程的“复制动态”方程相一致，因此可以称其为“复制动态方程”。$\mathrm{d}x/\mathrm{d}t$ 为选择“参与”策略类型博弈方比例随时间的变化率，$\mathrm{d}x/\mathrm{d}t$ 为 x 的单元函数，因此，可以将该复制动态方程简记为 $\frac{\mathrm{d}x}{\mathrm{d}t}=F(x)$，即 $F(x)=\frac{\mathrm{d}x}{\mathrm{d}t}=x(1-x)(xa+xb-b)$。在该复制动态方程的基础上，首先需要寻找复制动态过程中，选择“参与”和“不参与”两种策略博弈方比例不变水平的稳定状态，然后在稳定状态基础上寻找对于微小扰动具有稳健性的稳定策略。

令 $F(x)=0$，可以求出 $x*=0$、$x*=1$ 和 $x*=b/(a+b)$ 三个稳定状态；根据微分方程的“稳定性定理”，稳定状态的导数 $F'(x)$ 小于零时，该稳定状态为进化稳定策略。$F'(x=0)=-b<0$，$F'(x=1)=-a<0$，$F'(x=\frac{b}{a+b})=\frac{ab}{a+b}>0$，因而，$x*=0$ 和 $x*=1$ 是该博弈的进化稳定策略，用复制动态方程的相位图表示，即与水平轴相交且焦点处斜率为负的点，如图2-5所示。

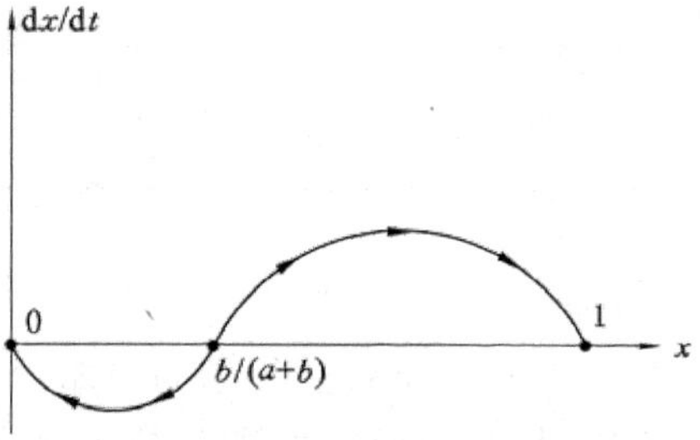

图 2-5　R&D联盟网络博弈复制动态相位图

根据该复制动态方程相位图可以得出，当初始水平落在 $[0,b/(a+b)]$ 区间时，复制动态趋向 $x*=0$ 的稳定状态，即所有的博弈方都选择“不参与”策略，无法形成 R&D 联盟网络；当初始水平落在 $[b/(a+b),1]$ 区间时，复制动态趋向 $x*=1$ 的稳定状态，即所有的博弈方都选择“参与”策略。当所有的博弈方都选择“参与”策略时，博弈方能获得最优均衡研发收益增加值。R&D 联盟网络形成过程中，作为高新技术企业的博弈方初次博弈时，高新技术企业采用“参与”和“不参与”两种策略的比例落在 $[0,1]$ 区间任意一点概率相同，作为有限理性的高新技术企业通过不断的学习和调整，选择能实现高效均衡研发收益的概率为 $[1-b/(a+b)]$。随着均衡研发收益值 a 不断增大，高新技术企业选择参与 R&D 联盟网络的概率也随着提高，并形成 R&D 联盟网络，因而高新技术企业间形成 R&D 联盟网络是一种必然趋势。

2.4.3　非对等结构的 R&D 联盟网络形成的复制动态博弈模型

2.4.3.1　模型假设

假定研发企业市场上，参与潜在 R&D 联盟网络的高新技术企业可以分为 A 和 B 两类群体，它们是形成 R&D 联盟网络的两类随机潜在高新技术企业的集合。假设 A 是 R&D 联盟网络的先动者，其策略选择为是否组建 R&D 联盟网络；B 是 R&D 联盟网络的跟随者，其策略选择为是否接受 A 的邀请参与 R&D 联盟网络；A 和 B 两类群体的决策标准是根据 R&D 联盟网络的潜在收益自主作出是否组建和参与的策略选择。由于 A 和 B 两类群体都具有有限理性，它们只有通过动态的学习和调整过程才能寻求最优的策略选择。

博弈双方的收益矩阵如表 2-2 所示，表中 a 和 b 分别表示博弈方 A 选择组建 R&D 联盟网络，博弈方 B 接受邀请并选择参与策略时的双方的研发合作收益；c 和 d 分别表示博弈方 A 不组建 R&D 联盟网络时博弈双方的各自收益；r_1 和 r_2 分别表示 A 组建 R&D 联盟网络后，网络的正外部效应给博弈双方带来的研发收益增加值；当博弈方 A 组建 R&D 联盟网络，遭到博弈方 B 拒绝时，博弈双方各自的研发收益用 c 和 d 表示，并假定 A 为博弈双方带来研发收益的增加值仍为 r_1 和 r_2。$(a-c)$意味着博弈方 A 组建 R&D 联盟网络所产生的组建成本，其中 $a<c$；$(d-b)$意味着博弈方 B 拒绝参与 R&D 联盟网络所产生的机会损失，其中 $d<b$。

表 2-2　　R&D 联盟网络形成的博弈收益矩阵

博弈方 A / 博弈方 B	参与	不参与
组建	$a+r_1, b+r_2$	$c+r_1, d+r_2$
不组建	c, d	c, d

2.4.3.2　博弈模型的构建

假设在博弈方 A 的群体中，选择“组建”策略的比例为 x，则选择“不组建”策略的比例为$(1-x)$；并且假设在博弈方 B 的群体中，选择“参与”策略的比例为 y，则选择“不参与”策略的比例为$(1-y)$。

在博弈方 A 群体中，采用“组建”和“不组建”两种策略时博弈方 A 的期望研发收益和群体的平均收益分别用 U_{AY}、U_{AN} 和 $\overline{U}_A$ 表示，则有：

$$U_{AY}=y(a+r_1)+(1-y)(c+r_1) \tag{2-5}$$

$$U_{AN}=yc+(1-y)c \tag{2-6}$$

$$\overline{U}_A = xU_{AY} + (1-x)U_{AN} = xr_1 + xya - xyc + c \tag{2-7}$$

在博弈方B群体中，采用“参与”和“不参与”两种策略时博弈方B的期望研发收益和群体的平均收益分别用U_{BY}、U_{BN}和$\overline{U}_B$表示，则有：

$$U_{BY} = x(b+r_2) + (1-x)d \tag{2-8}$$

$$U_{BN} = x(d+r_2) + (1-x)d \tag{2-9}$$

$$\overline{U}_B = yU_{BY} + (1-y)U_{BN} = xyb - xyd + xr_2 + d \tag{2-10}$$

通过对博弈进行复制动态分析，得到博弈方A群体的博弈方类型比例的复制动态方程为：

$$\frac{dx}{dt} = F(x) = x(U_{AY} - \overline{U}_A) = x(1-x)(ya - yc + r_1) \tag{2-11}$$

同理，得到博弈方B群体的博弈方类型比例的复制动态方程，即：

$$\frac{dy}{dt} = F(y) = y(U_{BY} - \overline{U}_B) = y(1-y)(xb - xd) \tag{2-12}$$

(1) 首先对博弈方A群体的复制动态方程进行分析。

若$y=\frac{r_1}{c-a}$，则$F(x)=0$，即所有的x水平都是稳定状态，其复制动态方程相位图见图2-6(a)；

若$y\neq\frac{r_1}{c-a}$，则$x*=0$和$x*=1$是两个稳定状态。同时，$F'(x=0)=ya-yc+r_1$，$F'(x=1)=-(ya-yc+r_1)$。

当$y>\frac{r_1}{c-a}$时，$F'(x=0)=ya-yc+r_1<0$，$F'(x=1)=-(ya-yc+r_1)>0$，则$x*=0$是演化稳定策略，其复制动态方程相位图见图2-6(b)；

当$y<\frac{r_1}{c-a}$时，$F'(x=0)=ya-yc+r_1>0$，$F'(x=1)=-(ya-yc+r_1)<0$，则$x*=1$是演化稳定策略，其复制动态方程相位图见图2-6(c)；

(2) 其次对博弈方B群体的复制动态方程进行分析。

当$x=0$时，则$F(y)=0$，所有的y都是稳定状态；当$x\neq0$时，$y*=0$和$y*=1$是两个稳定状态。同时，$F'(y=0)=xb-xd>0$，$F'(y=1)=-(xb-xd)<0$，所以只有$y*=1$是演化策略稳定，其复制动态方程相位图见图2-6(d)和图2-6(e)。

A和B两群体类型比例变化复制动态关系可以在以两比例为坐标轴的平面图中表示出来，如图2-7所示。

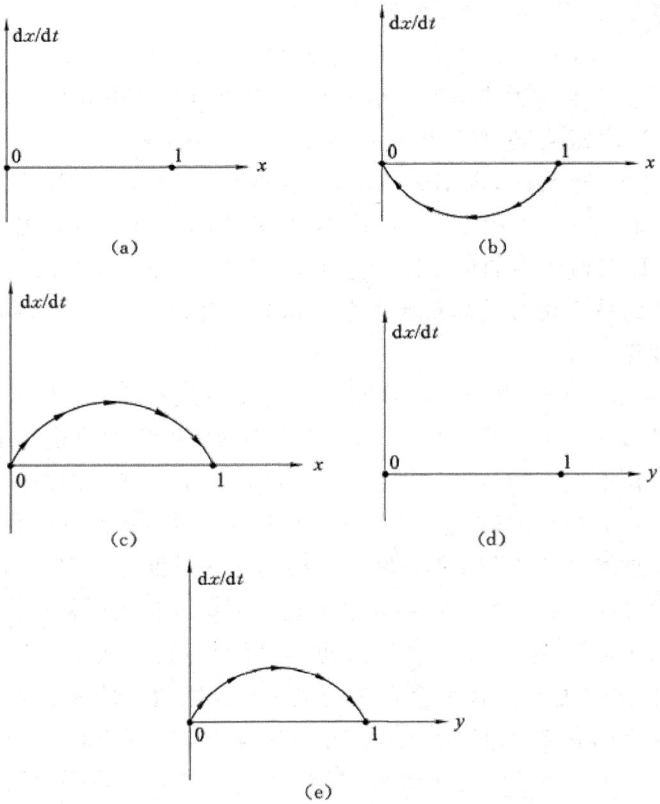

图 2-6　R&D 联盟网络博弈复制动态相位图

(a) $y=r_1/(c-a)$；(b) $y>r_1/(c-a)$；

(c) $y<r_1/(c-a)$；(d) $x=0$；(e) $x\neq0$

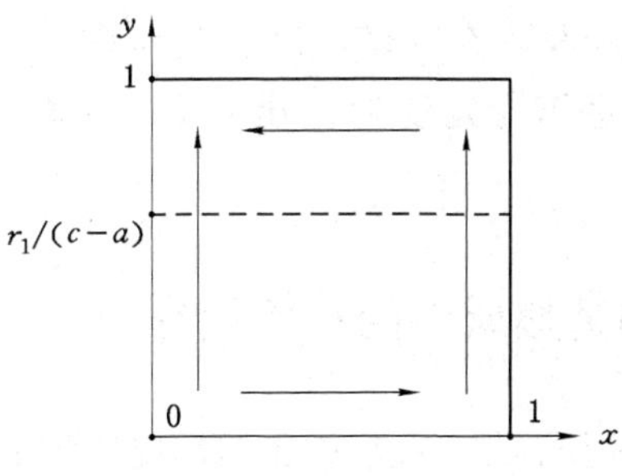

图 2-7　非对称情况下 R&D 联盟网络博弈的稳定性

根据图2-7可以得出，在非对等结构的R&D联盟网络形成的博弈过程中，$x*=0$、$x*=1$和$y*=1$是该博弈的进化稳定策略。这意味着掌握关键研发技术的优势研发企业有可能组建R&D联盟网络，也有可能不组建R&D联盟网络，自组织演化结果具有不确定性。

当$r_1>(c-a)$时，即R&D联盟网络的正效应大于R&D联盟网络的组建成本时，$x*=1$和$y*=1$是R&D联盟网络形成的演化稳定策略，说明在R&D联盟网络的正外部效应下，具有核心技术优势的高新技术企业和具有辅助技术优势的高新技术企业都会最终作出组建和参与R&D联盟网络的策略选择。

当$r_1<c-a$时，即R&D联盟网络的正效应小于R&D联盟网络的组建成本时，$x*=0$或$x*=1$是R&D联盟网络形成的演化稳定策略，说明具有核心技术优势的高新技术企业可能组建，也可能不组建R&D联盟网络。当$y<r_1/(c-a)$时，$x*=1$是演化稳定策略，说明当具有辅助技术优势的高新技术企业参与R&D联盟网络的比例不低于$r_1/(c-a)$时，具有核心技术优势的高新技术企业会先动地组建R&D联盟网络。随着R&D联盟网络的不断发展，其正外部效应也随之增长，直至大于组建成本即$r_1>(c-a)$时，更多的高新技术企业参与到R&D联盟网络中。当$y>r_1/(c-a)$时，$x*=0$是演化稳定策略，说明具有辅助技术优势的高新技术企业不参与R&D联盟网络的比例较大，具有核心技术优势的高新技术企业也不愿意作为先动者组建R&D联盟网络。

R&D联盟网络的形成是有限理性的高新技术企业长期反复博弈的结果。博弈双方学习和调整策略的结果显示，只要具有技术优势的高新技术企业作为先动者选择组建R&D联盟网络策略，具有辅助技术优势的高新技术企业最终会作出参与R&D联盟网络的策略选择；当具有核心技术优势的高新技术企业不愿作为先动者组建R&D联盟网络时，往往需要政府的推动。

2.5 R&D联盟网络形成中的伙伴选择

R&D联盟伙伴选择很难一次成功，R&D联盟伙伴选择具有试验性，因而难免要犯错误。基于波谱尔的试错思想，分析R&D联盟伙伴选择的试错性，并运用先验概率、后验概率和风险损失函数，建立R&D联盟伙伴选择的试错模型，从而减少高新技术企业选择 R&D 联盟伙伴的试错成本和提高选择 R&D 联盟伙伴的能力。

2.5.1 R&D 联盟伙伴选择的试错分析

2.5.1.1 候选研发企业的试错分析

假定 R&D 盟主企业和候选研发企业在相互选择过程中，形成了 R&D 联盟伙伴选择市场，则候选研发企业被称为该市场上的卖方，R&D 盟主企业被称为该市场上的买方。在市场交易过程中，卖方市场的资源属性是该资源的市场价格，定义 p_0 为价格信号，即交易者可以卖出商品的市场价格；定义 p_1 为交易者的预期价格，即交易者愿意卖出商品的最低价格。

在 R&D 联盟伙伴选择市场的交易过程中，候选研发企业资源的市场属性是参加 R&D 联盟的标准，定义 p'_0 为结盟价格信号，即作为买方的 R&D 盟主企业提供的结盟标准；定义 p' 为候选研发企业对参加 R&D 联盟的预期标准，即作为卖方的候选研发企业愿意参加 R&D 联盟的最低标准。假定 R&D 联盟伙伴选择市场中的卖方只考虑结盟价格信号。当 $p'_0 \geqslant p'_1$ 时，作为卖方的候选研发企业同意和某个盟主结盟；当 $p'_0 < p'_1$ 时，作为卖方的候选研发企业就会等待市场价格调整到 p''_0，使得 $p''_0 \geqslant p_1$ 时，才会选择和某个 R&D 盟主企业结成 R&D 联盟。在这个过程中，候选研发企业对参加 R&D 联盟的预期标准过高或过低都不会选择到合适的 R&D 盟主企业，只有在不断的试错过程中，才会形成参加 R&D 联盟的合理的预期标准，这个试错过程产生的经济损失构成了候选研发企业选择 R&D 盟主的试错成本。

2.5.1.2 R&D 盟主的试错分析

在 R&D 联盟伙伴选择市场中，存在若干个作为卖方的候选研发企业。作为买方的 R&D 盟主企业定义某候选研发企业的资源属性为(v_0, s_0)，v_0 表示候选研发企业能为 R&D 盟主企业带来的有效价值，其对于买方的 R&D 盟主企业是不完全信息；s_0 表示候选研发企业传递出来的结盟信号，R&D 盟主企业通过调查可以获取这些信号。

R&D 盟主企业是否选择某个候选研发企业作为 R&D 联盟伙伴，取决于 R&D 盟主企业对其传递的结盟信号的判别以及对其有效价值的心理预期；v_0 是不完全信息，s_0 是完全信息，因而 R&D 盟主企业选择 R&D 联盟伙伴主要依据 s_0，并根据 s_0 推断 v_0。

定义 R&D 盟主企业选择 R&D 联盟伙伴的标准为(v_1, s_1)，v_1 表示候选研发企业在R&D联盟中能产生的实际绩效，s_1 表示R&D盟主企业选择R&D联盟的预期标准。当 $s_0 > s_1$ 时，R&D盟主企业会认为 $v_0 > v_1$，即当某个候选研发企业所传递的信号超过R&D盟主企业的心理预期时，R&D盟主企业认为该候选研发企业的有效价值 v_0 能满足自己的结盟需要，从而将其作为理想的联盟伙伴；反之，当 $s_0 < s_1$ 时，R&D盟主企业根据自己的选择标准认为该候选研发企业无法满足自己的结盟需要，从而拒绝与其结成R&D联盟。

由于R&D盟主企业和候选研发企业双方信息的不对称，R&D盟主企业在选择R&D联盟伙伴过程中，通常会犯以下两种错误：当 $s_0 < s_1, v_0 > v_1$ 时，R&D盟主企业由于错误的判断放弃与该候选研发企业结盟的机会，从而产生了试错机会成本；当 $s_0 > s_1, v_0 < v_1$ 时，R&D盟主企业根据结盟信号错误地选定了R&D联盟伙伴，并带来差的R&D联盟绩效，从而产生了试错成本。

2.5.2 R&D联盟伙伴选择的试错模型

假定R&D盟主企业在R&D联盟伙伴选择市场中，根据经验形成对某个候选研发企业有效价值判断的先验概率，即 $p(v_0 \leqslant v_1) = \alpha, p(v_0 > v_1) = 1 - \alpha$，且 $0 \leqslant \alpha \leqslant 1$。同时，假定候选研发企业在不同的价值变化条件下结盟信号变化的先验概率为：

$$p(s_0 < s_1 \mid v_0 \leqslant v_1) = \beta, \quad p(s_0 \geqslant s_1 \mid v_0 \leqslant v_1) = 1 - \beta \tag{2-13}$$

$$p(s_0 < s_1 \mid v_0 > v_1) = \gamma, \quad p(s_0 \geqslant s_1 \mid v_0 > v_1) = 1 - \gamma \tag{2-14}$$

在式(2-13)和式(2-14)中，$0 \leqslant \beta \leqslant 1, 0 \leqslant \gamma \leqslant 1$。根据Bayes过程，R&D盟主企业投入大量的人力和物力对候选研发企业的信誉、研发能力和合作历史等进行全方位的考核后，对候选研发企业的价值判断发生变化，形成后验概率为：

$$p(v_0 > v_1 \mid s_0 \geqslant s_1) = \frac{(1-\gamma)(1-\alpha)}{(1-\gamma)(1-\alpha)+(1-\beta)\alpha} \tag{2-15}$$

$$p(v_0 \leqslant v_1 \mid s_0 < s_1) = \frac{\alpha\beta}{\alpha\beta + \gamma(1-\alpha)} \tag{2-16}$$

如果 $s_0 \geqslant s_1$ 的事件发生，则：

$$p(v_0 > v_1 \mid s_0 \geqslant s_1) - p(v_0 > v_1) = \frac{\alpha(1-\alpha)(\beta-\gamma)}{(1-\gamma)(1-\alpha)+(1-\beta)\alpha} \tag{2-17}$$

如果 $s_0 < s_1$ 的事件发生，则：

$$p(v_0 \leqslant v_1 \mid s_0 < s_1) - p(v_0 \leqslant v_1) = \frac{\alpha(1-\alpha)(\beta-\gamma)}{\beta\alpha + \gamma(1-\alpha)} \tag{2-18}$$

根据上述情况，有以下两种情况发生：

(1) 当 $\beta \geqslant \gamma$ 时，则 $p(v_0 > v_1 \mid s_0 \geqslant s_1) \geqslant p(v_0 > v_1)$ $p(v_0 \leqslant v_1 \mid s_0 < s_1) \geqslant p(v_0 \leqslant v_1)$，表明当候选研发企业的结盟信号真实地体现了其有效价值时，R&D 盟主企业能依据联盟经验对候选研发企业的结盟信号作出正确的判断，并最终选出理想的 R&D 联盟伙伴。因而，当候选研发企业能传递出真实的结盟信号时，R&D 盟主企业的联盟经验与其识别伙伴能力呈正相关。

(2) 当 $\beta < \gamma$ 时，则 $p(v_0 > v_1 \mid s_0 \geqslant s_1) \leqslant p(v_0 > v_1)$ $p(v_0 \leqslant v_1 \mid s_0 < s_1) < p(v_0 \leqslant v_1)$，表明当候选研发企业传递的信号与其有效价值不相符时，R&D 盟主企业依据联盟经验和联盟信号不能作出正确的判断，导致 R&D 盟主企业选择的 R&D 联盟伙伴是错误的，从而产生 R&D 联盟伙伴选择的试错成本。

根据 Bayes 过程，可得 R&D 联盟伙伴选择试错成本的概率表达式：

当 $s_0 < s_1, v_0 > v_1$ 时，

$$p(v_0 > v_1 \mid s_0 < s_1) = \frac{\gamma(1-\alpha)}{\beta\alpha + \gamma(1-\alpha)} \tag{2-19}$$

当 $s_0 > s_1, v_0 < v_1$ 时，

$$p(v_0 \leqslant v_1 \mid s_0 \geqslant s_1) = \frac{(1-\beta)\alpha}{(1-\gamma)(1-\alpha) + (1-\beta)\alpha} \tag{2-20}$$

2.5.3 R&D 联盟伙伴选择的价值判断模型

R&D 联盟企业伙伴选择的试错成本不仅与 R&D 盟主企业犯错误的概率相关，而且与 R&D 盟主企业对候选研发企业的有效价值判断有关。

假定候选研发企业的有效价值 x 服从正态分布，即 $x \sim N(v, \sigma^2)$，且 $v \sim N(\varepsilon, \zeta^2)$，其中 ε 和 ζ 已知。在 R&D 联盟企业伙伴选择的市场中，R&D 盟主企业根据自己的联盟经验和候选研发企业的结盟信号，能够获得候选研发企业的有效价值的平均值，即 $\overline{x} = \frac{1}{n}\sum_{i=1}^{n} x_i$，其对 R&D 盟主企业而言可认为是公开的信息。因而，当 v 值固定时，$\overline{x}$ 的条件分布为 $\overline{x} \mid v \sim N(v, \sigma^2/n)$。根据以上条件和贝叶斯定理，可得出 v 的后验分布，即：

$$v \mid \overline{x} \sim N\left(\frac{\sum \overline{x}/\sigma^2 + \varepsilon/\zeta^2}{n/\sigma^2 + 1/\zeta^2}, \frac{1}{n/\sigma^2 + 1/\zeta^2}\right) \tag{2-21}$$

将 R&D 盟主企业对候选研发企业有效价值 v 的估计值记作 $\hat{v}$，由于 $\hat{v}$

是建立在后验分布的基础之上，因而与先验分布有关，并且是观察值的函数。R&D盟主企业能否降低R&D联盟伙伴选择的试错成本取决于能否减少估计值$\hat{v}$与候选研发企业的真实有效价值v之间的误差。$\hat{v}-v$为估计值与真实值之间的误差，代表R&D盟主企业在选择R&D联盟伙伴中产生的损失。由于损失是非负的，引入非负损失函数，记为$\text{Loss}(\hat{v},v)=(\hat{v}-v)^2$。因而，当$\text{Loss}(\hat{v},v)$取最小值时，R&D盟主企业的损失最少；但由于候选研发企业有效价值v被看作是随机变量，不能直接求出$\text{Loss}(\hat{v},v)$的最小值，所以转为求R&D盟主企业平均损失的最小值。与数理统计方法相比，贝叶斯方法明确地认可研究者的主观判断，因而可以利用后验分布式(2-21)来计算R&D盟主企业平均损失的最小值，即R&D盟主企业选择R&D联盟伙伴的试错成本最小值，并求解未知参数v的贝叶斯估计$\hat{v}$的取值范围。

令$\omega=\dfrac{\sum\bar{x}/\sigma^2+\varepsilon/\zeta^2}{n/\sigma^2+1/\zeta^2}$，$\psi^2=\dfrac{1}{n/\sigma^2+1/\zeta^2}$)，则：

$$\begin{aligned}&\min_{\hat{v}}E[\text{Loss}(\hat{v},v)]\\&=\min_{\hat{v}}\int_{-\infty}^{+\infty}\text{Loss}(\hat{v},v)f(v|\bar{x})\mathrm{d}v=\min_{\hat{v}}\int_{-\infty}^{+\infty}(\hat{v}-v)^2\frac{1}{\sqrt{2\pi\psi}}\mathrm{e}^{-\frac{(v-\omega)^2}{2\psi^2}}\mathrm{d}v\\&=(\hat{v}-\omega)^2\sqrt{2\pi}\psi^3\end{aligned}\tag{2-22}$$

根据式(2-22)可以得出，当通过抽样确定候选研发企业有效价值的均值$\bar{x}$后，且R&D盟主企业对候选研发企业有效价值的贝叶斯估计满足$\hat{v}=\omega=\dfrac{\sum\bar{x}/\sigma^2+\varepsilon/\zeta^2}{n/\sigma^2+1/\zeta^2}=\varepsilon+\dfrac{n\zeta^2}{\sigma^2+n\zeta^2}(\bar{x}-\varepsilon)$时，R&D盟主企业选择R&D联盟伙伴的试错成本最小，其最小值为

$$\text{Loss}(\hat{v},v)_{\min}=\frac{\sqrt{2\pi}\sigma^3\zeta^3}{(\sigma^2+n\zeta^2)^{3/2}}\tag{2-23}$$

2.6 本章小结

在界定和分析R&D联盟网络内涵和特点的基础上，基于R&D联盟网络的社会属性，运用社会网络嵌入性理论，从关系性嵌入和结构性嵌入两个维度研究了R&D联盟网络的形成动因，得出R&D联盟网络的形成

是网络经济发展的推动、获得引介和桥接资源以及降低研发不确定性等多种动因集成的结果。进一步运用自组织理论和社会网络中的强弱关系理论，探索出 R&D 联盟网络是通过基于强联系和弱联系的自组织、政府推动的他组织以及二者相结合的混合组织三条路径形成的。

基于 R&D 联盟网络形成过程的本质能够与有限理性条件下大群体复制动态演化博弈有效契合，通过建立 R&D 联盟网络形成的对等结构和非对等结构复制动态博弈模型，阐释了 R&D 联盟网络的形成具有初始状态不确定性，进而反证了具有技术优势的潜在盟主主动构建 R&D 联盟网络的重要性。考虑到潜在 R&D 联盟盟主对主动构建 R&D 联盟网络失败风险的担心，构建了 R&D 联盟伙伴选择的试错模型和价值判断模型，从而得出了 R&D 盟主企业伙伴选择试错成本取最小值时，R&D 盟主企业对候选研发企业有效价值的贝叶斯估计取值范围。

第3章　R&D联盟网络属性与行为分析

本章综合结构、关系和位置视角，从定性和定量维度刻画R&D联盟网络的属性，并运用强弱关系和结构洞等社会网络理论，揭示R&D联盟网络效应形成的微观机理，为进一步研究R&D联盟网络环境中高新技术企业竞争优势差异的形成原因奠定基础。

3.1　R&D联盟网络结构属性分析及测度

R&D联盟网络的结构属性是从结构视角分析R&D联盟网络的属性，将R&D联盟网络看成一个整体，关注网络的规模、密度以及凝聚子群等属性。

3.1.1　R&D联盟网络规模分析及测度

网络规模是一个绝对指标，主要指网络中节点的数量。R&D联盟网络规模是指焦点高新技术企业在研发过程中形成的伙伴关系的数目，通常根据焦点高新技术企业与其他高新技术企业间缔结R&D联盟的数量来对R&D联盟网络规模进行衡量。R&D联盟网络规模的大小意味着焦点高新技术企业可以获取的研发资源的丰裕程度（Wellman，2004），焦点高新技术企业可以通过正式契约和非正式协议，获取其他研发企业的互补资产、专利许可和技术诀窍，因而，R&D联盟网络规模越大，就越有机会获得更多研发资源。

3.1.2　R&D联盟网络密度分析及测度

密度是社会网络分析中最常用的一种测度，因此其在社会网络分析中占有很重要的地位。网络密度是指一个图中各节点之间联络的紧密程度，密度的高低代表网络成员平均互动的多寡，从中可以看出成员间的互动程度。因此，网络密度成为衡量网络结构特征的一个关键指标。

R&D联盟网络密度是指R&D联盟网络中高新技术企业间实际结成

R&D 联盟数量和高新技术企业间最大可能缔结 R&D 联盟数量之间的比率。对于 R&D 联盟网络而言，R&D 联盟网络密度是表示 R&D 联盟网络中高新技术企业间相互结盟的程度，是测量 R&D 联盟网络结构特征的重要指标。当实际的结盟数量越接近于网络中的所有可能结盟的总量，R&D 联盟网络的整体密度就越大，反之则越小。

在无向图中，一般用图中实际连线数 L 与节点间连线数最大值 $n(n-1)/2$ 的比值来表示密度，密度为 $D_n=\frac{2L}{n(n-1)}$；在有向图中，节点间最大连线数则为 $n(n-1)$，密度则变为 $D'_n=\frac{L}{n(n-1)}$。

由于 R&D 联盟网络中，高新技术企业间的联结关系不能重复计算，根据无向网络图的密度计算公式，R&D 联盟网络密度的计算公式为：

$$D_n=\frac{2\sum Z_{ij}}{n(n-1)}$$

其中：n 表示 R&D 联盟网络成员个数；i 和 j 代表高新技术企业；$\sum Z_{ij}$ 表示所有 i 和 j 缔结 R&D 联盟的总数；$n(n-1)$ 表示 R&D 联盟网络中所有可能连接的总数。

3.1.3　R&D 联盟网络凝聚子群分析及测度

凝聚子群是指由若干行动者形成的相对较强的、直接的、紧密的积极关系的子集合。从子群成员之间关系的互惠性、可达性、互动频次以及密度等角度可以将凝聚子群分为派系、n一派系、k一丛以及成分等几种类型。派系是基于网络成员关系互惠性的基本凝聚子群，具体内涵为：派系中成员关系都是互惠的，至少包含三个节点；任何两个节点之间都是直接相关的，不存在任何与派系中所有点都有关联的其他点；不能向派系中加入新的节点而不改变派系的性质。根据派系的内涵，R&D 联盟网络中的各个 R&D 联盟都是派系。因为互惠性是 R&D 联盟中高新技术企业间建立 R&D 联盟的基础，当 R&D 联盟中加入新的 R&D 盟员，原有的 R&D 联盟结构就会发生变化。R&D 联盟网络是由若干个 R&D 联盟组成的整体网络，网络中各个派系中有共同 R&D 联盟企业，派系间存在重叠成员，因而 R&D 联盟网络凝聚子群结构主要表现为派系数量和派系重叠性两个方面。

3.2 R&D联盟网络关系属性分析

在R&D联盟网络中，高新技术企业间通过契约或协议等R&D联盟关系能够形成多重嵌套的关系网络，这些多重网络关系成为高新技术企业获得有价值信息和资源的重要渠道。R&D联盟网络关系又具有一定选择性和路径依赖性，因此，网络关系属性的差异会影响高新技术企业间获取资源和信息的路径和方向。R&D联盟网络关系属性的差异主要体现在强度、多样性和持久性等方面。

3.2.1 R&D联盟网络关系强度分析

Johns和Demarche首次将“强度”用于衡量网络节点间互动中联结的力量。网络关系强度是指网络中节点间交往的频率。格兰诺维特通过“在某一联结上所花的时间、情感投入程度、亲密程度以及互惠性服务的综合”，将组织间的联结关系分为强关系和弱关系。强关系是指那些经常发生的、持久的和充满情感的关系，而弱关系是指那些偶尔发生的、疏远的关系。

R&D联盟网络关系强度是指作为节点的高新技术企业间互动的频率和交换研发资源的数量。在R&D联盟网络中，高新技术企业间的联结关系同样存在强弱之分，当高新技术企业间存在直接R&D联盟关系，高新技术企业间互动的频率增强，交换研发资源的数量也随之增加，形成强关系；当高新技术企业间不存在直接的R&D联盟关系，而是通过第三方高新技术企业节点间接建立起联结关系，则高新技术企业间互动频率降低，交换研发资源的数量也随之下降，形成弱关系。R&D联盟网络的强关系和弱关系并无优劣之分，它们在传递研发信息和知识时，分别适合传递不同的信息和知识。

3.2.2 R&D联盟网络关系多样性分析

R&D联盟网络关系多样性是指网络中高新技术企业拥有的知识库的异质性，能反映出网络中节点间研发资源丰富程度的一个重要的指标，因此是测度R&D联盟网络关系属性的关键变量。各高新技术企业拥有的知识库异质性越高，高新技术企业间知识库互补程度越高，高新技术企业之间的联结关系越满足“多维兴趣点”的程度。R&D联盟网络关系多样性不是由网络规模决定的，而是由网络中研发企业间知识库的多样性决定的。

网络规模越大，提供的网络联系越多，但不一定能为焦点企业提供大量的网络信息和知识。如果焦点企业和网络伙伴拥有的知识库是同质的，网络伙伴只能为焦点企业提供相同的信息利益，因而，网络伙伴并不能使焦点企业的网络信息池的规模增加。网络的信息和知识规模实际上是由网络中节点企业拥有的信息和知识的多样性决定。关系多样性是指网络中流动资讯的种类的丰富性，特别是指网络所提供资讯的多样性程度。对于产品 R&D 联盟而言，宽广的资源与资讯类型，对内不仅代表着所需研发资源的充足，而对外也使得所拥有的资讯更丰富更贴近市场面，从而能够使其研发出的产品绩效能更为显著。

3.2.3　R&D 联盟网络关系持久度分析

R&D 联盟网络关系持久程度是指焦点高新技术企业与其他高新技术企业的 R&D 联盟关系或合作交流的时间跨度。R&D 联盟网络关系持久程度不同于关系强度但又与关系强度密切相关，是测度和提取 R&D 联盟网络关系属性的一个关键变量，主要用于衡量 R&D 联盟网络关系稳定性程度。高持久度的 R&D 联盟网络关系能够使合作双方共享有价值的信息，降低双方预期的不确定性，有助于消除冲突带来的消极行为，从而减少双方的研发合作风险。

3.3　R&D 联盟网络位置属性分析及测度

3.3.1　R&D 联盟网络中心性分析及测度

社会网络分析中，网络中心性是用来测量行为个体的网络位置居于核心地位程度的重要指标。R&D 联盟网络中心性体现的是 R&D 联盟网络中作为节点的高新技术企业与网络中其他高新技术业的结盟情况，某个高新技术企业与网络中其他高新技术企业缔结的 R&D 联盟越多，其中心度越大。

R&D 联盟网络中心性可分为三种形式：程度中心性（degree centrality）、亲近中心性（closeness centrality）、中介性（betweenness centrality）。

（1）程度中心性

程度中心性是指一个节点在与其直接相连的节点当中的中心程度，可以反映节点拥有的直接联结的数目。R&D 联盟网络中，某个研发企业的程度中心性越高意味着该高新技术企业在网络中与较多的高新技术企业缔结 R&D 联盟。

测量 R&D 联盟网络程度中心性的公式分为绝对数值和标准化数值两种:绝对数值是把网络中某个高新技术企业缔结的 R&D 联盟数加总;标准化数值是将绝对数值除以网络中最多的 R&D 联盟数。

程度中心性的绝对数值为:

$$C_D(n_i) = d(n_i) = \sum_j x_{ij} = \sum x_{ji}$$

其中,i 和 j 代表研发企业;x_{ij} 是 0 或 1 的数值,代表节点 j 是否与节点 i 缔结 R&D 联盟。

程度中心性的标准化数值为:

$$C'_D = \frac{d(n_i)}{g-1}$$

其中,g 是该网络中的高新技术企业数。

群体中心性侧重整个 R&D 联盟网络的中心程度,反映整个 R&D 联盟网络的集中或集权程度,即整个 R&D 联盟网络围绕某个高新技术企业或某个 R&D 联盟的组织运行程度,是描述整个 R&D 联盟网络的结构变量之一。R&D 联盟网络群体中心性反映 R&D 联盟网络程度中心性最高的高新技术企业的程度中心性与网络中其他高新技术企业的程度中心性的差距。该差距越大,说明 R&D 联盟网络群体中心性越高。

R&D 联盟网络群体程度中心性公式为:

$$C_D = \frac{\sum_{i=1}^{g}[C_D(n*) - C_D(n_i)]}{\max\sum_{i=1}^{g}[C_D(n*) - C_D(n_i)]} \tag{3-1}$$

其中,$C_D(n*)$是 R&D 联盟网络中最大的程度中心性,分子为它与 R&D 联盟网络中其他高新技术企业的程度中心性 $C_D(n_i)$相减所得差额的相加总和;分母是该数值的最大可能值,在无向图形中,该数值为$(g-1)(g-2)$。由于 R&D 联盟网络为无向图,所以 R&D 联盟网络群体中心性公式为:

$$C_D = \frac{\sum_{i=1}^{g}[C_D(n*) - C_D(n_i)]}{(g-1)(g-2)} \tag{3-2}$$

(2) 亲近中心性

R&D 联盟网络亲近中心性是以距离为概念来计算一个高新技术企业

的中心程度。高新技术企业间距离越近，中心性越高；反之则越低。R&D 联盟网络亲近中心性公式为：

$$C_C(n_i) = \left[\sum_{i=1}^{g} d(n_i, n_j)\right]^{-1} \tag{3-3}$$

其中，$d(n_i, n_j)$代表 R&D 联盟网络中高新技术企业 n_i 与 n_j 之间的距离；$C_C(n_i)$就是高新技术企业 n_i 到其他高新技术企业的距离加总再求倒数，其值越小表示高新技术企业 n_i 与其他高新技术企业距离越大。

(3) 中介中心性

R&D 联盟网络中介中心性是指某个高新技术企业通过占据其他高新技术企业间结成 R&D 联盟的中间人位置，从而为网络中其他高新技术企业间缔结 R&D 联盟充当潜在的"中介"角色的程度。当某个高新技术企业占据这样的位置越多，其中介中心性越高。

R&D 联盟网络中介中心性的公式为：

$$C_B(n_i) = \sum_{j<k} (n_i)/g_{jk} \tag{3-4}$$

R&D 联盟网络中介中心性的标准化公式为：

$$C_B{}'(n_i) = 2\sum_{j<k} g_{jk}(n_i)/g_{jk}(g-1)(g-2) \tag{3-5}$$

其中，g_{jk}是高新技术企业 j 到达高新技术企业 k 的最短路径数；$g_{jk}(n_i)$是高新技术企业 j 到达高新技术企业 k 经过高新技术企业 i 的最短路径数；g 是网络中的高新技术企业数。

R&D 联盟网络群体中介性是 R&D 联盟网络整体结构指针，反映的是中介性最高节点高新技术企业的中介性与其他节点高新技术企业的中介性的差距。

R&D 联盟网络群体中介性公式为：

$$C_B = \frac{2\sum_{i=1}^{g}[C_B(n*) - C_B(n_i)]}{[(g-1)^2(g-2)]} \tag{3-6}$$

3.3.2 R&D 联盟网络结构洞分析及测度

网络社会学家 Burt 将结构洞(structural hole)定义为：结构洞是两个接触者间非重复性关系；这个洞就像一个缓冲器或绝缘体，是行动者可以玩弄以获利的空间。在 R&D 联盟网络结构中，若某个第三方高新技术企业通过扮演桥梁角色，能够将两个没有 R&D 联盟关系的高新技术企业或没有联结关系的 R&D 联盟之间联结起来，这个第三方高新技术企业在

R&D 联盟网络中所占据的位置就是结构洞。第三方高新技术企业如果能占据 R&D 联盟网络中的结构洞位置，凭借担当没有联结关系的 R&D 联盟之间的沟通渠道能够获得有价值的资讯。当两方关系紧张时，该第三方高新技术企业还可以充当调停者，并因此能获得控制利益。

一般采用网络限制指标和有效规模两个指标对 R&D 联盟网络中高新技术企业的结构洞程度进行测度。

(1) R&D 联盟网络限制指标

网络限制是衡量网络成员结构洞缺失程度的一个重要指标。网络限制指标值越大，结构洞缺失程度越小；反之亦然。其取值范围为[0,1]。C_{ij} 是 R&D 联盟网络限制指标；衡量高新技术企业 i 直接或间接投资在和高新技术企业 j 的维持 R&D 联盟关系所产生的限制；P_{ij} 是高新技术企业 i 投资和高新技术企业 j 维持 R&D 联盟关系所花费的时间和精力的比例；$\sum_{q} P_{iq}P_{qj}$ 是高新技术企业 i 和高新技术企业 q 建立的 R&D 联盟关系，而高新技术企业 q 又和高新技术企业 j 建立的 R&D 联盟关系所产生的间接投资。

网络限制指标公式为：

$$C_{ij} = [P_{ij} + \sum_{q} P_{iq}P_{qj}]^2 \quad q \neq i,j \tag{3-7}$$

将所有个别 R&D 联盟关系的所有投资可能的平方和 C_{ij} 加总，所代表的就是整个 R&D 联盟网络限制指标，则 R&D 联盟网络限制指标公式为：

$$C'_{ij} = \sum_{j} [P_{ij} + \sum_{q} P_{iq}P_{qj}]^2 \tag{3-8}$$

(2) R&D 联盟网络有效规模

R&D 联盟网络有效规模，是 R&D 联盟网络中连线数总数减去各个节点的重复程度的加总。有效值越大，表示网络中联结关系的冗余度越小，因此结构洞越大。给定 R&D 联盟网络 G，其邻接矩阵为 $A = (a_{ij})_{N\times N}$，定义强度矩阵为 $W = (w_{ij})_{N\times N}$，其中 $w_{ij} = a_{ij} / \sum_{j} a_{ij}$，则 Burt 定义的网络有效规模为 $ES_i = \sum_{j} [1 - \sum_{k} w_{ik}m_{jk}]$。在 R&D 联盟网络中，$m_{jk}$ 称为高新技术企业 j 与高新技术企业 k 关联的边际强度，$m_{jk} = w_{jk} / \max_s(w_{js})$；$\sum_{k} w_{ik}m_{jk}$ 反映高新技术企业 i 与高新技术企业 j 的 R&D 联盟关系相对于高新技术企业 i 与其他高新技术企业的 R&D 联盟关系的冗余部分。

3.4 R&D 联盟网络中高新技术企业行为的演化博弈分析

3.4.1 R&D 联盟网络形成中的高新技术企业合作行为

外部环境的不确定性和研发的复杂性使高新技术企业 R&D 合作面临着不确定性和不稳定性，同时沟通不完全和高新技术本身的非理性使高新技术企业只具有有限理性。因此，在 R&D 联盟网络的形成过程中，高新技术企业难以准确判断出参与 R&D 联盟网络合作的各种状态以及相应的利益和成本，很难准确得出是否参与 R&D 联盟决策的最优博弈均衡解。在 R&D 联盟网络形成过程中，每个高新技术企业都是具有自主判断和决策能力的独立个体，可以根据自己的联盟经验和结盟信号模仿潜在 R&D 联盟网络伙伴的前期最优策略，随着联盟环境的变化不断修正自身的合作行为，进而作出是否参加 R&D 联盟的策略选择。因此，R&D 联盟网络形成过程是有限理性的高新技术企业重复博弈的结果。

3.4.2 R&D 联盟网络中高新技术企业合作行为演化博弈模型的构建

在演化博弈中，复制动态和演化稳定策略是两个核心内容，分别表征演化博弈的稳定状态与向稳定状态的动态收敛过程。复制动态是描述特定策略在某种群中被采用的频度的变化过程，其核心思想是如果一种策略的适应度或支付(pay off) 比种群的平均适应度高，该策略就会被种群中越来越多的参与者采用，其变动过程可以用动态微分方程表示：

$$\frac{\mathrm{d}x}{\mathrm{d}t}=x(U_k-\overline{U})\quad x\in[0,1]$$

其中，x 表示种群中采用特定策略 k 的比例；U_k 为采用策略 k 的适应度；$\overline{U}$ 表示平均适应度。演化稳定策略的核心思想是如果种群采用策略的支付比变异者采用策略的支付高，随着时间的推移，变异者将在自然选择的压力下改变策略或退出系统。

3.4.2.1 模型假设

在盟主控制型 R&D 联盟网络形成过程中，存在两类高新技术企业：一类是掌握着行业中关键核心技术并具有绝对优势，主动根据自己的标准搜寻 R&D 联盟伙伴的潜在 R&D 联盟盟主企业；另一类则是在与核心技术相关的辅助技术方面具有比较优势，被动等待 R&D 联盟机会以供盟主选择的候选研发企业。由于研究的是盟主控制型 R&D 联盟网络，在 R&D 联盟网络形成过程中，具有代表性的参与主体是盟主企业和候选研发企业。假设盟主企业采取不建立 R&D 联盟网络策略的概率为 p_0，则盟主企业采取建立 R&D 联盟网络策略的概率为 $1-p_0(0\leqslant p_0\leqslant 1)$，R&D 联盟网络建立后联盟企业研发资源能够得以互补，联盟后的盟主企业能够获得增量研发收益 $r_0(r_0\geqslant 0)$。盟主型企业在建立 R&D 联盟网络过程中，需要投入大量的人力和物力对候选研发企业的信誉、研发能力和合作历史等进行考核，因此需要付出沟通成本 $c_0(c_0\geqslant 0)$。由于研发环境的不确定性，盟主企业不采取建立 R&D 联盟策略，单独完成研发可能遇到各种风险的期望损失为 $l_0=\sum_{i=1}^{n}p_{0i}l_{0i}(l_0\geqslant 0$，$p_{0i}$ 和 l_{0i} 分别为不确定性风险发生的概率与损失值)，此时获得的研发收益为 π_0。

候选研发企业采取不参加 R&D 联盟网络策略的概率为 p_1，候选研发企业采取参与 R&D 联盟网络策略的概率为 $1-p_1(0\leqslant p_1\leqslant 1)$，R&D 联盟网络建立后联盟企业研发资源能够得以互补，接受盟主邀请参加 R&D 联盟网络后，候选研发企业能够获得增量研发收益 $r_1(r_1\geqslant 0)$，同时为此付出成本 c_1。由于研发环境的不确定性，候选研发企业采取不参加 R&D 联盟网络策略时可能遇到各种风险的期望损失为 $l_1=\sum_{j=1}^{m}p_{1i}l_{1i}(l_1\geqslant 0$，$p_{1i}$ 和 l_{1i} 分别代表候选研发企业不确定性风险发生的概率与损失值)，此时获得的研发收益为 π_1。由于博弈双方沟通不完全，单独采取建立或参加 R&D 联盟网络策略的盟主研发企业或候选研发企业所投入的人力和物力将全部变为沉淀成本。因此，基于沉淀成本的威慑，博弈双方事前约定，事后根据双方采取的参与策略进行收益调整，即对单独采取不建立或不参加联盟策略的博弈方进行惩罚，并以此补偿单独采取参与联盟策略的博弈方的经济损失，收益调整值为 $\omega(\omega>0)$。因此，根据以上模型假设与分析，可以得到 R&D 联盟网络形成的演化博弈的收益矩阵，见表 3-1。

表 3-1　R&D 联盟网络形成的演化博弈收益矩阵

		盟主研发企业	
		建立	不建立
候选研发企业	参与	$\pi_0-c_1+r_1,\pi_0-c_0+r_0$	$\pi_1-l_1-c_1+m,\pi_0-l_0-m$
	不参与	$\pi_1-l_1-m,\pi_0-l_0-c_0+m$	$\pi_1-l_1,\ \pi_0-l_0$

3.4.2.2　博弈模型的构建

根据以上对演化博弈模型的分析，盟主研发企业采取建立和不建立 R&D 联盟网络策略的期望收益分别为 $U_i=(1-p_1)(\pi_0-c_0+r_0)+p_1(\pi_0-l_0-c_0+m)$ 和 $U_n=(1-p_1)(\pi_0-l_0-m)+p_1(\pi_0-l_0)$，盟主研发企业策略空间的总期望收益为 $\overline{U}=(1-p_0)U_i+p_0U_n$。盟主研发企业采取建立和不建立的比例不是固定不变的，是随着时间 t 变化的，可以写成时间 t 变化的函数，其动态变化速度可以用动态微分方程表示为：

$$\frac{\mathrm{d}p_0}{\mathrm{d}t}=p_0(U_n-\overline{U})=p_0(1-p_0)[(l_0+r_0)p_1+c_0-r_0-l_0-m] \tag{3-9}$$

同理，可以得出候选研发企业策略选择的动态方程：

$$\frac{\mathrm{d}p_1}{\mathrm{d}t}=p_1(U_n-\overline{U})=p_1(1-p_1)[(l_1+r_1)p_1+c_1-r_1-l_1-m] \tag{3-10}$$

在复制动态方程的基础上，分别分析复制动态过程中盟主研发企业和候选研发企业策略选择博弈方比例不变水平的稳定状态和稳定策略。

首先分析盟主研发企业策略选择博弈方比例不变水平的稳定状态和稳定策略。令 $\frac{\mathrm{d}p_0}{\mathrm{d}t}=0$，可以求出 $p_0=0$、$p_0=1$ 和 $p_1=1-\frac{c_0-m}{l_0+r_0}$（$0\leqslant p_1\leqslant 1$）三个稳定状态的临界值，并令 $\lambda_0=\frac{l_0+r_0+m-c_0}{l_0+r_0}$。当 $p_1=\lambda_0$ 时，所有的 p_0 都是稳定状态，即盟主研发企业采取建立 R&D 联盟网络策略。当 $p_1\neq\lambda_0$ 时，根据微分方程的"稳定性定理"，稳定状态的导数小于零时，该稳定状态为进化稳定策略。盟主研发企业策略选择的稳定状态分以下几种情况：

（1）当 $l_0+r_0+m-c_0>0$，且 $p_1>\lambda_0$ 时，$E'(p_0)\Big|_{p_0=1}<0$，说明当盟主研发企业组建 R&D 联盟后的研发收益大于结盟前的研发收益，且候选研发企业采取不参加 R&D 联盟网络的策略的概率超过内部平衡点 λ_0 时，$p_0=1$是稳定状态，此时理性的盟主研发企业会选择不组建 R&D 联盟网络的策略。

（2）当 $l_0+r_0+m-c_0>0$，且 $p_1<\lambda_0$ 时，$E'(p_0)\Big|_{p_0=1}<0$，说明当盟主研发企业组建 R&D 联盟后的研发收益大于结盟前的研发收益，且候选研发企业采取参加 R&D 联盟网络的策略的概率超过内部平衡点 λ_0 时，$p_0=$

0是稳定状态，此时理性的盟主研发企业会选择组建R&D联盟网络的策略。

(3) 当$l_0+r_0+m-c_0<0$时，$E'(p_0)\Big|_{p_0=1}<0$，说明当盟主研发企业组建R&D联盟网络的增量研发收益和收益调整值不足以弥补组建成本，组建R&D联盟网络后其净研发收益值小于联盟前净研发收益值时，$p_0=1$是稳定状态，此时理性的盟主研发企业会选择不组建R&D联盟网络的策略。

就候选研发企业而言，可以求出$p_1=0$、$p_1=1$和$p_0=1-\frac{c_1-m}{l_1+r_1}(0\leqslant p_0\leqslant 1)$三个稳定状态的临界值，并令$\lambda_1=\frac{l_1+r_1+m-c_1}{l_1+r_1}$。当$p_0=\lambda_1$时，所有的$p_1$都是稳定状态，即候选研发企业选择参加R&D联盟的策略。当$p_0\neq\lambda_1$时，候选研发企业策略选择的稳定状态分以下几种情况：

(1) 当$l_1+r_1+m-c_1>0$，且$p_0>\lambda_1$时，$E'(p_1)\Big|_{p_1=1}<0$，说明当候选研发企业参加R&D联盟网络后的研发收益大于结盟前的研发收益，且盟主研发企业采取不组建R&D联盟网络的策略的概率超过内部平衡点λ_1时，$p_1=1$是稳定状态，此时理性的候选研发企业会选择不参加R&D联盟网络策略。

(2) 当$l_1+r_1+m-c_1>0$，且$p_0<\lambda_1$时，$E'(p_1)\Big|_{p_1=1}<0$，说明当候选研发企业参加R&D联盟网络后的研发收益大于结盟前的研发收益，且盟主研发企业组建参加R&D联盟网络的策略的概率超过内部平衡点λ_1时，$p_1=1$是稳定状态，此时理性的候选研发企业会选择参加R&D联盟网络策略。

(3) 当$l_1+r_1+m-c_1<0$时，$E'(p_1)\Big|_{p_1=1}<0$，说明当候选研发企业参加R&D联盟网络的增量研发收益和收益调整值不足以弥补联盟成本，参加R&D联盟网络后其净研发收益值小于联盟前净研发收益值时，$p_1=1$是稳定状态，此时理性的候选研发企业会选择不参加R&D联盟网络的策略。

3.4.3 R&D联盟网络形成过程的演化稳定路径分析

作为一个由微分方程系统描述的集群动态，R&D联盟网络形成过程均衡点的稳定性可由该系统的雅克比矩阵局部稳定分析得到。根据R&D联盟网络形成过程的演化博弈模型，可得联盟过程的5个平衡点A(0,0)、

B(0,1)、C(1,0)、D(1,1)和E(λ_1,λ_2)。由式(3-9)、式(3-10)得系统的雅克比矩阵为：

$$J=\begin{bmatrix}(1-2p_0)[l_0+r_0)p_1+c_0-r_0-l_0-m] & p_0(1-p_0)[l_0+r_0) \\ p_1(1-p_1)[l_1+r_1) & (1-2p_1)[l_1+r_1)p_0+c_1-r_1-l_1-m]\end{bmatrix}$$

利用该雅克比矩阵来判断R&D联盟网络形成过程演化博弈模型中的平衡点是否为演化稳定策略(ESS)。若平衡点对应矩阵的行列式(Det)大于零，且迹(Tra)小于零，则为ESS；若迹等于零，则为鞍点。通过对雅克比矩阵进行分析，可以得出R&D联盟网络形成过程演化稳定路径，见表3-2。

表3-2　R&D联盟形成过程演化稳定路径

	平衡点	Det	Tra	是否ESS
	(0,0)	+	−	是(1)
	(0,1)	+	+	否
$l_0+r_0+m-c_0>0$	(1,0)	+	+	否
$l_1+r_1+m-c_1>0$	(1,1)	+	−	是(2)
	(λ_0,λ_1)		0	鞍点
	(0,0)	−	不确定	否
	(0,1)	−	不确定	否
$l_0+r_0+m-c_0>0$	(1,0)	+	+	否
$l_1+r_1+m-c_1<0$	(1,1)	+	−	是(3)
	(λ_0,λ_1)		0	鞍点
	(0,0)	−	不确定	否
	(0,1)	+	+	否
$l_0+r_0+m-c_0<0$	(1,0)	−	不确定	否
$l_1+r_1+m-c_1>0$	(1,1)	+	−	是(4)
	(λ_0,λ_1)		0	鞍点
	(0,0)	+	+	否
	(0,1)	−	不确定	否
$l_0+r_0+m-c_0<0$	(1,0)	−	不确定	否
$l_1+r_1+m-c_1<0$	(1,1)	+	−	是(5)
	(λ_0,λ_1)		0	鞍点

从表3-2的演化稳定路径分析可以得出，只有平衡点(0,0)和(1,1)是演化稳定的，说明R&D联盟网络形成过程的演化博弈只有两个稳定策略，即盟主研发企业和候选研发企业的策略选择是一致的，同时选择联盟或不联盟策略。

R&D联盟网络形成是一个动态和艰难的过程，且受多种因素影响，只有当$l_0+r_0+m-c_0>0$，$l_1+r_1+m-c_1>0$，且$1-p_0>\lambda_0$，$1-p_1>\lambda_1$时，即R&D联盟网络组建后研发企业的净研发收益值大于联盟前的净收益，且盟主研发企业和候选研发企业选择组建和参与R&D联盟网络的策略的概率超过特定值λ_0和λ_1时，R&D联盟网络才能形成，如ESS(1)，否则R&D联盟将无法形成，如ESS(3)、ESS(4)和ESS(5)。另外，即使R&D联盟网络形成后研发净收益能够增加，但如果联盟参与方采取联盟策略的概率低于平衡点，R&D联盟网络也将无法形成，如ESS(2)。

当产业中尚未出现能掌握核心技术并具有绝对优势的盟主R&D企业，或者盟主R&D企业和候选R&D企业联盟后净研发收益值小于联盟前的净收益，所有R&D企业均会选择不缔结或不参加R&D联盟网络策略，如ESS(5)。因此，地方政府要根据产业发展情况，为研发企业提供组建R&D联盟网络的政策支持，以促进研发企业间R&D联盟网络的形成进程和提高我国研发企业整体的研发能力和竞争能力，进而推动高新技术产业的快速发展。

3.5 R&D联盟网络效应分析

基于R&D联盟网络的结构、关系和位置属性分析，进一步运用强弱关系和结构洞等社会网络理论研究R&D联盟网络的结构效应、关系效应和位置效应。

3.5.1 R&D联盟网络结构效应分析

R&D联盟网络结构是指与焦点高新技术企业有直接R&D联盟和间接R&D联盟关系的高新技术企业的数量、多样性以及R&D联盟网络密度。R&D联盟网络结构通过这些结构变量能对网络中的高新技术企业产生影响效应。

3.5.1.1 组织学习效应

R&D联盟网络规模是指焦点高新技术企业在研发过程中形成的

R&D 联盟伙伴关系的数量。网络规模是一个绝对指标，通常根据焦点高新技术企业与其他高新技术企业间缔结的 R&D 联盟数量进行衡量。R&D 联盟网络中的高新技术企业间都具有直接或间接的 R&D 联盟关系，而缔结 R&D 联盟的首要原则是研发资源的互补性，R&D 联盟网络中的每一个高新技术企业都蕴含着具有战略价值的研发信息、研发创意和研发知识。因而 R&D 联盟网络规模的大小意味着焦点高新技术企业能够获取研发资源的丰裕程度。焦点高新技术企业可以通过正式契约与非正式协议，获取其他高新技术企业的互补资产、专利许可和技术诀窍。因而，R&D 联盟网络规模越大，越有机会获得更多的研发资源。

R&D 联盟网络规模效应的实现是以网络中高新技术企业的多样性为前提，当网络中的高新技术企业掌握的研发信息、研发知识和研发创意等研发资源是异质性的，R&D 联盟网络能够拓宽高新技术企业的视角、促进认知资源的积累以及提高解决研发问题的能力，从而实现 R&D 联盟网络的组织学习效应。

尽管具有异质性伙伴关系的 R&D 联盟网络能够使高新技术企业获得多视角的认知资源，但过高的异质性意味着高新技术企业间有不同的管理模式、研发目标和研发战略，容易产生高新技术企业间传递研发信息的沟壑，阻碍高新技术企业间研发合作目标的实现，从而无法实现 R&D 联盟网络的组织学习效应。

3.5.1.2　知识转移效应

R&D 联盟网络密度是指网络中高新技术企业间实际缔结的 R&D 联盟数量与最大可能的 R&D 联盟数量的比值。比值大说明网络密集，反之则稀疏。R&D 联盟网络密度是反映 R&D 联盟网络中高新技术企业间互动程度的一个结构性指标。R&D 联盟网络中的 R&D 联盟通过契约或合作协议能够为具有 R&D 联盟关系的高新技术企业间提供研发信息和技术诀窍等隐性知识转移的管道。因而，R&D 联盟网络的密集程度是网络中高新技术企业间知识转移的关键影响因素。

密集的 R&D 联盟网络中存在纵横交错的 R&D 联盟关系，能够扩大网络中研发企业间知识流动的路径、最大化知识流动的速度、减少知识转移的障碍、减少传递信息的时间以及扭曲交流的潜力，从而能够提高网络中的高新技术企业间信息和技术诀窍等隐性研发知识转移的效率。

从以上分析可以看出，R&D 联盟网络的规模、伙伴的多样性和密度等结构特征形成了R&D联盟网络结构的异质性；不同的R&D联盟网络结构具有不同的规模效应和知识转移效应。

3.5.2 R&D联盟网络关系效应分析

格兰诺维特根据“在某一联结上所花的时间、情感投入程度、亲密程度以及互惠性服务的综合”将组织间的联结关系分为强关系和弱关系。强关系是指那些经常发生的、持久的和充满情感的关系，而弱关系是指那些偶尔发生的、疏远的关系。

在R&D联盟网络中，高新技术企业间通过R&D联盟形成直接或间接的联结关系。当高新技术企业间有直接的R&D联盟关系，高新技术企业间互动频率较高，形成强关系；当高新技术企业间没有直接的R&D联盟关系，是通过第三方建立起联结关系，或通过伙伴的伙伴建立起联结关系，则高新技术企业间互动频率较低，形成弱关系。由于R&D联盟网络强弱关系的互动频率、亲密程度以及传递知识和信息能力的不同，R&D联盟网络强弱关系会形成不同的影响效应。

3.5.2.1 强关系效应

R&D联盟网络的强关系效应是指R&D联盟网络中具有直接R&D联盟关系的R&D联盟伙伴间强关系的作用。R&D联盟网络中的强关系能为网络中的高新技术企业提供社会资本。参考布迪厄对社会资本的定义，R&D联盟网络社会资本是指蕴含在R&D联盟网络联结关系中现实和潜在网络资源的总和。网络资源是持久性网络关系经过长期积累形成的，而持久性的网络关系是指网络成员在相互熟悉和承认的基础上形成的某种程度上已经制度化的关系。R&D联盟网络中的高新技术企业间只有建立强关系，才能在R&D联盟伙伴选择过程中了解和熟悉对方的技术专长、研发人员的储备以及研发能力等情况，进而通过契约或合作协议形成具有持久性和制度化的关系。

R&D联盟网络中具有强关系的高新技术企业间可以培养善意信任和能力信任，从而促进社会资本的形成。R&D联盟网络中正式的契约或合作协议以及非正式的口头协议可以规范研发企业的行为，减少高新技术企业采取机会主义行为的可能性；R&D联盟网络中的高新技术企业基于网络声望的考虑，也不会轻易利用R&D联盟伙伴的弱点采取机会主义的行为，因为短期的机会主义行为将会导致R&D联盟网络中其他高新技术企业对其不信任的风险，甚至永久性地将其排除在R&D联盟网络之外。具有强关系的高新技术企业间在频繁的互动中，容易培养感情纽带，彼此愿意将对方作为信任的知识源。在 R&D 联盟网络中，拥有强关系的高新技术企业即使主动搜寻研发知识，但凭借其在 R&D 联盟网络中的声望，依然会赢得 R&D 联盟伙伴对其的善意信任。因而，基于机会主义风险的降低和感情纽带的形成，R&D 联盟网络的强关系可以培育高新技术企业间的善意信任。

高新技术企业间的强关系，能够提供新想法和技术创新等稳定的信息流，并为高新技术企业间合作创新提供运行支持。高新技术企业间在紧密和频繁的互动和学习中逐渐形成思考问题的共同方法以及解决问题的共有规范和长远视角，从而形成能力信任。因而，R&D 联盟网络中的强关系通过培养善意信任和能力信任能够促进网络中高新技术企业社会资本的形成。

3.5.2.2　*弱关系效应*

R&D 联盟网络的弱关系效应是指 R&D 联盟网络中通过中间节点将没有直接 R&D 联盟关系的高新技术企业联结在一起的弱关系的功效和作用。首先，弱关系具有信息收集的功效。R&D 联盟网络中没有直接 R&D 联盟关系的高新技术企业间可以通过中间节点了解和收集整个网络中相关产业领域的高新技术企业的研发创新成果，并根据研发创新成果探寻未来的技术轨迹。其次，弱关系具有信息筛选的功效。R&D 联盟网络中通过弱关系联结的若干个中间节点都可以作为信息过滤器，这些信息过滤器能够对新的技术发展进行吸收、转换和划分，因此弱关系对研发信息的处理能力远远超过单个节点的研发信息处理能力。再次，弱关系能够为高新技术企业间提供传递异质性信息流的路径。R&D 联盟网络中弱关系联结的高新技术企业间由于没有直接的 R&D 联盟关系，互动的频率较低，获取互补性研发资源的合作研发机会较少，因而高新技术企业间的研发人员的素质以及研发能力等显性或隐性的研发资源具有异质性。

如图 3-1 所示，图中 A～H 代表高新技术企业，即 R&D 联盟网络的节点，节点间的连线表示契约或协议关系，A～E 结成的 R&D 联盟用①表示，B、C、F、G 结成的 R&D 联盟用②表示，F、G、H 结成的 R&D 联盟用③表示，①、②和③中的高新技术企业通过直接的 R&D 联盟关系和间接的 R&D 联盟关系联结成 R&D 联盟网络。在该 R&D 联盟网络中，高新技术企业 A 和高新技术企业 H 没有直接的 R&D 联盟关系，但高新技术企业 A

可以通过R&D联盟伙伴B的R&D联盟伙伴G和研发企业H建立起弱关系，同理还可以通过C和F等节点建立弱关系，因而，A-B-G-H、A-C-F-H以及A-B-F-H等弱关系成为高新技术企业A和高新技术企业H之间传递研发信息的路径。由于高新技术企业A和高新技术企业H彼此都没有进入对方R&D联盟伙伴选择的范围，合作研发的机会较少，双方的研发信息和研发知识等研发资源的异质程度高，不管是经过节点B和G，还是经过节点C和F路径，双方传递的研发信息都是新信息。R&D联盟网络弱关系能够为网络中的高新技术企业收集和筛选出异质度高的研发信息，提供异质性信息流路径传递，从而有利于网络中的高新技术企业实现研发创新。

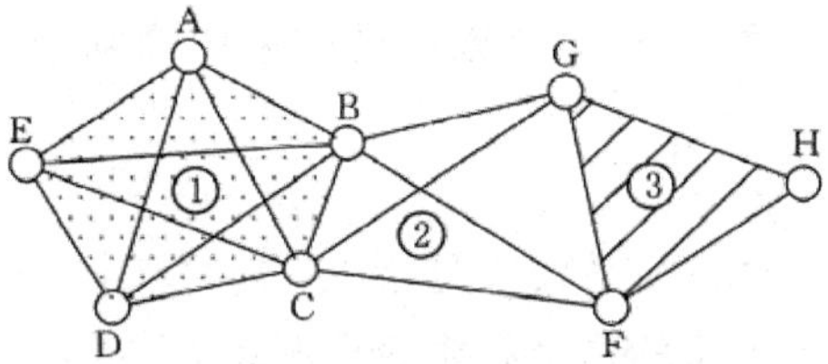

图3-1 R&D联盟网络示意图

3.5.3 R&D联盟网络位置效应分析

R&D联盟网络中不同的网络位置能够产生不同的资源、互惠和举荐机会，形成不同的位置效应。R&D联盟网络位置可以分为中心性位置、结构洞位置和边缘性位置，不同的网络位置能够产生不同的效应。

3.5.3.1 中心性效应

R&D联盟企业中心性是指高新技术企业在网络中所处的位置相对于网络中其他高新技术企业位置的中心程度。R&D联盟网络的中心位置是R&D联盟网络中的信息交换中心，并具有为网络中弱联结的高新技术企业间充当信息传递通道的功能。R&D联盟网络中心性位置能够凭借其信息交换中心和桥梁的优势使处于网络中心位置的高新技术企业能够获得相对于边缘位置更丰富的研发信息和更高的声望。R&D联盟网络中高新技术企业的声望越高，则获得结盟机会越多，根据战略需要及时更新和选择R&D联盟伙伴的能力越强，从而能够成为网络中具有吸引力的R&D联盟盟主或候选研发企业。

3.5.3.2　结构洞效应

R&D 联盟网络结构洞是指 R&D 联盟网络中某些无直接 R&D 联盟关系的高新技术企业之间出现的关系间断现象，从 R&D 联盟网络整体来看好似 R&D 联盟网络中的洞穴。图 3-2 为 R&D 联盟网络结构洞示意图，图中的圆点代表高新技术企业，连线代表 R&D 联盟关系，①、②和③分别代表 R&D 联盟，其中①是中心型的 R&D 联盟，②和③都是蛛网型的 R&D 联盟。在①中，高新技术企业 A_0 是该 R&D 联盟的盟主，具有较强的搜寻和缔结 R&D 联盟伙伴能力，因而高新技术企业 A_0 除了是①中的盟主外，还是分别与②和③中的高新技术企业 A_1 和高新技术企业 A_2 缔结了双边关系的 R&D 联盟。②中的高新技术企业和③中的高新技术企业间无 R&D 联盟关系，②和③中的高新技术企业只有通过 A_0 这唯一的节点才能建立起弱联结的关系。从网络整体上看，②和③之间好像出现了洞穴，同理，①和②以及①和③之间也存在洞穴，因而 A_0 在 R&D 联盟网络中占据的位置就是结构洞位置。同理，A_1 和 A_2 也占据着 R&D 联盟网络中的结构洞位置，但 A_0 的结构洞位置更为关键。

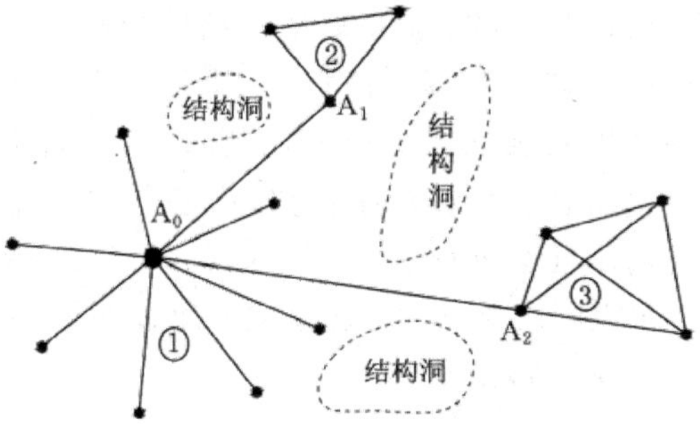

图 3-2　R&D 联盟网络结构洞效应示意图

结构洞效应能够产生信息优势效应和控制优势效应。R&D 联盟网络结构洞的信息优势效应主要体现为：可接近、节省时间和被举荐。可接近是指占据 R&D 联盟网络结构洞位置的高新技术企业容易接收到有价值的研发信息；节省时间是指 R&D 联盟网络结构洞位置能使处于该位置的高新技术企业比网络中的其他高新技术企业更早地获得网络中的研发信息；被举荐主要是指 R&D 联盟网络结构洞位置会使处于该位置的高新技术企业容易在正确的时间和地点获得被举荐的机会，这种被举荐的机会意味着未来更多的缔结 R&D 联盟的机会。

R&D 联盟网络结构洞的控制优势效应是通过结构洞位置的高新技术企业的第三者收益策略而得以实现，即占据结构洞位置的高新技术企业可以凭借其作为非重复性联结关系的两个 R&D 联盟网络间的第三者身份而获得收益。如图 3-2 中的处于结构洞位置的高新技术企业 A_0，成为联结 R&D 联盟②和 R&D 联盟③的第三者，并凭借其第三者身份可以分别对高新技术企业 A_1 和高新技术企业 A_2 提出更为利己的利益分配机制，以获得控制利益。

3.6 本章小结

本章通过对 R&D 联盟网络结构、关系和位置属性的定性和定量分析，为深入研究 R&D 联盟网络属性对高新技术企业竞争优势的影响提供理论支持。

在对 R&D 联盟网络属性分析的基础上，运用强弱关系和结构洞等社会网络理论，从结构、关系和位置三个维度对 R&D 联盟网络效应进行了分析，得出以下结论：结构维度的 R&D 联盟网络的规模、R&D 联盟伙伴的多样性以及密度能够产生知识转移效应；关系维度的 R&D 联盟网络强关系和弱关系分别能够产生社会资本效应和创新效应；位置维度的 R&D 联盟网络结构洞能够产生信息优势和控制优势，中心性位置能够提供获得声望效应的机会。通过揭示社会网络视角下 R&D 联盟网络效应的形成机理，能够为研究 R&D 联盟网络结构、关系和位置属性对网络中高新技术企业竞争优势的影响机制奠定理论基础。

第 4 章　R&D 联盟网络对高新技术企业竞争优势的影响及假设

基于前文对 R&D 联盟网络的属性和效应分析，本章提取 R&D 联盟网络环境下高新技术企业获取竞争优势的集成竞争能力因子，分析 R&D 联盟网络的结构、关系和位置属性对高新技术企业集成竞争能力关键因子的作用机制，并以高新技术企业集成竞争能力关键因子为中介变量，建立起 R&D 联盟网络属性影响高新技术企业竞争优势的概念模型。

4.1　基于 R&D 联盟网络的高新技术企业竞争优势的内涵

R&D 联盟网络的形成开启了以联盟网络作为竞争主体的外部技术竞争的新时代。在 R&D 联盟网络环境下，对高新技术企业竞争优势的影响并不仅仅是单个 R&D 联盟在起作用，而是整个 R&D 联盟网络作用的结果，因此高新技术企业竞争优势具有了新内涵，并呈现出新特征。

4.1.1　高新技术企业竞争优势的界定

R&D 联盟网络中的高新技术企业不仅能够通过单个 R&D 联盟实现研发资源互补、降低研发成本、分散研发风险和联合创新等战略目标，而且能通过其所嵌入的 R&D 联盟网络获得信息、声誉以及社会资本等难以模仿的网络资源。R&D 联盟网络的形成和蓬勃发展逐渐改变了高新技术企业竞争的基础，因而 R&D 联盟网络环境下的高新技术企业竞争优势是指高新技术企业在通过内部培育和外部 R&D 联盟方式积累技术资源、创新资源、声望资源等基础上，高效地获取、协调和配置网络资源的能力，是高新技术企业集成竞争能力的综合体现。

4.1.2　高新技术企业竞争优势的特征

随着 R&D 联盟网络的兴起和迅速发展，高新技术企业不可避免地嵌入在一定的 R&D 联盟网络中，高新技术企业之间的竞争实际上是在一定的R&D联盟网络中进行的，因而高新技术企业在网络中获取的竞争优势具有不同于传统战略领域“自主原子”分析框架下的低成本和差异化等新的特征，主要体现为以下几个方面。

(1) R&D联盟网络资源是竞争的基础

R&D联盟网络资源是指高新技术企业所处的R&D联盟网络本身所具有的互补性研发资源及其通过R&D联盟网络所获取的资讯资源、技术资源、创新资源、声望资源以及社会资本等。R&D联盟网络中的资源突破了传统资源观的“所有权假设”的边界限制，对高新技术企业的竞争行为具有重要影响。不同的R&D联盟网络因网络结构属性和关系属性的不同，拥有的网络资源是异质的；处于不同R&D联盟网络中的高新技术企业也因此会形成不同的获取网络资源能力。R&D联盟网络资源也并非均匀分布于网络成员企业之间，因而同一个网络中的不同高新技术企业的获取网络资源的能力也存在差异。高新技术企业获取R&D联盟网络资源能力的强弱是决定其能否在市场竞争中获取竞争优势的基础。

(2) 高新技术企业竞争优势具有动态性

在以知识经济、信息经济和网络经济为特征的超竞争环境下，高新技术企业面临着技术周期缩短和研究开发成本急剧增加等竞争压力，高新技术企业单凭借自身的资源和能力通常难以在激烈的市场竞争中求得生存和发展。与其他高新技术企业以缔结R&D联盟及其网络的方式进行共同研发成为高新技术企业获取竞争优势的重要方式。

R&D联盟网络不是一个静态的网络结构，其随着竞争环境的变化和网络成员战略重点的改变而处于动态的发展过程中。R&D联盟网络中的高新技术企业通过网络获取的组织学习、知识转移和技术创新等优势只是在某个R&D联盟期内的优势，随着某个R&D联盟伙伴的加入或退出，网络中的高新技术企业的优势格局也会随其变更。因而，在R&D联盟网络环境下，高新技术企业竞争优势的获取和保持是一个不断更新的动态过程。

4.2 高新技术企业集成竞争能力对企业竞争优势的影响及假设

4.2.1 高新技术企业集成竞争能力内涵及架构

在R&D联盟网络环境下，高新技术企业竞争优势的获取并不是某个单一能力在起作用，而是多种能力综合集成的结果。集成是指集成主体为实现特定目标，按照一定的集成模式创造性优化集成单元的过程。

高新技术企业集成竞争能力是指，基于内部研发资源的缺口，高新技术企业有选择地从 R&D 联盟网络中获取技术性知识、创新思想以及联盟知识等网络资源，并创造性地将这些网络资源应用到新产品开发和服务中，进而将其新产品推向市场形成可持续性竞争优势的能力。高新技术企业集成竞争能力是内部研发资源和外部网络资源重新组合的一种集成模式，具有路径依赖性，很难被竞争者模仿，因此这种异质性资源和能力不仅决定了高新技术企业的市场表现，也最终决定了高新技术企业获取竞争优势的能力。

高新技术企业集成竞争能力本质上是多种能力因子的动态融合过程。对于 R&D 联盟网络环境下的高新技术企业而言，仅凭单一的能力无法形成持久性竞争优势。因此，依据各种能力因子在集成竞争中的功能差异，可以将高新技术企业集成竞争能力分为联盟能力、学习能力和创新能力三个关键能力因子。因此，在 R&D 联盟网络环境下，高新技术企业集成竞争能力的三个关键能力因子成为决定高新技术企业竞争优势的关键能力因子。R&D 联盟网络对高新技术企业所产生的结构、关系和位置等效应也最终体现在对这三个关键能力因子的综合作用上。因此，研究 R&D 联盟网络对高新技术企业竞争优势的具体影响，便转化为研究 R&D 联盟网络对高新技术集成竞争能力的三个关键能力因子的影响。这三个关键能力因子成为 R&D 联盟网络影响高新技术企业竞争优势的中介变量。

4.2.2　联盟能力对高新技术企业竞争优势的影响及假设

R&D 联盟能力是指高新技术企业所拥有的建立和管理 R&D 联盟及其网络的知识、技能以及能力，能够拓展高新技术企业的战略视野，扩大和控制 R&D 联盟网络，从而有利于提升高新技术企业竞争优势的持续竞争能力。这是由于在联盟网络视角下，高新技术企业主要关注其管理联盟伙伴和积累联盟经验的能力，不同于双边联盟框架下仅关注联盟本身的成功或失败，如联盟的结构以及伙伴之间战略和文化的匹配等。因此，根据 R&D 联盟及其网络的发展和运行过程，可以将 R&D 联盟能力分为选择 R&D 联盟伙伴、管理 R&D 联盟以及积累 R&D 联盟经验的能力。

(1) 选择 R&D 联盟伙伴能力

高新技术企业选择 R&D 联盟伙伴的能力可以分为搜寻 R&D 联盟伙

伴能力和高新技术企业自身所具有的R&D联盟伙伴吸引力。搜寻R&D联盟伙伴能力是指高新技术企业为了组建R&D联盟,鉴定、甄别和筛选与自己R&D联盟目标相匹配的高新技术企业的能力。高新技术企业在搜寻伙伴过程中,一定会发生人力和物力等试错成本。因此,主要以搜寻潜在R&D联盟伙伴效率作为衡量高新技术企业搜寻R&D联盟伙伴能力的标准,具体是指高新技术企业能否在固定周期内以最低试错成本,与最多潜在R&D联盟伙伴签订R&D联盟契约或协议。

R&D联盟伙伴吸引力是指在R&D联盟伙伴选择过程中,潜在R&D联盟盟主和候选研发企业彼此对对方而言所具有的理想性、有利性以及价值性程度。因此,伙伴吸引力越高,作为潜在R&D联盟盟主的高新技术企业越容易以低试错成本快速筛选出与自己R&D联盟目标相耦合的R&D联盟伙伴;同理,候选研发企业越有可能被更多的潜在R&D联盟盟主企业作为潜在的R&D联盟伙伴。R&D联盟伙伴吸引力是由高新技术企业具有的研发知识和技术基础、研发人员的创新能力、R&D联盟网络声望、R&D联盟经验以及社会资本等内外部因素共同决定的。

(2) 管理R&D联盟伙伴能力

高新技术企业管理R&D联盟伙伴能力主要体现在调整R&D联盟目标、动态监控R&D联盟伙伴研发资源投入以及预见R&D联盟伙伴之间冲突等几方面。高新技术企业为了维持R&D联盟的正常运行,需要设立专门的R&D联盟职能部门,如专门的R&D联盟的副总裁、联盟经理以及联盟团队等,负责追踪企业的R&D联盟交易、动态地监控R&D联盟伙伴的研发资源以及研发人员的投入情况和定期地评估R&D联盟绩效,从而根据伙伴之间的研发合作进展情况动态地调整R&D联盟目标,以使R&D联盟活动的利益最大化。高新技术企业维持R&D联盟正常运行的过程也是解决伙伴之间冲突的过程。因此,高新技术企业的R&D联盟职能部门应该提供正式或非正式的沟通渠道,以便于培养与伙伴之间的信任和情感,进而减少或高效地解决与联盟伙伴之间的冲突。

(3) R&D联盟经验的积累

R&D联盟经验可用焦点高新技术企业缔结的R&D联盟数目来表示。焦点高新技术企业拥有的R&D联盟的数目越多,其越容易在选择伙伴、管理联盟等环节积累更多的联盟经验,同时也容易从其联盟伙伴企业获取更多联盟经验。焦点高新技术企业通常是通过R&D联盟培训机制和评价机制积累联盟经验，并通过这些机制进一步将管理 R&D 联盟的最佳做法向企业内部扩散。具有丰富 R&D 联盟经验的焦点高新技术企业，因其掌握了选择联盟伙伴、管理联盟伙伴以及处理联盟伙伴冲突的独特诀窍，更容易提高其管理联盟能力。

R&D 联盟能够为高新技术企业提供技术创新所需要的技术、知识和信息，是高新技术企业提高其创新能力的必然战略选择，高新技术企业间 R&D 联盟数量也因此迅速增加。然而，高新技术企业间 R&D 联盟的成功率并不高，其失败率甚至高达 50%～60%，但也有一些像 IBM、HP、西门子、CISCO 这样的高新技术企业利用 R&D 联盟取得了持续的成功。高新技术企业竞争优势越来越依赖于比竞争对手更为出色的管理联盟的能力，因而能否有效管理 R&D 联盟是决定高新技术企业从 R&D 联盟中获取外部知识、技术和信息的关键因素，管理 R&D 联盟能力已成为决定高新技术企业获取竞争优势的关键因素。

基于以上的分析，可以得出假设：

H1a：高新技术企业的联盟能力对其竞争优势有显著正向影响。

4.2.3 学习能力对高新技术企业竞争优势的影响及假设

R&D 联盟网络中高新技术企业学习能力是指高新技术企业从直接 R&D 联盟伙伴及其 R&D 联盟伙伴的伙伴中学习和内化隐性知识的能力，主要体现为其以知识惯例和组织记忆为表现形式的知识结构的提升。根据 R&D 联盟网络中高新技术企业的知识提升过程，可以将其学习能力分为知识获取、整合和扩散紧密相连的动态过程。

(1) 知识获取

知识获取是 R&D 联盟网络中高新技术企业学习的开始，它是收集和整理存在于 R&D 联盟网络中的知识资源的过程。高新技术企业从 R&D 联盟网络中获取知识资源是以研发边界人员为载体的，研发边界人员成为获取研发知识资源的真正主体。研发边界人员主要通过正式机制和非正式机制从 R&D 联盟网络中获取研发知识。正式机制是依照 R&D 联盟协议或契约事先设定好的学习协议获取公开的知识、事实和信息；非正式机制是 R&D 联盟企业的边界人员在合作研发过程中通过私人的社交关系以及自发性的学习实践团体获取研发诀窍和新的想法。

(2) 知识整合

高新技术企业能否将通过正式或非正式的机制获取的多样性研发知

识与现有的研发知识进行整合，并转化为未来发展所需要的关键资源，是其在R&D联盟网络中进行组织学习的关键。高新技术企业对从R&D联盟网络中获取的研发知识进行的整合过程包括评价、吸收、转化和利用几个重要环节. 高新技术企业在R&D联盟网络中的吸收能力是指高新技术企业将从R&D联盟网络中获取的新知识整合到原有的知识体系中的能力。R&D联盟网络中的高新技术企业的吸收能力取决于企业层面、联盟层面和网络层面等多种因素的影响，是企业层面的技术知识、联盟层面的特征和网络属性变化的函数。

就企业层面而言，高新技术企业内部的相关知识基础、企业特定的技术能力和R&D联盟经验决定了企业内部研发人员领悟能力和消化能力的水平，进而影响着其研发边界人员对外部研发知识的转化和利用能力。在联盟层面上，R&D联盟的战略定位、R&D联盟伙伴之间的技术重叠性以及研发资源的匹配程度等决定了高新技术企业研发边界人员的吸收能力水平。R&D联盟作为一种战略选择，根据联盟目标的差异，R&D联盟可分为利用型和探索型。探索型R&D联盟主要致力于创新、多样性以及其他风险活动，旨在获取新资源、长期的增长和发现新机会。利用型R&D联盟是通过改进和提高正在利用的技术而取得额外的研发收入。R&D联盟的战略定位不同，其伙伴之间转移研发知识的意愿和能力也不同，因而伙伴之间的研发知识的吸收能力也同样存在差异性。

(3) 知识扩散

高新技术企业在进行R&D联盟活动中，只是有限的研发边界人员能够参加到R&D项目中，而其他非研发边界人员被隔离在R&D联盟活动之外。高新技术企业从R&D联盟网络中获取和吸收研发知识都是通过研发边界人员而进行的。不论是获取研发知识还是吸收研发知识，其最终目的是使高新技术企业内的所有研发人员掌握外部新研发知识，并使其在企业运营过程中得以应用，从而提高其竞争优势。因而，高新技术企业的内部知识扩散能力是其组织学习能力的一个重要组成部分。高新技术企业研发知识的扩散能力主要取决于其R&D联盟经验和既有的技术能力。研发边界人员拥有较多的R&D联盟经验时，其有意识的主动搜索、评价和吸收有价值的研发知识能力强，能够获取更多企业未来研发所需要的战略性研发知识。非边界研发人员拥有较高水平的研发知识和研发能力时，其更容易领悟和消化研发边界人员传递的研发知识，因而高新技术企业能够在有限的战略期内快速将战略性知识用于 R&D 联盟范围外的其他产品的研发创新，从而提高其竞争优势。

接近和获取 R&D 联盟伙伴的信息、知识和能力是高新技术企业间结成 R&D 联盟的主要动机。高新技术企业利用 R&D 联盟进行组织学习可以获取关于战略定位和实现战略的方法的知识，开发有效管理联盟的技能，创造有利于提高竞争优势的新知识结构。受自身因素和 R&D 联盟网络因素的影响，R&D 联盟中高新技术企业学习能力并不是等同的。高新技术企业学习能力已成为 R&D 联盟网络环境下高新技术企业获取竞争优势的集成竞争能力的关键因子。

基于以上的分析，可以得出假设：

H1b：高新技术企业的学习能力对其竞争优势有显著正向影响。

4.2.4　创新能力对高新技术企业竞争优势的影响及假设

高新技术企业创新能力是在高新技术企业内部知识和外部市场需求相互作用中产生的动态能力，包括开发新产品能力、采用新工艺生产新产品的能力、开发新工艺和新产品满足未来需要的能力以及应对偶发技术活动和竞争对手带来的突发机会的能力。

随着人才的流动速度和比率不断增长，风险投资蓬勃发展，产品进入市场的时间越来越短，技术创新的综合性和复杂性日益提高，任何一个高新技术企业都无法拥有创新所需的全部知识、技术和资源。基于此背景，Chesbrough 提出了开放式技术创新，认为企业的边界是可以渗透的，创新将会变得越来越开放，有价值的创意可以从企业的外部和内部同时获取，其商业化路径也仍然可以从企业内部和外部同时进行。开放式创新主要包括创意、技术和知识由外向内流入的获取过程、由内向外流出的利用过程以及二者的耦合过程。创意和知识有目的性流入和流出可以加速内部创新和拓展创新的外部应用市场。根据开放式技术创新过程，可以将高新技术企业创新能力因子分为：对企业边界外研发知识、技术和创新思想的外部获取能力；将外部获取的知识、技术和机会与企业内部积累的技术创新基础相整合的能力；将创新产品市场化的能力（Zahra and George，2002）。

Lee 等（2001）运用韩国 137 个技术企业的数据，得出技术企业创新能力和其销售增长正相关。George 等（2002）认为初创企业的创新能力和其产品开发能力以及绩效呈正相关。Zahra 等指出创新能力能使企业通过开发有价值的、稀缺的、难以模仿的差异化产品而获得竞争优势。张韬通过实证分析研究创新能力和企业竞争的关系，得出创新能力位于动态能力的顶端，企业竞争优势通过创新能力得以实现，企业不同的创新能力能够形成差异化竞争优势的结论。具有高投入、高产出、高附加值及高渗透性等特点的高新技术企业间的竞争更是以技术为基础。创新能力是高新技术企业在动态的市场竞争中创造和保持动态竞争优势的关键影响因素(Romjin and Albaladejo, 2002)，因而创新能力的高低是决定高新技术企业竞争优势水平的又一个关键集成竞争能力因子。

基于以上分析，可以得出假设：

H1c：高新技术企业的创新能力对其竞争优势有显著正向影响。

4.3 R&D 联盟网络结构属性对高新技术企业竞争优势的影响及假设

R&D 联盟网络结构是焦点高新技术企业所处的全部关系范式的总和，其结构型态具有独特性，它能使焦点高新技术企业在网络中获取有价值的信息、知识以及技术。因此，下面将以高新技术企业获取信息、知识及技术的集成竞争能力为中介变量，研究 R&D 联盟网络结构属性对高新技术企业竞争优势的影响。

4.3.1 R&D 联盟网络结构属性对联盟能力的影响及假设

高新技术企业建立和管理 R&D 联盟的能力并不是孤立行为，而是嵌入于复杂的 R&D 联盟网络中，因而高新技术企业的 R&D 联盟能力受制于 R&D 联盟网络的规模、密度以及凝聚子群等结构属性的促进或制约作用。

4.3.1.1 R&D 联盟网络规模对联盟能力的影响及假设

R&D 联盟网络规模是反映 R&D 联盟网络中焦点高新技术企业拥有 R&D 联盟伙伴数量的一个绝对性指标。焦点高新技术企业拥有的 R&D 联盟伙伴可以分为直接 R&D 联盟伙伴和间接 R&D 联盟伙伴两类。直接和间接 R&D 联盟伙伴关系都蕴涵着信息资源、知识和结盟机会等。因此，R&D 联盟网络规模越大，R&D 联盟伙伴关系数量也就越多，网络中的高新技术企业也就有更多机会获取管理 R&D 联盟的信息和知识等资源。

高新技术企业在已有的 R&D 联盟网络中，能够通过大量间接 R&D

联盟伙伴关系获取潜在R&D联盟信息。这些结盟信息有利于高新技术企业形成正确的R&D联盟思维，制定与自身研发战略相匹配的R&D联盟战略方案。高新技术企业拥有的间接R&D联盟伙伴关系数量越多，越有利于从其他R&D联盟伙伴业务活动、边界人员私人关系和管理R&D联盟等活动中吸收有益联盟经验，从而正确地定位自身的R&D联盟心态，同时也能够增强自身作为潜在R&D联盟伙伴的吸引力。大量间接R&D联盟伙伴关系，能够促进高新技术企业间信息交流，增进彼此相互了解各自的信誉、研发能力和R&D联盟历史，从而能够缩小焦点高新技术企业搜寻潜在R&D联盟伙伴的范围，降低搜寻潜在R&D联盟伙伴的成本，进而提高其选择R&D联盟伙伴的效率。

在大规模R&D联盟网络中，高新技术企业的R&D联盟经理正是利用其所处网络的规模优势，能够获得更多正式或非正式交流与学习管理R&D联盟的机会。高新技术企业R&D联盟经理通过更多正式访问参观和非正式私人社交活动，可以向大量间接R&D联盟伙伴学习管理R&D联盟的知识，学习其他高新技术企业管理R&D联盟过程中使用的标准化管理工具以及对R&D联盟经理和R&D联盟团队的奖励办法等成熟的激励机制。因此，通过这样的正式或非正式学习能够节省焦点高新技术企业培养R&D联盟经理的管理人才的成本，同时也能提高其协调和控制R&D联盟伙伴关系的能力。同理，通过更多正式访问参观和非正式私人社交活动，焦点高新技术企业能够有更多的机会学习有价值的R&D联盟经验。这是由于拥有大量R&D联盟伙伴的企业，通常会有健全的管理程序和制度，如R&D联盟评估会议。在召开R&D联盟评估会议的过程中，参与R&D联盟管理的专职R&D联盟经理和R&D联盟首席执行官等不仅能提取出有价值的R&D联盟经验，也能将其管理R&D联盟的最佳做法向非联盟经理进行扩散。因此，越是拥有大量R&D联盟伙伴的企业，越能够拥有大量有价值的管理R&D联盟的经验，从而越有利于焦点高新技术企业提高其积累联盟经验的能力。

由此，可以得出假设：

H2a：R&D联盟网络规模对R&D联盟能力有显著正向影响，即R&D联盟网络规模越大，高新技术企业R&D联盟能力越强。

H2b：R&D联盟能力在R&D联盟网络规模影响高新技术企业竞争优势的机制中起中介作用。

4.3.1.2　R&D 联盟网络密度对联盟能力的影响及假设

R&D 联盟网络密度是反映 R&D 联盟网络中高新技术企业之间相互结盟程度的一个重要指标。高新技术企业之间缔结的 R&D 联盟越多，R&D 联盟网络密度越大。

密集 R&D 联盟网络更像一个封闭的系统，如图 4-1 所示。图中 A～G 代表高新技术企业，即 R&D 联盟网络的节点，节点间的连线表示契约或协议关系，封闭的环代表 R&D 联盟。A～G 因缔结多个 R&D 联盟形成一个闭合系统。密集 R&D 联盟网络能够放大对高新技术企业机会主义行为制裁的声望效应，如图 4-1 中假如 A 在与 B 和 C 的 R&D 联盟中采取了机会主义行为，A 的机会主义行为会被 B 和 C 迅速传递给 D、E、F 和 G，B～G 会联合对 A 进行制裁，A 的声望效应会迅速降低。密集 R&D 联盟网络所产生的联合制裁的威慑作用能够降低网络中的高新技术企业采取机会主义行为的可能性，高新技术企业间更容易形成相互信任、共享规范和行为模式。基于信任的联盟氛围，网络中的高新技术企业更容易洞察 R&D 联盟环境，了解彼此的战略行为，获取潜在 R&D 联盟伙伴的信誉、研发能力和合作历史联盟信息等，识别与自身战略缺口相互补的 R&D 联盟时机，进而形成正确的 R&D 联盟思维，从而能够降低搜寻 R&D 联盟伙伴的成本，并提高其选择 R&D 联盟伙伴的能力。

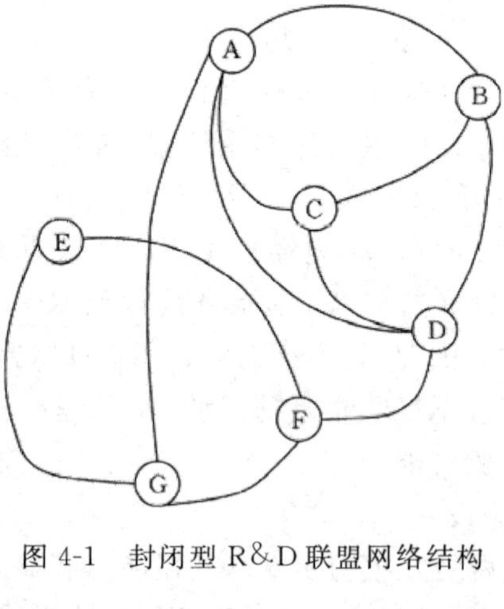

图 4-1　封闭型 R&D 联盟网络结构

在密集的 R&D 联盟网络中，一个高新技术企业往往同时参加了多个 R&D 联盟，会有多个 R&D 联盟经理负责多个 R&D 联盟的管理工作，因此可以定期轮换 R&D 联盟经理。高新技术企业通过定期轮换 R&D 联盟经理,能够为 R&D 联盟经理提供更多诚实和开放式的交流机会,因此更容易洞察 R&D 联盟伙伴企业的联盟动机和联盟需求,理解 R&D 联盟中的权利、义务以及合作条款等,因而能够减少 R&D 联盟伙伴之间的冲突。同时,密集的 R&D 联盟网络中的信任氛围能够使网络中的高新技术企业更愿意传递真实的结盟信号,网络中的高新技术企业易于识别 R&D 联盟伙伴投入 R&D 联盟中的研发资源的数量、类型以及时间等,因此不仅能减少 R&D 联盟伙伴的机会主义行为,也能提高其管理 R&D 联盟伙伴的能力。

密集的 R&D 联盟网络不仅有利于高新技术企业提高管理 R&D 联盟伙伴关系的能力,也有利于其从 R&D 联盟网络中获取丰富的 R&D 联盟经验。R&D 联盟经验是教训和管理诀窍等隐性知识。这些隐性知识常常嵌入于 R&D 联盟经理以及 R&D 联盟专家和顾问的头脑中,只有通过 R&D 联盟经理之间的正式或非正式交流才易于传递;而密集 R&D 联盟网络中的高新技术企业通过轮换 R&D 联盟经理的方式恰好能为 R&D 联盟经理提供正式或非正式交流,进而提高其积累联盟经验的能力。

基于以上分析,可以得出假设:

H3a:R&D 联盟网络密度对 R&D 联盟能力有显著正向影响,即 R&D 联盟网络密度越大,高新技术企业 R&D 联盟能力越强。

H3b:R&D 联盟能力在 R&D 联盟网络密度影响高新技术企业竞争优势的机制中起中介作用。

4.3.1.3　R&D 联盟网络凝聚子群对联盟能力的影响及假设

R&D 联盟网络是由众多 R&D 联盟凝聚子群通过关键的切点联结而成的整体网络,其中子群重叠性是从整体网络角度刻画 R&D 联盟网络结构的关键变量。R&D 联盟网络子群重叠性是指 R&D 联盟网络中不同子群中拥有共同成员,刻画了 R&D 联盟伙伴之间通过关键的切点(R&D 联盟企业)联结成更大的整体网络。

R&D 联盟网络中子群的重叠性越高,网络中的 R&D 联盟子群中共有的 R&D 联盟伙伴越多,因而以这些重叠成员为中心会产生聚集的 R&D 联盟网络结构。在聚集型 R&D 联盟网络中,高新技术企业间通过直接的、紧密的、频繁的以及直接的联结关系,容易建立信任和形成共享的价值与规范。基于相互信任和共享规范,子群成员各自贡献的技术诀窍的累积能够逐渐形成群体水平的社会资本。群体水平社会资本促成了具有信任和合作氛围的规范性子群气氛的形成，并最终能够提高子群的凝聚性。凝聚性子群成员在态度、信念和行为上能够保持一致，因而凝聚性R&D联盟子群能够减少R&D联盟伙伴之间的合作冲突，增强伙伴之间的相互依赖程度，减少伙伴彼此之间对机会主义行为的担心。在信任的R&D联盟氛围中，网络中的高新技术企业更容易根据自己的研发需要，选择与自己联盟目标相匹配的潜在R&D联盟伙伴，同时也有利于高新技术企业在R&D联盟网络中扩大自己的吸引力，提高选择R&D联盟伙伴的效率。同时，子群中的R&D联盟经理之间也愿意交流管理联盟的最佳做法，进而从子群外部获取的管理R&D联盟的经验能够快速在子群内部扩散。因此，R&D联盟网络凝聚子群重叠性有利于提高子群中高新技术企业选择和管理联盟能力以及积累R&D联盟经验的能力。

基于以上分析，可以得出假设：

H4a：R&D联盟网络凝聚子群对R&D联盟能力有显著正向影响，即R&D联盟网络凝聚子群程度越高，高新技术企业R&D联盟能力越强。

H4b：R&D联盟能力在R&D联盟网络凝聚子群影响高新技术企业竞争优势的机制中起中介作用。

4.3.2 R&D联盟网络结构属性对学习能力的影响及假设

不同R&D联盟网络的规模、密度和凝聚子群等维度的机构属性都具有不同的特点，蕴涵不同的研发信息和知识资源，提供不同的传递研发信息和知识通道，进而对网络中高新技术企业的学习能力产生不同的影响。

4.3.2.1 R&D联盟网络规模对学习能力的影响和假设

规模是体现R&D联盟网络中焦点高新技术企业直接和间接R&D联盟伙伴数量的一个绝对指标。R&D联盟是一种具有高风险性、高不确定性、高收入回报的特殊联盟，获取互补技术和提高组织学习速度是R&D联盟企业的主要联盟动机。因此，R&D联盟伙伴间技术知识具有互补性是高新技术企业参加R&D联盟的首要条件。R&D联盟伙伴知识互补性不仅表现为R&D联盟伙伴间企业层面知识基础的互补，还表现在研发人员层面的知识互补。企业层面的知识基础互补是一种以书面文件形式出现的显性互补，研发人员层面的互补是隐性知识的互补。

R&D联盟网络中每一个高新技术企业都具有一定的研发能力和专有研发技术。R&D联盟网络规模越大，网络中显性互补的研发知识和资源越多，网络中的高新技术企业可以获取研发知识的范围也越大。隐性研发知识是以高新技术企业中的研发人员为载体的，内化在研发人员的大脑中。R&D 联盟网络规模越大，焦点高新技术企业中的研发人员越有更多非正式机会从 R&D 联盟伙伴的研发人员中获取隐性研发知识和技术，网络中的高新技术越有机会从企业和研发人员两个层面获取更多互补性研发知识与研发技术。R&D 联盟网络规模越大，也越能为焦点高新技术企业中的研发人员提供更多的参观、岗位轮换、联盟会议等正式学习机会。这些参观和岗位轮换等正式学习机会不仅有利于参与 R&D 联盟的研发边界人员学习 R&D 联盟伙伴的研发知识和最佳做法，也有利于这些研发人员将从 R&D 联盟伙伴获取的情境性隐性研发知识和技术与企业内部的知识与技术进行充分整合，更有利于消除研发边界人员向非边界人员扩散外部获取性知识的障碍。因此，R&D 联盟网络规模越大，网络中的高新技术企业越容易从网络中获取、整合和扩散研发知识与技术。

基于以上分析，可以得出假设：

H5a：R&D 联盟网络规模对学习能力有显著正向影响，即 R&D 联盟网络规模越大，高新技术企业学习能力越强。

H5b：学习能力在 R&D 联盟网络规模影响高新技术企业竞争优势的机制中起中介作用。

4.3.2.2　R&D 联盟网络密度对学习能力的影响及假设

R&D 联盟网络密度反映了网络中高新技术企业间的结盟程度。密集 R&D 联盟网络中的高新技术企业间结盟程度高，具有直接 R&D 联盟关系的高新技术企业数量多，网络中的高新技术企业间互动频率高，能促进网络中 R&D 联盟伙伴之间沟通和交流，从而缩小 R&D 联盟伙伴之间的研发知识距离。知识距离是指知识源和接收者拥有相似知识的程度。R&D 联盟伙伴企业间的研发知识很难相似，某个伙伴企业的研发产出可能是另一个伙伴的研发投入，因而 R&D 联盟伙伴之间，尤其跨边界的 R&D 联盟伙伴之间的知识距离更大。密集 R&D 联盟网络通过频繁交流而缩小伙伴之间的知识距离能够缩短伙伴之间获取研发知识和信息的时间，从而提高其获取研发知识的效率。

密集的 R&D 联盟网络中，伙伴企业间通过直接和间接 R&D 联盟关系能够提高交流频率，尤其直接 R&D 联盟关系能为 R&D 联盟企业中的研发人员提供参观、联盟会议、岗位轮换等面对面的交流机会。与 Email、电话以及视频会议等交流方式相比，面对面的交流方式凭借视觉和音频模式能够提供更直接的反馈机会。面对面的交流是具有较高的知识传送能力的一种学习机制,更有利于研发人员之间获取开发新产品、特定研发项目以及通用性研发过程等隐性研发知识。这种频繁和面对面的直接交流有利于研发边界人员识别和评判伙伴企业的传输研发信息的价值,从而能够快速地识别出更有价值的研发知识和信息,提高从伙伴企业获取的研发知识的内化能力。

密集的R&D联盟网络中的高新技术企业通过频繁和面对面的交流,能够获取更多的R&D联盟经验。高新技术企业在R&D联盟中的学习曲线和扩散能力是紧密相关的,R&D联盟经验有利于企业有效地扩散从联盟中获取的研发知识与技术。这是由于高新技术企业拥有的大量R&D联盟经验能够使其提炼更多的扩散外部研发知识所需要的技能,从而上移其学习曲线。高密度的R&D联盟网络中蕴含的丰富联盟经验能够促使焦点高新技术企业的研发边界人员高效地将从联盟网络中获取的研发知识与技术向非研发边界人员进行扩散。因此,R&D联盟网络的密度越高,网络中的高新技术企业越容易从网络中获取更多研发知识和技术,越容易与已有的研发知识和技术进行充分整合,越容易将整合后的研发知识和技术在企业中进行扩散,进而提高企业的学习能力。

基于以上分析,可以得出假设:

H6a:R&D联盟网络密度对学习能力有显著正向影响,即R&D联盟网络密度越大,高新技术企业学习能力越高。

H6b:学习能力在R&D联盟网络密度影响高新技术企业竞争优势的机制中起中介作用。

4.3.2.3 R&D联盟网络凝聚子群对学习能力的影响及假设

子群重叠性是R&D联盟网络凝聚子群的关键结构变量,因此R&D联盟网络凝聚子群主要是以这个结构变量对子群中高新技术企业学习能力产生影响。R&D联盟网络凝聚子群的重叠性是指网络中各个R&D联盟拥有的共同R&D联盟伙伴。这些共同的R&D联盟伙伴可以被称为重叠成员,网络中其他R&D联盟伙伴可以被称为剩余成员。共同伙伴数量越多,R&D联盟网络凝聚子群重叠性越高。

当R&D联盟网络凝聚子群具有很高重叠性时,网络中跨R&D联盟边界的剩余R&D联盟伙伴通过重叠性R&D联盟伙伴的引介作用能够建立起联结关系。这些联结关系成为跨R&D联盟边界剩余伙伴之间传递信息的重要通道，因此也促进了伙伴之间开展正式和非正式的组织学习活动。重叠性 R&D 联盟伙伴活动于两个或多个 R&D 联盟中，在其开展 R&D 联盟活动中，跨边界的剩余联盟伙伴也因此能够建立起间接 R&D 联盟关系。具有间接 R&D 联盟关系的剩余伙伴在与重叠 R&D 联盟伙伴开展研发活动时，能够相互了解和熟悉对方的研发专长，容易建立信任关系。跨 R&D 联盟的剩余伙伴的边界扳手在重叠 R&D 联盟伙伴的边界扳手的引介下，容易建立非正式的学习实践团体，在非正式的交流中，学习对方的技术专长，从而能够扩大剩余伙伴的学习范围。在联合研发过程中，重叠 R&D 联盟伙伴处于研发和降低联盟成本的需要，也有将自己参加的多个 R&D 联盟进行整合的意愿，因而其愿意为跨 R&D 联盟的剩余联盟伙伴创造参观、培训、组织会议以及论坛等接触机会，从而为跨 R&D 联盟的剩余联盟伙伴之间创造了正式组织学习的机会。

高重叠性 R&D 联盟网络凝聚子群中的高新技术企业同时参加多个 R&D 联盟网络，拥有众多直接 R&D 联盟伙伴，因而能够获取更多正式和非正式学习机会。重叠 R&D 联盟企业的边界研发扳手在联盟研发项目小组或研发团队中进行合作研发过程中，能够通过这些正式机构从直接 R&D 联盟伙伴中获取显性研发知识和隐性研发知识。同时，这些正式的组织机构也能促进重叠性研发企业与直接 R&D 联盟伙伴之间的非正式组织学习，因而 R&D 联盟中的研发人员之间分享和共同开发隐性知识所需要的广泛的、持续的和面对面的接触并不是自然而言出现，而是需要 R&D 联盟边界扳手有意地策划。R&D 联盟伙伴中的研发人员之间的结构化和计划的相互作用有利于 R&D 联盟企业之间的组织学习。重叠性研发企业拥有更多的直接 R&D 联盟伙伴，因而其能够策划与直接 R&D 联盟伙伴程序性接触机会，如联盟经理的轮换、互访以及参观基础设施等。R&D 联盟伙伴之间程序性接触能够使研发人员之间有机会进行持续的、强烈的以及面对面的交流，而这种交流反过来又能促进 R&D 联盟伙伴之间的组织学习。子群成员之间的强烈和重复的相互作用能促进知识外溢，从而产生子群外部性。尤其对于技术创新和知识密集的高新技术产业，他们能从密集的子群结构内重复的相互作用中获取子群创新外部效应。采用非子群战略的企业很少有机会利用子群成员间重复和强烈的相互作用产生的派系外部性和知识溢出的优势。重叠性研发企业凭借其跨越两个或多个 R&D 联盟的优势，在 R&D 联盟网络中拥有更多的正式和非正式组织学习机会。

基于以上分析，可以得出假设：

H7a：R&D联盟网络凝聚子群对学习能力有显著正向影响，即R&D联盟网络凝聚子群程度越高，高新技术企业学习能力越高。

H7b：学习能力在R&D联盟网络凝聚子群影响高新技术企业竞争优势的机制中起中介作用。

4.3.3 R&D联盟网络结构属性对创新能力的影响及假设

在高新技术企业内部资源和外部R&D联盟网络的共同作用下，高新技术企业技术创新过程中任何一个环节很难遵循线性连接模式，可能成为断点、发生跳跃或直接与外部联结。因此，高新技术企业技术创新过程中任何一个环节都会受到其所处的R&D联盟网络的影响。

4.3.3.1 R&D联盟网络规模对创新能力的影响及假设

R&D联盟网络规模是反映焦点高新技术企业的直接和间接R&D联盟伙伴数量的绝对性指标，体现了焦点高新技术企业获取创意、创新思想和知识的范围。由于网络中的高新技术企业嵌入不同的产业集群中和创新社区中，并拥有不同的技术池，因而随着R&D联盟网络规模的扩大，网络中的高新技术企业搜寻创意、互补研发知识和技术的范围也随之增大。搜寻创新思想和研发知识范围的扩大，能够使网络中的高新技术企业获取多样性的研发知识和形成异质性的认知结构。大量的直接或间接R&D联盟关系通过正式的论坛、联盟会议和参观以及非正式的边界研发人员的私人接触能为焦点高新技术企业提供大量的获取创新思想和信息的有效渠道。多样性信息的获取是创新过程中一个关键变量，因为接触多样性经验挑战了问题和解决方法之间固有联系规律，改变了行动者对已有经验的解释和使用，凸显了新的问题，从而有助于企业收集创新问题的解决办法。R&D联盟网络规模的增大不仅能扩大网络中的高新技术企业创新信息和知识获取的范围及渠道，而且能够缩短高新技术企业搜寻创新思想和研发知识的路径、节省搜寻时间，提高其获取创新思想和信息的效率。

在开放式创新模式下，高新技术企业的边界是可渗透的，每个高新技术企业都能从供应商、领先用户、主流用户、政府中介结构以及非相关高新技术企业获得创新思想。焦点高新技术企业通过直接或间接的R&D联盟关系的中介作用，不仅能获取丰富的创新思想，而且能迅速筛选出有价值的创意。R&D联盟网络中的高新技术企业是基于共同研发或互补研发而建立起联结关系，因而网络中的高新技术企业间的研发知识、技术和产品等必然存在某种程度的关联性，研发边界人员在正式或非正式的交流中将从外部获取的创新思想与内部积累的研发知识和技术进行有效地整合。随着 R&D 联盟网络规模的不断增大，研发边界人员从网络中吸收的创意也不断增多，其整合内外部创新思想和创新知识的能力也相应提高。

网络环境下高新技术企业技术创新成果的市场化进程大大加快，创新成果表现为创意和创新产品等多种形式，因而创新成果的市场化过程也贯穿于整个创新过程。高新技术企业在技术创新过程中可以将创意、知识产权像创新产品一样在市场上进行交易，并能降低新产品不为市场所接受的确定性风险。高新技术企业将创意和知识产权市场化的能力是其技术创新能力的重要组成部分，因为竞争市场是检验技术创新成功与否的重要标准。随着焦点高新技术企业直接或间接 R&D 联盟伙伴数量的增加，尤其间接 R&D 联盟伙伴数量的增加，其创意和知识产权可以快速进行商业化，赚取创新利益。

基于以上分析，可以得出假设：

H8a：R&D 联盟网络规模对技术创新能力有显著正向影响，即 R&D 联盟网络规模越大，高新技术企业技术创新能力越高。

H8b：技术创新能力在 R&D 联盟网络规模影响高新技术企业竞争优势的机制中起中介作用。

4.3.3.2　R&D 联盟网络密度对创新能力的影响及假设

R&D 联盟网络密度是用于表示 R&D 联盟网络中高新技术企业之间实际结盟程度的一个重要变量。在高密度的 R&D 联盟网络中，高新技术企业间通过契约或合作协议广泛地建立起直接 R&D 联盟。在选择 R&D 联盟伙伴、谈判以及运行等联盟过程中，具有直接 R&D 联盟关系的高新技术企业间容易相互了解，并形成信任和互惠等社会资本。信任和互惠是密集网络的产品，能够提供具有自我执行的非正式治理机制，从而为伙伴之间交换创意和隐性研发知识等非正式资源交换关系提供保护。

在密集的 R&D 联盟网络中，高新技术企业间通过直接或间接的 R&D 联盟关系紧密地联结在一起，如果某个高新技术企业采取机会主义行为，网络中的其他高新技术企业会迅速获悉其这种欺骗行为；这种机会主义扩散产生的副效应会远远大于机会主义收益，所以高新技术企业彼此相信对方不会采取机会主义行为。在相互交织的密集 R&D 联盟网络中，高新技术企业对行动受到积极和消极制裁有明确期望，基于此高新技术企业间容易形成执行型和威慑型信任关系。执行型信任和威慑型信任能减少R&D联盟伙伴对知识资源的明确保护程度，增强伙伴之间分享隐性研发知识的意愿，有利于直接或间接R&D联盟伙伴打开知识池，以更加开放的态度交换创新思想和隐性研发知识。互惠交换是密集网络的另一种社会资本，是指根据互惠性规则从其他企业中获取的义务积累，并最终以大致相等的价值予以回报。当高新技术企业相信直接R&D联盟伙伴能够予以等值的回报，其会投入更多的义务积累，因而密集的直接R&D联盟关系能够强化高新技术企业间交换互惠性隐性知识。

信任和互惠性交换能促进R&D联盟伙伴企业的研发边界人员紧密互动、提高对新技术利用具有至关重要作用的隐性和嵌入性知识的转移。紧密的互动也能促使伙伴之间建立特定知识分享惯例，这种分享惯例能进一步促进创新思想和隐性知识转移。信任和互惠性交换通过促进直接或间接R&D联盟伙伴之间交流创新思想、转移隐性研发知识以及共同解决研发问题，为网络中的高新技术企业将外部获取的创新思想与内部技术基础的新型重组奠定了良好基础。密集R&D联盟网络中信任和互惠性交换的形成使网络中的高新技术企业更愿意承担交换创新思想和隐性研发知识的风险，研发边界人员往往以共同解决研发难题的方式而开展研发合作。R&D联盟伙伴之间密集的互动，能为网络中的高新技术企业提供更多的交流、分享和扩展理解的机会，并增加关于技术问题和解决方案的可替代性解释的扩散和赋予其新意义。随着网络中高新技术企业共同理解和解决问题的逐渐加深，焦点高新技术企业整合知识能力增加了，从而为相似知识新组合的发现提供适当的背景。具有相似知识存储的高新技术企业之间的合作能激起以前没有利用的新组合的发展，从而有利于高新技术企业有效地将这些创新思想或创新知识快速整合于已经存在的多样性现有信息和知识。

密集R&D联盟网络能为快速识别适当转介提供广泛渠道，使网络成员能够快速找到潜在的外化创意和知识产权的客户，更容易实现创意和知识产权的商业化，提高技术创新能力，从而获取更多技术创新收益。

基于以上分析，可以得出假设：

H9a：R&D联盟网络密度对技术创新能力有显著正向影响，即R&D联盟网络密度越大，高新技术企业技术创新能力越高。

H9b：技术创新能力在R&D联盟网络密度影响高新技术企业竞争优势的机制中起中介作用。

4.3.3.3 R&D联盟网络凝聚子群对创新能力的影响及假设

R&D联盟网络凝聚子群对子群中高新技术企业创新能力的影响作用主要体现在子群重叠性对高新技术企业创新能力的影响。子群重叠性越高，R&D联盟网络中拥有共同伙伴的R&D联盟数量越多。随着重叠成员数量的不断增多，R&D联盟网络也逐渐演变为凝聚型结构。在凝聚型R&D联盟网络中，子群成员之间存在大量的直接和间接联系，创新信息能在跨子群成员之间快速流动，每个子群成员都有获取信息的若干路径。同时，子群成员通过凝聚型R&D联盟网络中的直接或间接联系，能以最短路径形式获得大量创新思想。图4-2是凝聚型R&D联盟网络创新思想的获取示意图。图中A～N代表高新技术企业，即R&D联盟网络的节点，节点间的连线表示契约或协议关系，①表示A～F缔结的R&D联盟，②表示H～N缔结的R&D联盟。由于B和M缔结了双边R&D联盟，因此它们之间能够形成传递创新思想的最短路径。由于B又嵌入在凝聚型R&D联盟网络①中，因此①中的B～F都能通过B以最短路径获取到B从M获取的创新思想。

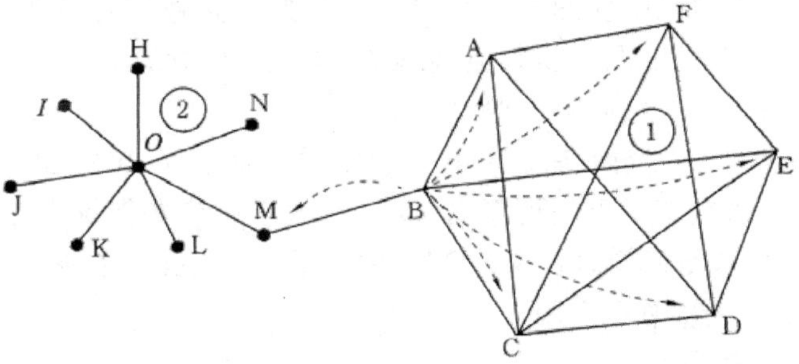

图4-2 凝聚型R&D联盟网络创新思想的获取

在凝聚型R&D联盟网络中，子群成员间通过强烈和重复的相互作用能形成稳定的社会规范和信念。这些社会规范和信念的形成有利于成员企业遵循从伙伴获取创意和隐性研发知识的规则和惯例，并进而促进信任的形成。信任的R&D联盟网络氛围有利于子群成员获取技术诀窍、设计能力、组织规范等丰富的互惠知识。

凝聚型R&D联盟网络中的丰富信息传递路径和信任同样能促进子群

成员的整合创意和研发信息的能力。信任关系有利于子群成员之间相互了解对方的知识池，降低边界研发人员之间的认知距离；形成能扩散对问题和解决方案的替代性解释、深化对研发难题的共同理解、促进共同寻找攻克研发问题的方案。因此，子群成员间的相互信任能使子群成员间的信息交换变得更有意义，从而有利于从子群外部获取的创新思想与子群内部创新思想的整合。图4-2中凝聚型R&D联盟网络①中的A～F都能从子群外部获取创新思想。由于A～F的相互信任，经由每个子群成员从外部获取的创新思想和创新知识会原汁原味地被传递到子群中，所以这些外部获取的创新思想和创新知识会迅速与子群内部的创新思想和创新知识进行整合，如应用于开发新产品中。

凝聚型R&D联盟网络中聚集的直接或间接联系能为网络中的高新技术企业的创新思想和知识产权的外化过程提供丰富的交易渠道。高新技术企业外化其创意和知识产权的方式主要包括对外许可和技术外包等方式。集聚的直接或间接联系使子群成员在重复的互动作用过程中相互了解对方的创意和知识产权的相关信息，缩短双方的技术距离，从而扩大焦点子群成员商业化其知识产权的潜在客户范围。高新技术企业通过网络中广泛的交易渠道，能以最短路径外化其创意和知识产权，能节省交易成本，缩短创意和知识产权的上市时间。高新技术企业通过这种外化其创意和知识产权的方式获取创新收益远远快于将创意和知识产权产品化。

基于以上分析，可以得出假设：

H10a：R&D联盟网络凝聚子群对技术创新能力有显著正向影响，即R&D联盟网络凝聚子群程度越高，高新技术企业技术创新能力越高。

H10b：技术创新能力在R&D联盟网络凝聚子群影响高新技术企业竞争优势的机制中起中介作用。

4.4 R&D联盟网络关系属性对高新技术企业竞争优势的影响及假设

不同的R&D联盟网络因其节点间联结强度、多样性和持久性的差异能生成不同的信息和关系资产，因而对网络中的高新技术企业的联盟能力、学习能力和技术创新能力也产生不同的影响。

4.4.1 R&D联盟网络关系属性对联盟能力的影响及假设

R&D联盟网络关系属性对高新技术企业联盟能力的影响主要体现在

对高新技术企业选择和管理 R&D 伙伴以及积累 R&D 联盟经验等方面的影响。

4.4.1.1　R&D 联盟网络关系强度对联盟能力的影响及假设

联盟管理能力是企业随着时间推移在重复性联盟活动中通过不断积累联盟经验而建立的一种路径依赖性能力。高新技术企业拥有的联盟经验与其有效选择联盟伙伴和管理联盟冲突等能力紧密相关，并能够为高新技术企业执行联盟任务或开展其他活动提供组织管理基础，因此拥有大量的联盟经验是企业建立联盟能力的必要和重要条件。高新技术企业为了建立或提高其 R&D 联盟能力，不仅需要积累自身的 R&D 联盟经验，也需要借鉴其他高新技术企业管理 R&D 联盟的成功经验。R&D 联盟网络能够为高新技术企业获取 R&D 联盟经验提供重要平台。

R&D 联盟网络关系的联结强度是决定网络中高新技术企业获得信息和资源的质量和丰富性的一个重要影响因素，因此网络中不同强度的联结关系能够为高新技术企业提供不同的 R&D 联盟经验。R&D 联盟经验和教训是一种难以表达和编撰的隐性知识，嵌入于研发边界人员的思想中。具有强关系的高新技术企业之间在频繁的联盟活动中能够建立信任和形成社会资本，这种企业之间的信任使研发边界人员之间容易建立信任。此外，强关系通过联盟会议等正式的联盟机制能够为研发边界人员提供更多的交流机会，使研发边界人员更好地理解联盟管理中的关键过程和观点。基于相互信任，强关系高新技术企业之间容易培育共同分享 R&D 联盟经验的氛围，研发边界人员能够在分享 R&D 联盟经验的过程中形成管理 R&D 联盟的相同观点。这种相同观点的形成有利于高新技术企业之间更好地相互领悟与吸收对方异质性 R&D 联盟经验。研发边界人员通过强关系能相互学习对方选择 R&D 联盟伙伴、管理运行中的 R&D 联盟以及解决伙伴之间冲突等方面的隐性研发联盟经验，从而提高其管理 R&D 联盟能力。

基于以上分析，可以得出假设：

H11a：R&D 联盟网络关系强度对联盟能力有显著正向影响，即 R&D 联盟网络关系强度越高，高新技术企业联盟能力越高。

H11b：联盟能力在 R&D 联盟网络关系强度影响高新技术企业竞争优势的机制中起中介作用。

4.4.1.2　R&D 联盟网络关系多样性对联盟能力的影响及假设

不同高新技术企业具有不同的资源和能力，因此基于 R&D 联盟网络中节点成分的差异，不同 R&D 联盟网络能够形成不同程度多样性的网络关系。R&D 联盟网络关系多样性是指网络中高新技术企业之间的知识资源、技术能力以及产业背景等差异性，是衡量网络成员间竞争强度的一个重要指标。网络成员之间技术资源和技术能力差异性程度越大，意味着成员之间技术的互补程度越高。这些处于不同产业集群中具有高度资源和能力差异的高新技术企业，为了实现节省研发时间和获取互补研发技术等不同的战略目标，在一定的战略期内会参加不同的 R&D 联盟，并进而能够积累不同的 R&D 联盟经验。因此，高度多样性 R&D 联盟网络中的高新技术企业能够通过强关系或弱关系获取高度异质性 R&D 联盟经验。

当 R&D 联盟网络成员之间的技术成分之间存在较大差异时，网络成员运用不同的竞争战略和操作惯例参与市场竞争，网络成员之间在获取信息、能力和思想等方面的关注点会存在较大的差异，所以彼此愿意充当传递结盟信息的通道。因此，R&D 联盟网络中的高新技术企业借助网络中的强关系或弱关系容易快速搜寻到与自己联盟目标相匹配的潜在 R&D 伙伴，并因此缩小搜寻潜在 R&D 联盟伙伴的范围，节省搜寻 R&D 联盟成本，提高选择 R&D 联盟伙伴的能力。另外，高度多样性 R&D 联盟网络中的高新技术企业在管理该网络过程中，通过协调多样性的冲突也有助于提高其管理 R&D 联盟的能力。

基于以上分析，可以得出假设：

H12a：R&D 联盟网络关系多样性对联盟能力有显著正向影响，即 R&D 联盟网络关系多样性越高，高新技术企业联盟能力越高。

H12b：联盟能力在 R&D 联盟网络关系多样性强度影响高新技术企业竞争优势的机制中起中介作用。

4.4.1.3 R&D 联盟网络关系持久度对联盟能力的影响及假设

R&D 联盟网络关系持久程度是指焦点高新技术企业与其直接 R&D 联盟伙伴关系的时间跨度。随着 R&D 联盟网络中高新技术企业之间的 R&D 联盟关系的不断持续，网络中的高新技术企业能够在持久性的 R&D 联盟关系中扩大自身的声望效应，会成为有吸引力的潜在 R&D 联盟伙伴，容易降低搜寻成本和减少犯错误的概率，从而提高选择 R&D 联盟伙伴的效率。

R&D 联盟网络中高新技术企业间持久的联结关系有助于促进研发企业间的沟通和互动，丰富沟通内容，加速信息流通。由此，持久性 R&D 联盟网络关系能够缩短 R&D 联盟边界管理人员之间的认知距离，R&D 联盟的边界管理人员在共同管理联盟项目过程中，容易相互了解和领略对方管理 R&D 联盟的观点，共同探讨提高管理 R&D 联盟的最佳做法。因此，持久性 R&D 联盟网络关系能够起到促进网络成员提升管理 R&D 联盟能力的作用。另外，网络中的高新技术企业之间的 R&D 联盟关系持续的时间越长，彼此联系越紧密；共识越多，就越有可能形成善意的信任，越容易降低相互之间机会主义行为的发生概率。因此，R&D 联盟网络中的高新技术企业越容易基于长期战略导向相互传授 R&D 联盟经验。同时，R&D 联盟的边界管理人员在持续性 R&D 联盟活动中容易培养亲密的私人关系，这种私人关系的形成有利于焦点高新技术企业获取内化于其 R&D 联盟伙伴边界管理人员大脑中的隐性 R&D 联盟经验。因此，高持久度的 R&D 联盟网络关系有助于提升网络中高新技术企业的 R&D 联盟能力。

基于以上分析，可以得出假设：

H13a：R&D 联盟网络关系持久度对联盟能力有显著正向影响，即 R&D 联盟网络关系持久度越高，高新技术企业联盟能力越高。

H13b：联盟能力在 R&D 联盟网络关系持久度影响高新技术企业竞争优势的机制中起中介作用。

4.4.2 R&D 联盟网络关系属性对学习能力的影响及假设

R&D 联盟网络关系属性对高新技术企业学习能力的影响主要体现在对高新技术企业知识的获取、吸收和扩散等维度的影响。

4.4.2.1 R&D 联盟网络关系强度对学习能力的影响及假设

隐性知识的复杂性、特质和模糊性使其难以被外部企业模仿。隐性技术知识是高新技术企业竞争优势的关键，因此不能作为信息交流的隐性技术知识是 R&D 联盟伙伴之间相互学习的主体。有效的知识转移并不是自动发生的，它需要对转移过程的有益管理和注意。而隐性知识的社会复杂性和因果模糊性，转移隐性知识更为困难。高新技术企业之间获取和转移研发知识是一个社会过程，因此社会资本在高新技术企业组织学习过程中起着重要的促进作用。企业社会资本是指企业与其他企业交往中所获得的关系和资源的整合。企业社会资本的开发和维持需要个体之间以及群体之间有意图的努力、相互承诺与合作，是个体之间以及群体之间相互作用的时间和经验积累。强关系 R&D 联盟伙伴在共同研发的互动过程中通过契约或合作协议等正式的联盟机制和论坛、私人会晤以及学习实践团体等非正式惯例能够形成信任、互惠、共同价值和合作规范，并进而形成社会资本。因此，强关系R&D联盟伙伴之间的社会资本能够促进网络中的高新技术企业间相互学习显性和隐性的研发技术知识。

强关系R&D联盟伙伴之间的社会资本能突破研发边界人员的身份障碍，提高伙伴之间获取知识的效率。高新技术企业之间获取知识的过程存在许多有形和无形的壁垒，其中身份障碍是一个重要组成部分。基于身份和关系的企业社会资本，能为研发边界人员提供更强的身份感，并使其跨越不同伙伴企业的身份障碍。研发边界人员获得伙伴企业的身份认同后，能够在学习过程中相互支持，研发边界人员在频繁互动中紧密地联系在一起。因此，研发边界人员在相互学习过程中能够调整各自的学习行为和认知模式，在观察、模拟以及相互作用中获取隐性研发知识。

高新技术企业学习能力的提高更依赖于其能够充分吸收从外部边界获取的研发知识。强关系R&D联盟伙伴之间的社会资本能够作为高新技术企业内化从伙伴企业获取的技术和专长的有效机制。社会资本能为高新技术企业之间提供共同的知识背景，缩短研发边界人员的认知距离，从而有利于研发边界人员理解和吸收联盟伙伴的技术知识。在R&D联盟背景下，研发边界人员是高新技术企业的知识获取者，大多数的知识过程很可能发生在私人群体之间，联盟项目小组、工作群体、专家网络、设计组或实践团体中。

高新技术企业中参与R&D联盟项目的研发人员通常是企业中的明星研发人员。所谓明星研发人员是指在特定的研发领域具有更强研发能力和更大影响的研发人员。明星研发人员一般在R&D联盟项目中扮演边界扳手的角色，这样的角色会对扩散从R&D联盟伙伴中获取的研发知识尤为关键。强关系联结的高新技术企业之间的频繁联盟活动易于使研发边界人员形成社会性嵌入关系。嵌入于强联结关系的研发边界人员能够有效地桥接企业与R&D联盟网络。这些研发边界人员本身成为一个重要的信息过滤器，能评价、精选、组织和吸收来源于外部的研发知识。嵌入强关系R&D联盟中的高新技术企业之间通过非正式的私人会晤以及实践团体等容易培养私人情感，因此能够相互理解和翻译对方的编码方案，并将收集和理解外部信息及时向企业中一般研发人员进行翻译和扩散，从而使外部获取的研发知识变为对组织中其他成员有意义和有用的术语。因此，研发边界人员获取的研发知识能及时向企业中一般研发人员进行有效扩散，从而提高高新技术企业的学习能力。

基于以上分析，可以得出假设：

H14a：R&D 联盟网络关系强度对学习能力有显著正向影响，即 R&D 联盟网络关系强度越高，高新技术企业学习能力越高。

H14b：学习能力在 R&D 联盟网络关系强度影响高新技术企业竞争优势的机制中起中介作用。

4.4.2.2　R&D 联盟网络关系多样性对学习能力的影响及假设

R&D 联盟网络关系多样性主要是通过其差异性节点成分和多样性联结关系影响网络中高新技术企业的学习能力。节点成分的差异性是指网络中高新技术企业之间的知识资源、技术能力以及产业背景的异质性。由此，多样性 R&D 联盟网络关系中的技术资源和技术能力总量会保持不断增长，网络中高新技术企业的学习范围自然也会随之扩大。另外，高异质性 R&D 联盟网络跨越不同组织边界和地理边界并联结着丰富知识池，能够为网络中高新技术企业提供多样性信息和新技术。多样性信息能够丰富网络中高新技术企业现有的知识领域，促进其形成类比思维，激发其处理和内化外部信息以及触发经验流中断。因此，多样性 R&D 联盟网络关系能为网络中的高新技术企业提供更大的学习范围和更多的学习机会，有利于这些高新技术企业从网络中获取更多的研发知识与技术。

R&D 联盟网络关系多样性程度反映了网络成员之间的专利基础和技术知识的互补程度。多样性 R&D 联盟网络关系中的高新技术企业之间对研发资源和信息的需求通常呈互补趋势，网络成员间的矛盾和冲突会相对降低，潜在的合作利益反而会随之扩大。多样性信息能使 R&D 联盟网络中高新技术企业之间的知识交流渠道更开放，研发边界人员彼此更愿意向对方解释自己的专业知识，因此研发边界人员容易将自身的专有知识与网络中的多样性学习机会进行有效衔接，从而能够广泛领悟和获取其他高新技术企业的专业知识。在快速变化的技术环境下，异质性 R&D 联盟伙伴之间的学习比同质性 R&D 联盟伙伴之间的学习更有价值，因而多样性 R&D 联盟网络关系能拓宽网络中研发边界人员的认知视角，激发研发边界人员快速整合从网络中获取的研发知识和技术。另外，焦点高新技术企业不仅能从异质性 R&D 联盟伙伴学习联盟项目所涉及的产品和过程开发所需要的关键信息、研发知识和技术等，而且也能学习联盟项目外的多样性信息和研发知识。因此，多样性 R&D 联盟网络关系有助于网络中高新技术企业的整合与扩散从网络中获取的研发知识和技术。

R&D 联盟伙伴之间的联结关系可以分为双边合同与股权合资两种形式，而这两种联结关系能够对联盟中高新技术企业之间分享信息的动机和能力产生不同的影响。在股权合资 R&D 联盟中，伙伴企业之间可能通过多种机制进行知识转移，而企业层面上技术人员的流动或接触是最为重要和普遍的学习机制。高新技术企业可以通过研发边界人员的轮换以及跨边界研发人员之间的接触进行组织学习。参与股权合资 R&D 联盟的研发边界人员在完成研发项目过程中相互学习最佳做法和研发知识，并且当研发边界人员偶尔轮回高新技术企业的其他研发活动中时，这些最佳做法和互补性研发知识也得以在高新技术企业的研发人员中进行扩散。股权合资 R&D 联盟中的联合董事会可以为高新技术企业之间交流相关信息和协调伙伴合作角色提供渠道，从而能促进高新技术企业之间相互学习互补性研发知识和技术。但当 R&D 联盟伙伴之间的知识是可编辑性、简单或与焦点高新技术企业知识基础非常接近时，伙伴之间的知识分享变得更为直接，股权合资的联结方式因过高的运行成本反而不利于高新技术企业之间相互学习，双边合同却成为促进高新技术企业之间组织学习的有效联结方式。因此，股权合资与双边合同分别决定不同性质知识的转移效率。处于多样性联结关系 R&D 联盟网络中的焦点高新技术企业通过股权合资与双边合同能分别获取不同性质研发知识和技术诀窍，避免同质性联结关系造成组织学习成本沉淀，从而能够大大提高其组织学习效率。

基于以上分析，可以得出假设：

H15a：R&D 联盟网络关系多样性对学习能力有显著正向影响，即 R&D 联盟网络关系多样性越高，高新技术企业学习能力越高。

H15b：学习能力在 R&D 联盟网络关系多样性影响高新技术企业竞争优势的机制中起中介作用。

4.4.2.3　R&D 联盟网络关系持久度对学习能力的影响及假设

随着 R&D 联盟网络关系不断演化，R&D 联盟网络中的高新技术企业在共同完成研发任务过程中容易获得更多沟通和交流机会，了解更多关于 R&D 联盟伙伴的动机、能力以及对控制、冲突、合作和竞争的态度。同时，这些高新技术企业在长期合作关系中所投入的大量资源、努力和时间也进一步促进了信任关系的形成，因此，R&D 联盟网络中高新技术企业在持久性 R&D 联盟合作中能够逐渐培养关系信任和能力信任。信任的合作氛围以及 R&D 网络中负面声誉效应的威慑作用能够降低网络中高新技术企业核心技术泄露的风险，并因此促进网络中高新技术企业转移隐性研发知识和诀窍的意愿。信任能够促进研发边界人员相互理解，减少对彼此行为的怀疑。同时，焦点高新技术企业与其 R&D 联盟伙伴在长期研发合作和知识共享过程中也能产生新价值，这种信念的产生能使这些高新技术企业以更加开放的心态打开知识池，由此也能提高焦点高新技术企业从网络中获取研发知识和诀窍的可能性。

隐性研发知识和技术诀窍是 R&D 联盟网络中高新技术企业之间组织学习的核心，而组织距离是阻碍高新技术企业之间组织学习的关键障碍。组织环境不同，导致组织间的知识编码、解码平台不同，由此当知识从一种组织环境转移到另一种组织环境的过程中，组织距离会放大知识的因果关系模糊性，从而影响知识转移。随着 R&D 联盟项目活动的有效开展，研发边界人员在共同完成研发任务过程中能够获得更多沟通和交流机会。持久性 R&D 联盟网络关系有利于研发边界人员彼此熟悉和了解对方企业的组织惯例、组织结构和制度传统等组织环境，并因此能够降低研发边界人员之间的组织距离，有利于焦点高新技术企业吸收 R&D 联盟网络中隐性研发知识和技术诀窍。

基于以上分析，可以得出假设：

H16a：R&D 联盟网络关系持久度对学习能力有显著正向影响，即 R&D 联盟网络关系持久度越高，高新技术企业学习能力越高。

H16b：学习能力在 R&D 联盟网络关系持久度影响高新技术企业竞争优势的机制中起中介作用。

4.4.3　R&D 联盟网络关系属性对技术创新能力的影响及假设

R&D 联盟网络关系属性对网络中高新技术企业技术创新能力主要表现在关系属性对高新技术企业获取创新资源、整合内外部创新源以及外化创意和知识产权的能力。

4.4.3.1　R&D 联盟网络关系强度对创新能力的影响及假设

R&D 联盟网络中伙伴间因互动频率和交换资源差异而形成的强弱程度不同的联结关系对网络中的高新技术企业创新能力产生不同的影响。随着 R&D 联盟伙伴之间互动频率的不断提高，高新技术企业研发边界人员之间的技术距离和认知距离不断缩短，彼此越来越熟悉对方的知识库，高新技术企业之间的强关系传递的信息越来越同质、冗余和重复，反而不利于高新技术企业搜寻更多的创新思想。

弱关系 R&D 联盟伙伴之间没有直接 R&D 联盟关系，它们是通过中间伙伴的桥接和引介作用而联结在一起。弱关系是 R&D 联盟网络中高新技术企业间信息流动的重要渠道，通过弱关系高新技术企业能获取丰富的信息。高新技术企业通过弱关系能将与其他直接 R&D 联盟伙伴互动中获取的知识和经验带给焦点高新技术企业。图 4-3 是 R&D 联盟网络间接联系示意图，图中 A～F 代表高新技术企业，即 R&D 联盟网络的节点。节点间的实线表示契约或协议关系（直接联系）；虚线表示无契约或协议关系，但能通过第三方高新技术企业的桥接作用间接建立研发合作关系，即间接联系。图 4-3 中，A 和 C 缔结了 R&D 联盟，B 和 C 缔结了 R&D 联盟，B 和 D 缔结了 R&D 联盟，D 和 E 缔结了 R&D 联盟，因此通过第三方节点 B、C、D 的桥接作用，无 R&D 联盟关系的 A、B、E 之间能够建立起间接的研发合作交流关系。高新技术企业 B 的直接 R&D 联盟伙伴只有 C 和 D，但高新技术企业 B 在与 C 和 D 的互动过程中，C 和 D 也能分别将与其 A 和 E 互动中的技术和经验带给 B。因此，R&D 联盟网络中的弱联系能产生大量的信息和机会，而且这些信息和机会对于焦点高新技术企业来说更具有新颖性。R&D 联盟网络中的高新技术企业能获取更多关于相同研究成功或失败的信息，反之也容易探测技术死角或有希望的技术轨迹。

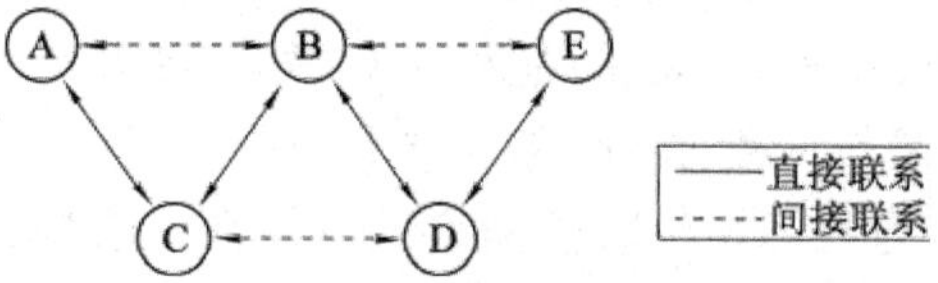

图 4-3　R&D 联盟网络间接联系示意图

R&D 联盟网络中的弱关系具有信息处理的功能，有利于网络中的高新技术企业整合来自内外部创新源的创新思想和知识。高新技术企业通过弱关系所获取的新颖信息，能使其及时识别外部商业机会、市场信号以及理解外部资源的潜力和限制。另外，每一个企业都是一个信息过滤器，能吸收、转化和分类与新技术开发有关的信息。R&D 联盟网络中的高新技术企业通过弱关系能以一种超出单个企业信息处理能力的方式充分整合新技术开发的相关信息，因此网络中的高新技术企业通过弱关系能筛选出更具有价值的创新思想和信息，从而重新配置和调度企业的研发资源存量。图 4-4 是 R&D 联盟网络间接联系影响焦点高新技术企业创新能力示意图，图中 A～E 代表高新技术企业，节点间的实线表示契约或协议关系（直接联系）；虚线表示无契约或协议关系，但能通过第三方高新技术企业的桥接作用间接建立研发合作关系，即间接联系。图 4-4 中的 B 不仅能通过直接联系 CB 和 DB 获取创新思想和创新知识，通过间接联系 C—A—B 和 D—E—B 同样能获取创新思想和创新知识，而且间接联系流经的中间节点 A 和 E 都有“筛选—锁定—交流—收集”创新思想和创新知识的处理能力。

弱关系不仅是网络中的高新技术企业获取创新思想和技术信息的重要渠道，也是其外化创新思想和技术专利的有效平台。图 4-4 中的 B 通过弱关系 C—A—B 和 D—E—B 能快速搜寻到潜在的技术专利客户，这样不仅能节省搜寻成本，也能赢得技术专利的上市时间，快速获得创新收益。

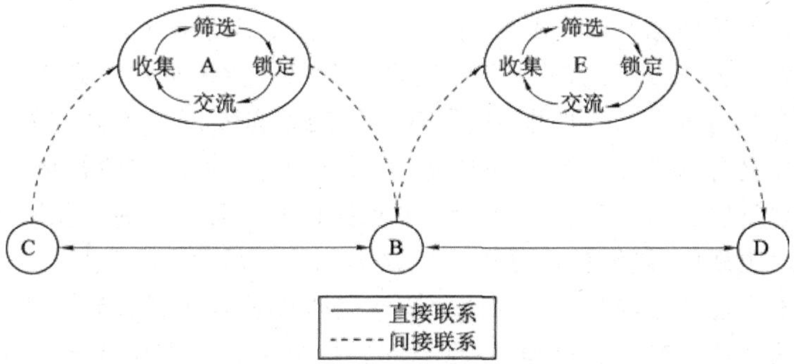

图 4-4　R&D 联盟网络间接联系影响焦点高新技术企业创新能力示意图

基于以上分析，可以得出假设：

H17a：R&D 联盟网络关系强度对创新能力有显著负向影响，即 R&D 联盟网络关系强度越低，高新技术企业创新能力越高。

H17b：创新能力在 R&D 联盟网络关系持久度影响高新技术企业竞争优势的机制中起中介作用。

4.4.3.2　R&D 联盟网络关系多样性对创新能力的影响及假设

多样性 R&D 联盟网络本身能直接促进高新技术企业创新能力的提高，而且也能通过提升高新技术企业搜索信息能力、与外部伙伴交流能力以及减少对外部压力抵制等间接提高高新技术企业创新能力。多样性 R&D 联盟网络能使高新技术企业接触大量新颖和不同的思想，因此能增加知识流动的变化，诱导创造性和促进创新。R&D 联盟网络中研发边界人员之间以及连锁董事之间多样性联结关系能成为传递新思想和最佳做法的重要渠道。多样性信息是高新技术企业创新过程中一个关键变量，多样性信息能挑战高新技术企业拥有的关于问题和解决方法之间联结的先前信念，改变高新技术企业解释和使用先前经验的方法，进而得出解决创新问题的不同答案。多样性创意和创新思想使得高新技术企业对它们的观点和解决方案的替代性解释更敏感，并不断审查现有的核心能力。同时，多样性创新思想和异质性认知框架能进一步激发焦点高新技术企业创造性将其应用于解决其他创新问题，因此网络中高新技术企业通过这些渠道能获得多样性创意和更多创新机会。

R&D 联盟网络中多样性的创新思想和交流模式能促进研发边界人员在交流和合作过程中形成对问题替代性解释的多样性思考、积极意会和发现问题的关键性思考以及融合不同知识领域关键知识的类比思考，有利于研发边界人员获得广泛的理解彼此的能力和机会。研发边界人员能够形成从多个视角审视问题的能力、发现研发问题以及解决创新问题的能力，从而充分整合网络中跨越不同技术池、不同组织、不同创新社区以及不同地域的创新思想和创意。因此，作为网络中知识经纪人的研发边界人员，在整个联盟期内，能够桥接分散和破碎的创新领域，启动新技术开发路径。高新技术企业通过异质性 R&D 联盟网络也能获得多样性新技术、精心修改不同的产业诀窍，以及融合一系列互补性能力。与多样性伙伴合作有利于焦点高新技术企业敏捷地应对多变性技术和市场机会，也能增加现有技术组合的灵活性和创造力。Stuar 认为在不同市场利基上多样性联系组成的联盟比相同市场利基上的联盟组合更有价值。同时，高新技术企业在接触多样性伙伴过程中也能开发外化其创意或创新思想的路径，节省外化成本，从而获取更多市场收益。接触多样性伙伴不仅是有益的，而且是快速变化的技术环境下企业有效竞争的必要条件。

多样性 R&D 联盟网络能桥接多样性知识、技术以及产业，成为传递多样性思想的最好渠道。因此，异质性 R&D 联盟网络有助于高新技术企业识别独特的知识框架，能够将焦点高新技术企业从特定领域的教条中释放出来，将高新技术企业从熟悉的领域转移到陌生的领域，并创新性重新整合这些知识，以产生路径突破的创新。多样性 R&D 联盟网络有助于高新技术企业加速创新脉搏，适应复杂外部环境的发展，发现替代性使用成熟性核心能力的创新方法，从而克服对外部导向创新的抵制。伙伴能力越是多样性，高新技术企业越能从 R&D 联盟中获取更多收益，从而创造大量可能的整合。高新技术企业从 R&D 联盟网络中获取的创新收益包括直接收益和间接收益。直接收益主要是获得对现有产品开发和过程开发具有重要性作用的关键性技术知识或创新思想，间接利益是获取联盟外与企业新能力的学习和开发相关的创新思想和互补性研发知识。

基于以上分析，可以得出假设：

H18a：R&D 联盟网络关系多样性对创新能力有显著正向影响，即 R&D 联盟网络关系多样性越高，高新技术企业创新能力越高。

H18b：创新能力在 R&D 联盟网络关系多样性影响高新技术企业竞争优势的机制中起中介作用。

4.4.3.3　R&D 联盟网络关系持久度对创新能力的影响及假设

持久性 R&D 联盟网络关系能增加网络中高新技术企业之间相互作用频率，加速信息流通速度，丰富沟通内容，从而促进 R&D 联盟网络中高新技术企业之间的有效沟通。有效沟通是高新技术企业间实现合作创新的首要条件。高新技术企业之间通过有效沟通逐渐相互了解对方的知识基础和技术专长，因此能够降低 R&D 联盟网络中机会主义风险，促进企业之间形成信任以及提高企业的专有知识和技术等隐性研发资源承诺。因此，基于企业层面的信任关系，研发边界人员在长期的 R&D 联盟活动过程中也容易培养亲密私人关系。创新思想和研发创意是内化于高新技术企业研发人员的思想中的隐性知识，难以通过正式的联盟机制在高新技术企业之间流动和交流。而在长期 R&D 联盟活动中培养的亲密私人关系能够促进研发边界人员之间形成非正式的创新实践团体，有利于网络中的高新技术企业间形成共同的语言和符号，促使形成信任和开放的心态，从而为企业间交换意见提供便利，将彼此的消极态度消除在萌芽中。因此，持久性 R&D 联盟网络关系中的高新技术企业通过其研发边界人员的非正式交流能获取更多创新思想和研发创意。持久性 R&D 联盟网络关系中信任的形成不仅能提高购买焦点高新技术企业专利和创意的潜在购买者的购买意愿，也能缩小焦点高新技术企业搜寻潜在客户的路径，节省其外化成本，并使其获得更多创新收益。因此，持久性 R&D 联盟网络关系能够为焦点高新技术企业外化其 R&D 联盟项目外的专利和创意提供交流平台。

基于以上分析，可以得出假设：

H19a：R&D 联盟网络关系持久度对创新能力有显著正向影响，即

R&D联盟网络关系持久度越高，高新技术企业创新能力越高。

H19b：创新能力在R&D联盟网络关系持久度影响高新技术企业竞争优势的机制中起中介作用。

4.5 R&D联盟网络位置属性对高新技术企业竞争优势的影响及假设

R&D联盟网络中的资源和信息并非均匀分布于网络的各个组成部分，处于网络中不同位置的高新技术企业能获取不同程度的网络资源。中心性位置和结构洞位置是R&D联盟网络中的两个关键位置，因此以下将研究这两个关键位置对网络中高新技术企业联盟能力、学习能力和创新能力的影响。

4.5.1 R&D联盟网络位置结构属性对联盟能力的影响及假设

R&D联盟网络的关键性位置主要包括中心性位置和结构洞，这两个位置蕴含着不同的网络资源，对高新技术企业联盟能力能够产生不同的影响。

4.5.1.1 R&D联盟网络中心性对联盟能力的影响及假设

R&D联盟网络中的每一个高新技术企业都可以作为信息传输器和信息过滤器，因此R&D联盟网络是传输资源机会和潜在R&D联盟伙伴相关信息的通道。通过间接R&D联盟关系，高新技术企业可以从网络中间接R&D联盟伙伴收集联盟机会和信息，但这些联盟机会和信息要经过间接R&D联盟关系过滤，并且受限于间接R&D联盟关系的信息处理能力。资源机会和联盟信息并非均匀分布于整个R&D联盟网络中，R&D联盟网络中不同的网络位置代表了不同程度的获取联盟信息的能力，因此高新技术企业在网络中的位置能够揭示其进一步缔结R&D联盟的能力。位于R&D联盟网络中心位置的高新技术企业不仅能够通过大量直接R&D联盟伙伴能获取可靠性联盟信息，也能通过直接R&D联盟伙伴接触更多的间接联系，从而扩大其联盟信息容量和丰裕程度。Sorensen和Stuart认为，高新技术企业的中心性程度能增加其信息量。随着信息容量的增加，高新技术企业缔结R&D联盟的机会束也随之增大。另外，与非中心位置的高新技术企业相比，中心性位置的高新技术更为清晰可见。这种清晰可见性能标志高新技术企业参与R&D联盟合作的意愿、经验和能力。与这种充分联结、高度清晰可见的高新技术企业缔结 R&D 联盟能产生信号收益，由此中心性位置的高新技术企业对第三方具有吸引力。当高新技术企业试图提高它们自己的作为潜在伙伴的吸引力和可见性时，它们更倾向寻求与中心性位置的高新技术企业缔结 R&D 联盟伙伴。这些关注和信号收益反过来能提高中心位置高新技术获得新联盟机会的可能性。因此，中心性位置的高新技术企业能够与更具有吸引力的高新技术企业形成 R&D 联盟。

因此，通过占据 R&D 联盟网络的中心位置，高新技术企业能提高自身识别潜在 R&D 联盟伙伴的能力以及评估潜在 R&D 联盟伙伴的研发水平及意图的能力。另外，R&D 联盟网络中心位置的高新技术企业凭借大量直接和间接 R&D 联盟关系也能快速获取有价值的 R&D 联盟信息。总之，借助 R&D 联盟网络中心位置，高新技术企业能节省搜寻潜在 R&D 联盟伙伴的成本，高效识别 R&D 联盟信号和更为准确地评估潜在 R&D 联盟伙伴企业的联盟意图和研发能力，从而降低其试错成本，提高缔结 R&D 联盟的能力。

基于以上分析，可以得出假设：

H20a：R&D 联盟网络中心性对联盟能力有显著正向影响，即 R&D 联盟网络中心性越高，高新技术企业联盟能力越高。

H20b：联盟能力在 R&D 联盟网络中心性影响高新技术企业竞争优势的机制中起中介作用。

4.5.1.2　R&D 联盟网络结构洞对联盟能力的影响及假设

在较复杂的 R&D 联盟网络中，通过联结分散的、非重复的一组组节点而占据结构洞位置的高新技术企业，能够控制网络中这些间断节点之间的资源流动，并据此能够获取信息优势和控制优势。通过占据 R&D 联盟网络结构洞位置，高新技术企业能够凭借其拥有的信息优势快速意识到潜在 R&D 联盟伙伴的存在，并了解潜在 R&D 联盟伙伴的需求和要求等相关信息。潜在 R&D 联盟伙伴也容易通过间接 R&D 联盟关系获取处于结构洞位置的焦点高新技术企业的相关信息。凭借 R&D 联盟网络结构洞位置，高新技术企业能够获取有关潜在 R&D 联盟伙伴的可靠性信息，从而降低选择 R&D 联盟伙伴的搜寻成本和减少机会主义行为风险。与 R&D 联盟网络中结构洞位置的高新技术企业缔结 R&D 联盟能够减少信息不对称，降低伙伴行为的难以预测性以及机会主义行为，从而降低道德风险问题。

与网络中非结构洞位置的高新技术企业相比，处于结构洞位置的高新技术企业具有更高的吸引力。另外，R&D联盟网络结构洞位置的高新技术企业通过控制网络中信息流动的方向和内容，能够在正确的时间及时获取相关的联盟信息，从而有效把握结盟时机。因此，基于信息优势和控制优势，结构洞位置的高新技术企业容易高效率筛选出与自己R&D联盟战略相匹配的潜在R&D联盟伙伴。

与网络中非结构洞位置高新技术企业相比，结构洞位置的高新技术企业从R&D联盟网络中获取信息的路径相对较短，而且很少出现路径间断现象，因此能够从网络中获取更丰富的R&D联盟经验。另外，结构洞位置能够使占据其中的高新技术企业形成更广阔的网络视野。拥有广阔视野的高新技术企业容易有效化解伙伴之间的冲突，从而能够提高自身在复杂网络环境中管理R&D联盟的能力。

基于以上分析，可以得出假设：

H21a：R&D联盟网络结构洞对联盟能力有显著正向影响，即R&D联盟网络结构洞越高，高新技术企业联盟能力越高。

H21b：联盟能力在R&D联盟网络结构洞影响高新技术企业竞争优势的机制中起中介作用。

4.5.2 R&D联盟网络位置属性对学习能力的影响及假设

R&D联盟网络中复杂的R&D联盟关系能够将网络中所有高新技术企业联结在一起，网络中的信息、知识和其他资源分散于整个网络中。R&D联盟网络是产业中所有利益的存储器，高新技术企业在R&D联盟网络中占据的位置是其能通过联盟关系获得利益的指示器。中心性位置和结构洞位置具有不同的信息或资源优势，因此凭借这些不相同的网络位置，高新技术企业从网络中获取资源的学习能力也一定不同。

4.5.2.1 R&D联盟网络中心性对学习能力的影响及假设

R&D联盟网络中心性对焦点高新技术企业组织学习能力影响的差异关键在于其所传递信息的特征不同。

中心位置能够扩大焦点高新技术企业的信息容量。信息容量是高新技术企业拥有的R&D联盟伙伴数量以及联结关系的函数。处于R&D联盟网络中心的高新技术企业拥有大量的直接和间接R&D联盟关系，因此能够占据网络中的关键信息路径。通过大量的直接R&D联盟关系，中心位置的高新技术企业能以较短信息路径从网络中获取互补性信息、技能和研发知识。这些直接 R&D 联盟关系也能减少焦点高新技术企业搜寻互补性研发知识的成本，提高其搜寻和转移研发信息和知识的效率。因此，中心位置的高新技术企业通过 R&D 联盟网络能够获取大量可靠性信息，从而有利于焦点高新技术企业提高获取研发信息和知识的能力。

中心位置能够提高焦点高新技术企业的信息质量。除了获取信息数量优势外，中心位置的高新技术企业还能从信息质量中获益。中心位置的高新技术企业与网络中其他 R&D 联盟伙伴之间的多边联系使伙伴之间彼此更加紧密地相互依赖，并因此能够提高伙伴之间的资源承诺水平。高水平的资源承诺能增加 R&D 联盟伙伴之间相互交换信息、技术和研发知识的频率，因此能提高伙伴之间研发信息和研发资源交换关系的质量。基于高水平资源承诺关系，中心位置的高新技术企业能够了解其直接或间接 R&D 联盟伙伴的运行情况以及知识转移的流程和惯例等制度。因此，通过这样的相互熟悉过程，中心位置的高新技术企业容易熟悉和领悟 R&D 联盟伙伴的专业技术基础，并有效吸收从伙伴获取的隐性研发信息和知识。

中心位置有利于焦点高新技术企业建立产业竞争标准和规范，快速整合外部获取的研发知识和研发技术。R&D 联盟网络中心性位置除了能提高焦点高新技术企业的信息容量和信息丰裕性外，也能提高其合法性和声望影响。正如 Podolny 指出联盟也是一种信号装置，因此中心位置能够提高直接 R&D 联盟伙伴的声望。同样，中心位置的焦点高新技术企业也试图寻求与自己地位相同的高新技术企业建立 R&D 联盟伙伴。与相同地位的高新技术企业形成 R&D 联盟能导致利益一致。这些一致性利益能促进高新技术企业研发资源的动员和投入，从而有利于焦点高新技术企业建立产业优势。因此，凭借合法性地位和更高的声望优势，中心位置的焦点高新技术企业拥有更强的谈判地位。强有力的谈判位置有利于焦点高新技术企业获取建立产业标准和规范的机会，并因此促进自身的战略议程的有效实施。利用与网络中多个 R&D 联盟伙伴之间的直接或间接联结关系，中心位置的高新技术企业能够使网络中流程和惯例的传输围绕其青睐的特定技术和战略进行。中心位置的高新技术企业不仅能控制和利用网络中现有的机会，也能控制网络中新知识流动的轨迹和方向，从而将这些资源快速引入和整合到有利于提高自己竞争优势的那些项目中。

基于以上分析，可以得出假设：

H22a：R&D 联盟网络中心性对学习能力有显著正向影响，即 R&D 联盟网络中心性越高，高新技术企业学习能力越高。

H22b：学习能力在 R&D 联盟网络中心性影响高新技术企业竞争优势的机制中起中介作用。

4.5.2.2　R&D 联盟网络结构洞对学习能力的影响及假设

高新技术企业几乎不可能均匀分布于整个 R&D 联盟网络中，网络中某些部分很可能是稠密地带，而其他部分很可能是稀疏地带。这种稀疏地带可以为高新技术企业提供中间性机会，并使其作为联结关系间断节点间的桥。占据 R&D 联盟网络结构洞位置的高新技术能够从网络中不相同和经常断开的 R&D 联盟关系中获取控制利益和参与资源扩散利益。这些关系间断的高新技术企业具有不同的资源禀赋，运行在不同细分市场中，利用不同技术，因此它们成为网络中多样性信息内容的来源。由于这些信息具有非冗余性，信息利益可以累加。Zaheer 发现高新技术企业通过与 R&D 联盟网络中分散的单个 R&D 联盟保持多样性接触，能够接触新思想、信息和获取更多学习机会。

虽然结构洞两端的节点间信息处于间断状态，结构洞位置的高新技术企业却能与这些节点维持非重复性 R&D 联盟关系，并通过这些联结关系能够为研发边界人员提供正式或非正式的学习机会。结构洞位置的高新技术企业可以通过观察、实验、示范以及联盟论坛等正式机制，也可以通过研发边界人员之间的私人会晤和交往等非正式机制，从这些关系间断的高新技术企业获取研发知识和技术。同时，通过这些正式和非正式的学习机制，结构洞位置的高新技术企业容易分别与其洞口两端的高新技术企业建立信任关系。信任是高新技术企业之间组织学习的重要前提，因为作为高新技术企业相互学习对象的潜在研发知识和技术是隐性的，难以表达和转移。基于相互信任，结构洞位置的高新技术企业能够分别与其洞口两侧的高新技术企业分享细粒度研发信息和知识。结构洞位置的高新技术企业凭借其拥有的信息优势能够了解和熟悉与其保持 R&D 联盟关系洞口两侧的高新技术企业的知识和技术基础，能够缩短与这些高新技术企业的认知距离，从而有利于其充分吸收从这些高新技术企业中获取的相关显性或隐性研发知识和技术。追求结构洞位置中间机会的高新技术，需要与两个或两个以上高新技术企业建立 R&D 联盟关系，因此结构洞位置的高新技术企业一定拥有更多的研发边界人员。大量的研发边界人员的存在使得从

R&D 联盟网络中获取的研发知识与技术容易向高新技术企业中其他研发人员进行知识扩散。

基于以上分析，可以得出假设：

H23a：R&D 联盟网络结构洞对学习能力有显著正向影响，即 R&D 联盟网络结构洞越高，高新技术企业学习能力越高。

H23b：学习能力在 R&D 联盟网络结构洞影响高新技术企业竞争优势的机制中起中介作用。

4.5.3　R&D 联盟网络位置属性对创新能力的影响及假设

R&D 联盟网络作为创新轨迹，能够为网络中高新技术企业提供获取通过其他途径无法得到的知识和资源的路径。Powell 以生物技术产业为例，通过实证得出：当产业知识广泛分布和快速变化时，创新的轨迹将会产生于组织之间的学习网络中，而不是存在于单个企业中。R&D 联盟网络中创新资源并非均匀分布于整个网络中，中心性位置和结构洞等优质的网络位置能提供不相同的利益，能够对网络中高新技术企业创新能力产生不同的影响。

4.5.3.1　R&D 联盟网络中心性对创新能力的影响及假设

高新技术企业的创新能力是其所处 R&D 联盟网络位置的函数。网络位置能够决定高新技术企业卷入网络和拥有网络资源的程度。中心性位置的高新技术企业高度地卷入于 R&D 联盟网络中，因此它越有机会对比多样性信息源，越有可能筛选出更为有价值的新信息。Hargadon 发现处于 R&D 联盟网络中心性位置的高新技术企业能够汇合不同产业流，并将多种产业的知识结合在一起。因此，处于网络中心位置的高新技术企业能够获得其他高新技术企业可能错过的创新信息。

网络中心性位置有利于焦点高新技术企业获取新颖知识。新颖知识往往来自于 R&D 联盟网络中非冗余性伙伴关系，而网络位置是显示高新技术企业拥有非冗余关系数量的一个重要指示器。中心性位置的高新技术企业通过有选择地保留、揭露和修改联盟信息，能够影响其他高新技术企业对网络环境的看法和观点。因此，中心性位置的高新技术企业能够赢得网络中更为优势的高新技术企业的关注。这些新颖知识对于开发新产品或产生新想法非常关键，它将通过提供焦点高新技术企业必需的外部信息来产生新想法并由此促进创新。中心性位置有利于高新技术企业积累社会或合作性资本。合作资本是高新技术企业在参加研究、获得经验、开发能力和积聚多样性活动组合的过程中，经过时间累积而形成。因此，通过这些资本，中心性位置的高新技术能够更好了解 R&D 联盟网络的运行情况，不仅能学习开发合作惯例，也能学到相关隐性知识，从而将已有知识与新颖知识进行整合和转换并产生根本性新想法。因此，中心性网络位置有利于高新技术企业整合不同的创新逻辑和新信息，从而为高新技术企业的创新提供持续性信息源。凭借中心性位置的信息优势，高新技术企业能够积累更多研发知识，并将这些知识进一步转化为创新能力，进而获取与创新产业相关的合作利益。

网络中心性位置有利于焦点高新技术企业整合内外部创新思想。中心性网络位置通过大量的机制能使高新技术企业快速获得创新资源、快速分散机会和威胁等信息以及接收有关交换伙伴质量的相关信息，因此中心性网络位置有利于高新技术企业更好地利用创新所需要的信息。Uzzi 注意到网络中的企业能从企业之间的资源投入、合作和协调适应中受益。中心性位置是 R&D 联盟网络中信息流和知识交换的核心，因此这样的网络位置除了能控制研发资源的流动，也能增加结构自治。中心性位置的高新技术企业能指导、集中和合法化从其他高新技术企业收集的信息，并在正确的时间和正确的地点享受拥有这些利益的优势。创新是涉及信息收集和信息处理等过程的信息密集性活动。凭借中心性位置的信息优势，高新技术企业更容易了解网络中其他高新技术企业的能力和体现在它们产品中的竞争性理念，从而能够寻求产品开发过程的设计优势、有效区分产品功能以及改善产品创新率等。越处于网络中心位置的高新技术企业，具有更强的 R&D 联盟经验，越能从 R&D 联盟网络中提取有价值信息和研发知识。

基于以上分析，可以得出假设：

H24a：R&D 联盟网络中心性对创新能力有显著正向影响，即 R&D 联盟网络中心性越高，高新技术企业创新能力越高。

H24b：创新能力在 R&D 联盟网络中心性影响高新技术企业竞争优势的机制中起中介作用。

4.5.3.2 R&D 联盟网络结构洞对创新能力的影响及假设

处于结构洞位置的高新技术企业通过与 R&D 联盟网络中关系间断的高新技术企业之间保持非重复性 R&D 联盟关系能获得信息优势。关系间断的高新技术企业运行于 R&D 联盟网络中的不同部分，并具有不同的背景、经验、知识和技术，因此这些高新技术企业传输的信息具有异质性。图 4-5 是 R&D 联盟网络结构洞位置和桥联系示意图，图中 A～H 代表高新技术企业，即 R&D 联盟网络的节点，节点间的连线表示契约或协议关系，B～D 结成的 R&D 联盟用①表示，E～H 结成的 R&D 联盟用②表示，A 分别与 B 和 G 缔结了双边 R&D。①和②通过 A 桥接在一起，因此 A 成为①和②之间建立联结关系的非重复性路径，A 所处的位置就是该 R&D 联盟网络中的结构洞位置。

占据结构洞位置的高新技术企业不仅能通过桥接关系间断的高新技术企业之间信息流获取丰富的创意和创新思想，而且通过非冗余性 R&D 联盟关系也能够分别与这些关系间断的高新技术企业交换异质性创意或创新思想等信息。图 4-5 中占据结构洞位置的 A，不仅能从双边 R&D 联盟 AB 和 AG 中获取创新知识，也能从 R&D 联盟网络①和②中获取创新思想。因此，处于结构洞位置的高新技术企业通过非冗余性 R&D 联盟关系能获取多样性的创新思想、观点和信息。

结构洞占据的战略位置是不同 R&D 联盟的信息交叉口，高新技术企业凭借这样的网络位置也能控制网络中信息的流动和扩散，图 4-5 中占据结构洞位置的 A，控制着 R&D 联盟①和②之间的研发信息的流动的速度与质量。另外，结构洞位置的 A 也能以最快的速度获取它所桥接的 R&D 联盟①和②网络中的创新思想与创新知识。

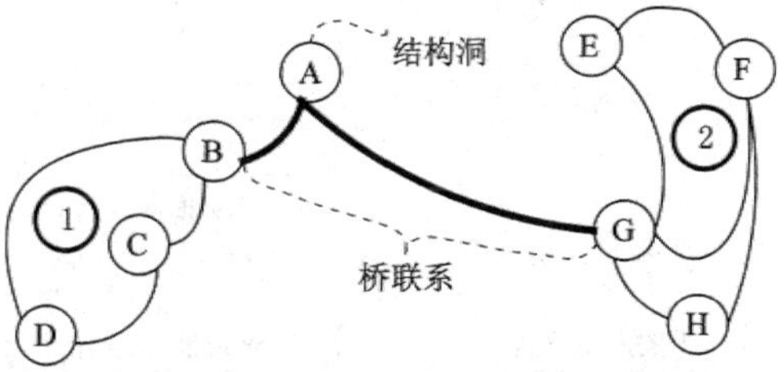

图 4-5　R&D 联盟网络结构洞位置和桥联系示意图

借助结构洞位置的信息优势和控制优势，结构洞位置的高新技术企业容易熟悉自身桥接关系间断的企业或 R&D 联盟中的创新知识和创新思想，因此它们的研发边界人员能够快速领悟和理解外部获取的创新知识与创新思想。图 4-5 中占据结构洞位置的 A，容易熟悉 R&D 联盟①和②的研发知识与技术，能够缩短与 R&D 联盟①和②的认知和技术距离，更容易将从 R&D 联盟①和②中获取的创新思想与创新知识快速应用于开发新产品或改造技术流程中。R&D 联盟网络中的高新技术企业通过占据结构洞位置，能够将从网络中获取的多样性信息和知识快速而有效地整合于自身的创新能力中，进而提供独特的创新产品、开发新市场和获取行业先动优势。另外，通过信息优势和控制优势，处于 R&D 联盟网络结构洞位置的高新技术企业也能快速将自己的创新思想和知识产权等智力资产快速市场化。

基于以上分析，可以得出假设：

H25a：R&D 联盟网络结构洞对创新能力有显著正向影响，即 R&D 联盟网络结构洞程度越高，高新技术企业创新能力越高。

H25b：创新能力在 R&D 联盟网络结构洞影响高新技术企业竞争优势的机制中起中介作用。

4.6 本章小结

本章运用社会网络相关理论，从结构、关系和位置三个维度深入剖析了 R&D 联盟网络属性对高新技术企业竞争优势的影响机制，具体的影响机制如图 4-6 所示。

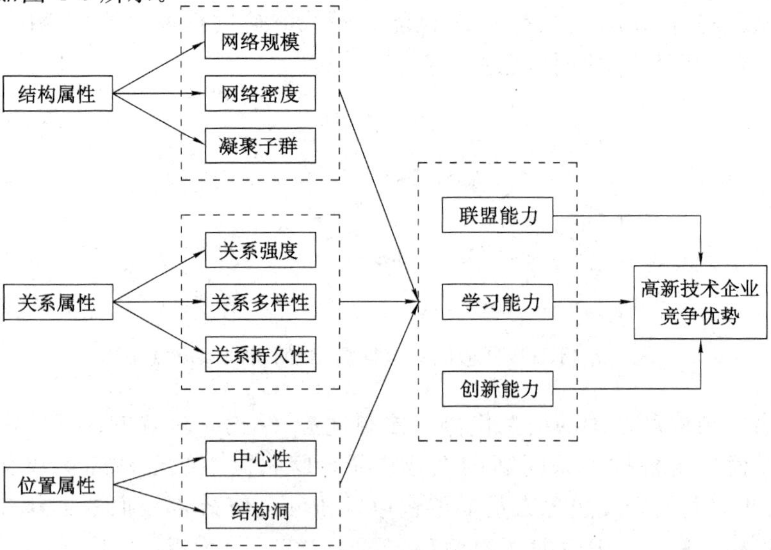

图 4-6 R&D 联盟网络属性影响高新技术企业竞争优势的概念模型

从图 4-6 可以看出，R&D 联盟网络属性对高新技术企业竞争优势的影响是通过影响高新技术企业集成竞争能力而提升高新技术企业竞争优势来实现的。高新技术企业集成竞争能力成为 R&D 联盟网络属性影响高新技术企业竞争优势的中介变量。通过推理论证，本章共提出了相应的 24 条假设，汇总如表 4-1 所示。

表 4-1　R&D 联盟网络对高新技术企业竞争优势影响的研究假设

假设序号	假设具体描述
H1a	高新技术企业的联盟能力对其竞争优势有显著正向影响
H1b	高新技术企业的学习能力对其竞争优势有显著正向影响
H1c	高新技术企业的创新能力对其竞争优势有显著正向影响
H2a	R&D 联盟网络规模对联盟能力有显著正向影响
H2b	联盟能力在网络规模影响高新技术企业竞争优势的机制中起中介作用
H3a	R&D 联盟网络密度对 R&D 联盟能力有显著正向影响
H3b	联盟能力在网络密度影响高新技术企业竞争优势的机制中起中介作用
H4a	R&D 联盟网络凝聚子群程度对 R&D 联盟能力有显著正向影响
H4b	联盟能力在凝聚子群影响高新技术企业竞争优势的机制中起中介作用
H5a	R&D 联盟网络规模对学习能力有显著正向影响
H5b	学习能力在网络规模影响高新技术企业竞争优势的机制中起中介作用
H6a	R&D 联盟网络密度对学习能力有显著正向影响
H6b	学习能力在网络密度影响高新技术企业竞争优势的机制中起中介作用
H7a	R&D 联盟网络凝聚子群程度对学习能力有显著正向影响
H7b	学习能力在凝聚子群影响高新技术企业竞争优势的机制中起中介作用
H8a	R&D 联盟网络规模对技术创新能力有显著正向影响
H8b	创新能力在网络规模影响高新技术企业竞争优势的机制中起中介作用
H9a	R&D 联盟网络密度对技术创新能力有显著正向影响
H9b	创新能力在网络密度影响高新技术企业竞争优势的机制中起中介作用
H10a	R&D 联盟网络凝聚子群程度对技术创新能力有显著正向影响
H10b	创新能力在凝聚子群影响高新技术企业竞争优势的机制中起中介作用
H11a	R&D 联盟网络关系强度对联盟能力有显著正向影响
H11b	联盟能力在关系强度影响高新技术企业竞争优势的机制中起中介作用

续表 4-1

假设序号	假设具体描述
H12a H12b	R&D联盟网络关系多样性对联盟能力有显著正向影响 联盟能力在关系多样性强度影响高新技术企业竞争优势的机制中起中介作用
H13a H13b	R&D联盟网络关系持久度对联盟能力有显著正向影响 联盟能力在关系持久度影响高新技术企业竞争优势的机制中起中介作用
H14a H14b	R&D联盟网络关系强度对学习能力有显著正向影响 学习能力在关系强度影响高新技术企业竞争优势的机制中起中介作用
H15a H15b	R&D联盟网络关系多样性对学习能力有显著正向影响 学习能力在关系多样性影响高新技术企业竞争优势的机制中起中介作用
H16a H16b	R&D联盟网络关系持久度对学习能力有显著正向影响 学习能力在关系持久度影响高新技术企业竞争优势的机制中起中介作用
H17a H17b	R&D联盟网络关系强度对学习能力有显著负向影响 学习能力在关系强度影响高新技术企业竞争优势的机制中起中介作用
H18a H18b	R&D联盟网络关系多样性对创新能力有显著正向影响 创新能力在关系多样性影响高新技术企业竞争优势的机制中起中介作用
H19a H19b	R&D联盟网络关系持久度对创新能力有显著正向影响 创新能力在关系持久度影响高新技术企业竞争优势的机制中起中介作用
H20a H20b	R&D联盟网络中心性对联盟能力有显著正向影响 联盟能力在中心性影响高新技术企业竞争优势的机制中起中介作用
H21a H21b	R&D联盟网络结构洞对联盟能力有显著正向影响 联盟能力在结构洞影响高新技术企业竞争优势的机制中起中介作用
H22a H22b	R&D联盟网络中心性对学习能力有显著正向影响 学习能力在中心性影响高新技术企业竞争优势的机制中起中介作用
H23a H23b	R&D联盟网络结构洞对学习能力有显著正向影响 学习能力在结构洞影响高新技术企业竞争优势的机制中起中介作用
H24a H24b	R&D联盟网络中心性对创新能力有显著正向影响 创新能力在中心性影响高新技术企业竞争优势的机制中起中介作用
H25a H25b	R&D联盟网络结构洞对创新能力有显著正向影响 创新能力在结构洞影响高新技术企业竞争优势的机制中起中介作用

第 5 章　R&D 联盟网络对高新技术企业竞争优势影响的实证设计

为了深入有效地分析 R&D 联盟网络对高新技术企业竞争优势的作用机制，不仅需要规范性的理论分析，也需要对分析中提出的假设进行实证检验。本书采用问卷调查方法获取实证数据，而问卷设计和测度指标选择的合理与否会直接影响数据的质量。因此，本章主要从问卷设计、变量设计及测度指标选择、数据获取、研发方法等方面进行研究，从而为假设检验提供科学合理的数据基础。

5.1　问卷设计

问卷设计是实证研究的前提，是保证数据质量的基础。这里主要介绍问卷的基本内容和设计过程。

5.1.1　问卷设计过程

正确设计问卷的要点是：要根据研究目标和调查对象的特点设置问项。因此，为设计出一份符合 R&D 联盟网络环境下高新技术企业特点的问卷，本章基于 Aaker 和 Kinnear (1999)的问卷设计过程建议，按图 5-1 所示的步骤进行了问卷设计。

(1) 设计变量及选择测度指标

借鉴国内外文献中相关变量的测度，通过与个别高新技术企业研发人员的交流，并结合 R&D 联盟网络及其网络中高新技术企业的特点，设计出相应的测量题项。

(2) 征求有关专家的意见修改测度问项

采用面谈、电话访谈以及电子邮件等方式，就有关变量的测度和逻辑关系、题项的措辞和增删等问题咨询了社会网络和战略管理领域的专家。根据专家给出的有关修改意见，形成初始问卷。

(3) 初始问卷的预测试及修改

为检验问卷的题项是否切合高新技术企业R&D联盟实际情况，问卷中涉及的有关术语能否被企业研发人员理解，对初始问卷进行了预测试。通过指导面对面的问卷填答过程，能够发现企业人员在填答问卷过程中遇到的障碍。因此，根据企业人员的反馈和建议，进一步将问项中某些R&D联盟网络方面的专业术语进行口语化，并在此基础上确定了最终调查问卷。

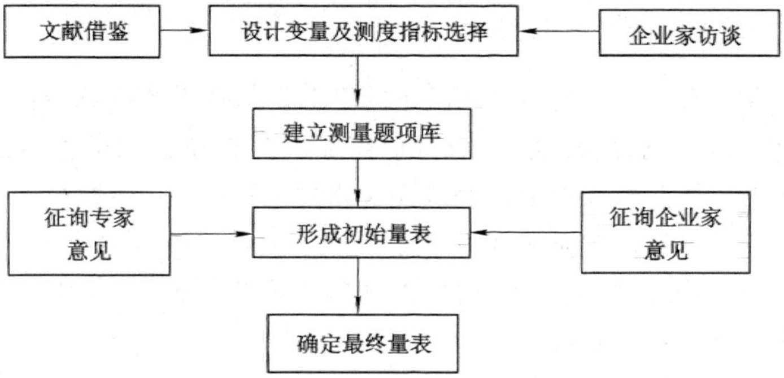

图 5-1　问卷设计过程

5.1.2　问卷基本内容

依据R&D联盟网络对高新技术企业竞争优势作用机制的分析框架，围绕其研究目标和研究内容，并形成最终调查问卷。本问卷包括以下内容：① 高新技术企业的基本情况；② R&D联盟网络属性评价；③ 高新技术企业集成竞争能力评价；④ 高新技术企业竞争优势评价。考虑到问卷开头安排容易回答的问项能够提高被调查者的答题兴趣，将高新技术企业竞争优势基本情况作为问卷第一部分内容。

5.2　变量设计及测度指标选择

根据前面几章的理论分析，本研究所涉及的变量包括R&D联盟网络属性、高新技术企业联盟能力、高新技术企业学习能力、高新技术企业创新能力以及高新技术企业竞争优势等。由于难以对上述变量进行量化测定，本书采用通过主观感知的Likert 7级量表打分法设计变量和选择测度指标。

5.2.1　高新技术企业竞争优势的变量设计及测度指标选择

具体运用哪些指标测度企业竞争优势在理论界仍未达成共识，Zahra

等(2000)采用财务绩效测度企业竞争优势，而 Wiklund 和 Shepherd 等(2003)则采用竞争优势和客户满意度等非财务指标测度企业竞争优势。单纯的财物绩效、竞争优势都无法阐释企业竞争优势获取的内在逻辑，完全用单一指标来测度竞争优势是存在缺陷的。

鉴于高新技术企业的高创新性、高风险性以及产品生命周期短等特点，本书综合运用财务绩效、竞争优势和回应市场速度等多维指标测度高新技术企业竞争优势。大量产业组织和战略管理等领域的研究工作表明，采用资产收益率(ROA)和销售收益率(ROS)等指标来测度企业财务绩效水平是重要的和适宜的(Venkatraman&Ramanujam，1986；Murphy et al.，1993；Chnadler&Hakns，1993)。因此，本书也运用这两个指标测度高新技术企业的财务绩效。

对于知识和技术密集的高新技术企业而言，创新一直是其获取竞争优势的主要源泉(Hoskission R，1997)。Benner 和 Tushman (2003)将技术创新效率作为衡量竞争优势程度的重要指标。基于 Tsai 和 Ghoshal (1998)的研究，本书从反映产品创新和过程创新两个维度综合设计了度量高新技术企业竞争优势水平的问项：与同行业其他高新技术企业相比本企业总资产收益率水平；本企业专利认证件数年增长率。

随着高新技术企业产品生命周期的不断缩短，快速回应市场变化和满足顾客多样性需求日益成为高新技术企业获取竞争优势的重要组成部分。Long 和 Vickers-Koch(1995)主张应该从满足顾客独特性需求和回应市场速度的能力等方面来测度高新技术企业竞争优势水平。因此，基于 Long 和 Vickers-Koch 的研究，本书也采用这两个指标来衡量高新技术企业的回应市场速度的能力。综合以上研究，对高新技术企业竞争优势变量的具体测度见表5-1。

表5-1　　高新技术企业竞争优势变量测量表

测度题项	来源或依据
总资产收益率	Chnadler & Hakns(1998)；Murphy et al. (1997)
总销售收益率	Venkatraman & Ramanujam(1998)
新产品销售比例	Benner & Tushman (2003)
专利认证件数年增长率	Tsai & Ghoshal(1998)
满足顾客对新产品需求的速度	Long & Vickers-Koch(1995)

5.2.2 R&D 联盟网络属性变量设计及测度指标选择

根据之前对 R&D 联盟网络属性的分析，综合结构视角、关系视角和位置视角全面测度 R&D 联盟网络属性，不仅可以同时衡量 R&D 联盟网络的整体特征、R&D 联盟网络中高新技术企业的位势以及高新技术企业之间的关系特性，也便于分析高新技术企业的行为特征和 R&D 联盟网络效应。

5.2.2.1 R&D 联盟网络结构属性变量设计及测度指标选择

R&D 联盟网络结构属性是从结构维度刻画 R&D 联盟网络特征的指针，其测度主要包括规模、密度以及凝聚子群等指标。

R&D 联盟网络规模是一个绝对指标，因此主要用焦点高新技术企业拥有的直接和间接 R&D 联盟伙伴数量进行衡量。密度代表的是网络成员彼此关系的平均力量强度，因此密度一直是网络测量的重点。基于无向网络密度的形式化定义，采用高新技术企业间实际缔结的 R&D 联盟数量和高新技术企业间最大可能缔结的 R&D 联盟数量两个问项对 R&D 联盟网络密度进行测度。

在网络结构研究中，为理解一个整体的社会网络是如何行事的，需要将网络成员分派到各个凝聚子群之中进行衡量。在 R&D 联盟网络中，基于互惠性关系可以将高新技术企业分派到不同的 R&D 联盟子群中。R&D 联盟网络中子群数量是刻画高新技术企业之间怎样通过子群结合成更大的整体网络的一个重要指标，子群之间的重叠性则有助于探测整体的 R&D 联盟网络是怎样运转的。因此，从子群数量和子群重叠性两个维度设计了测量 R&D 联盟网络凝聚子群变量的问项，对 R&D 联盟网络结构属性变量的具体测度见表 5-2。

表 5-2　R&D 联盟网络结构属性变量测量表

变量名称	测度题项	来源或依据
网络规模	① 与贵公司签订 R&D 联盟协议的企业数	刘军(2006)
	② 因签订 R&D 联盟协议间接结识的企业数	王晓娟(2008)
	③ 通过签订 R&D 联盟协议直接和间接结识的企业总数	Senjem &Reed(2002)

续表 5-2

变量名称	测度题项	来源或依据
网络密度	① 与贵公司已经签订研发联盟协议的研发企业之间形成 R&D 联盟关系数	刘军(2006) 罗家德(2003)
	② 与贵公司已经签订研发协议的企业数量以及这些企业之间形成研发联盟关系的总和	
	③ 与签订 R&D 联盟协议的高新技术之间实际形成的 R&D 联盟伙伴关系数与这些高新技术企业之间最多可能形成的伙伴关系数的比值	
凝聚子群	① 参加的 R&D 联盟数目	刘军;罗家德(2003)
	② 在参加的所有 R&D 联盟中,重复出现的高新技术企业数	任义科,费尔德曼(美)(2008)
	③ 在所有 R&D 联盟伙伴中,只参加一个 R&D 联盟的高新技术企业数	

5.2.2.2　R&D 联盟网络关系属性变量设计及测度指标选择

R&D 联盟网络关系属性是从关系维度刻画 R&D 联盟网络中高新技术企业之间研发合作互动情况。根据以往学者对网络关系属性测度的研究,主要选择关系强度、关系多样性和关系持久性等指标对 R&D 联盟网络关系属性进行测度。

Granovetter(1973)最早提出关系强度的概念,并将其定义为"情感影响、互惠及沟通频率的多寡"。O'Toole 和 Donaldson(1999)进一步将关系强度解释为"伙伴间互动的强度"。根据现有文献对关系强度的定义,并结合 R&D 联盟网络关系的特点,本书主要从高新技术企业之间互动频率、亲密程度和互惠内容几个维度测度 R&D 联盟网络的关系强度。

Burt(1992)将网络关系多样性定义为"网络中资讯的相似或重复的程度"。Higgins 和 Kram(2001)进一步对网络关系多样性进行了解释,认为网络关系多样性意味着网络发展者能接近有价值资源或资讯种类的多寡。根据现有文献对关系多样性的衡量,并结合 R&D 联盟网络关系的特点,本书主要从 R&D 联盟网络中高新技术企业之间拥有的知识或或技术的多样性程度对 R&D 联盟网络关系多样性进行测度。

Batjargal(2001)认为关系持久度是指焦点企业与其合作企业之间业务

往来的时间长短。邬爱其(2004)指出关系持久度是指网络成员之间交往的时间跨度。根据现有文献对关系多样性的衡量,并结合R&D联盟网络关系的特点,本书主要用R&D联盟网络中高新技术企业之间的直接或间接R&D联盟关系持续的时间长短测度R&D联盟网络关系持久度。综合以上研究,对R&D联盟网络关系属性变量的具体测度见表5-3。

表5-3　　R&D联盟网络关系属性变量测量表

变量名称	测度题项	来源或依据
关系强度	① 与R&D联盟伙伴举行联盟会议的频率	Granvetter(1986)
	② 与R&D联盟伙伴相互参观和访问的频率	Rokkan & Haugland(2000)
	③ 与R&D联盟伙伴举办聚餐和郊游等非正式社交活动的频率	O'Toole & Donaldson (1996)
	④ R&D联盟伙伴的研发人员能够经常探讨新产品开发构想	
	⑤ 在与R&D联盟伙伴开展合作研发过程中彼此之间的信任程度高	
	⑥ R&D联盟伙伴都能够投入某些专属性研发资产	
关系多样性	① R&D联盟伙伴来自于不同产业	Burt(1992)
	② R&D联盟伙伴所提供的资源在类型上是相异的	罗家德(2003)
	③ R&D联盟伙伴的研发人员具有不同的技术专长	Gender(1997) Brass(1995) Higgins & Kram (2001)
关系持久性	① 与直接R&D联盟伙伴的联盟关系持续时间	Batjargal(2001)
	② 与间接R&D联盟伙伴的联盟关系持续时间	Ostgaard & Birle(1996)
	③ 与R&D联盟伙伴的平均合作年数	邬爱其(2004); 马刚(2005)

5.2.2.3　R&D联盟网络位置属性

R&D联盟网络位置属性是用来描述高新技术企业在R&D联盟网络中所处位置的重要指针。网络中资源和权利并非均匀分布的,网络的中心位置、结构洞以边缘位置分别具有带来不同资源的能力（Tasi，2004）。

中心性是用来衡量高新技术企业占据 R&D 联盟网络中心位置的程度，其测度指标有程度中心性、接近中心性和特征向量中心性。程度中心性主要衡量高新技术企业与 R&D 联盟网络中其他行动者相联结的程度；接近中心性主要衡量高新技术企业接触 R&D 联盟网络中其他行动者的程度；特征向量中心性主要衡量高新技术企业与居于 R&D 联盟网络中心位置的行动者的相连程度。因此，根据中心性的测度指标设计了 R&D 联盟网络中心性测度指标的问项，具体测度见表 5-4。

结构洞就是网络中的空隙，占据 R&D 联盟网络结构洞位置的高新技术企业通过占据这些空隙，从而获得潜在的中介利益。R&D 联盟网络结构洞的测度主要是衡量高新技术企业充当 R&D 联盟网络中无直接或间接 R&D 联盟关系的高新技术企业之间中介人的能力。

表 5-4　R&D 联盟网络位置属性变量测量表

变量名称	测度题项	来源或依据
中心性	① 大多数企业都愿意与贵公司签订研发联盟协议	Luo，Chi & Lin(2002)
	② 通过少数中间企业的引介，能够与网络中大多数高新技术企业建立直接或间接 R&D 联盟	Batjargal(2001)
	③ 能够与有很高声望的高新技术企业进行业务往来或签订研发联盟协议	Wasserman & Faust (1994)
结构洞	① 通过贵公司的引介作用，彼此之间没有直接 R&D 联盟关系的高新技术企业之间能够传递 R&D 联盟信息	Portes(2000)；Tsai(2000)；Tsai & Ghoshal(1998)
	② 通过贵公司的引介作用，彼此之间没有直接 R&D 联盟关系的高新技术企业之间能够建立直接 R&D 联盟关系	
	③ 通过贵公司的引介作用，彼此之间没有直接 R&D 联盟关系的高新技术企业之间能够建立间接 R&D 联盟关系	

5.2.3　高新技术企业集成竞争能力变量设计及测度指标选择

在 R&D 联盟网络环境下，高新技术企业集成能力是由联盟能力、学习能力和创新能力动态集成的。因此，将从联盟能力、学习能力和创新能力三个维度设计高新技术企业集成能力变量。

5.2.3.1 高新技术企业联盟能力

根据本书第3章的分析，联盟能力是高新技术企业集成竞争能力的一个重要组成部分。以前的研究从不同角度对联盟能力测度进行了研究。Kale认为联盟能力包括获取、积累、整合以及扩散联盟经验等动态过程。De Man指出联盟能力是由联盟经验和联盟管理机制两个部分组成的。借鉴上述研究，从R&D联盟网络视角将高新技术企业的联盟能力分为选择伙伴能力、管理联盟能力和积累联盟经验三个变量，并设计了相应的问项。高新技术企业R&D联盟能力变量的具体测度见表5-5。

表5-5 高新技术企业联盟能力测量表

变量名称	测度题项	来源或依据
选择伙伴	① 能够敏锐地识别出R&D联盟环境的变化	R. Duane Ireland
	② 能够高效率筛选出与自己联盟目标相匹配的潜在R&D联盟伙伴企业	Michael A. Hitt (2004)
	③ 相关产业的高新技术企业都渴望与贵公司缔结R&D联盟	
管理伙伴	① 能够根据合作研发情况，适时地调整自己的联盟目标	Prashant Kale & Harbir singh(2007)
	② 能够很好地随时监控R&D联盟伙伴的研发资源投入情况	Kale P, Dyer J H & Singh H(2002)
	③ 能有效地预见R&D联盟伙伴之间潜在的冲突并制定相应解决方案	
	④ 有专门的联盟部门管理联盟相关事务	
	⑤ 能够经常为联盟经理提供在职培训的机会	
积累联盟经验	① R&D联盟经理能够从其他企业的联盟经理处获得许多联盟经验	Koen H. Heimriks Reuer (2006)
	② 有具体制度规定R&D联盟经理必须定期向公司汇报联盟经验	
	③ 建有专门联盟数据库用以储存联盟经验和技术诀窍等数据	
	④ 有相关措施用于激励R&D联盟经理主动传授独有的联盟经验	

5.2.3.2　高新技术企业学习能力

从现有的文献看，许多学者分别从不同角度对学习能力进行了测度，但其测度方法仍存在很大的差异。DozY.(1996)指出联盟企业间知识学习过程包括知识获取、知识扩散、应用与创造等。Nevis 等(1995)将组织学习过程分为知识取得、知识扩散以及知识使用等三个阶段。借鉴相关研究成果，并针对 R&D 联盟网络中高新技术企业学习的特点，从知识获取、知识整合以及知识扩散三个维度设计了测度组织学习能力的问项。高新技术企业学习能力变量的具体测度见表 5-6。

表 5-6　　高新技术企业学习能力测量表

变量名称	测度题项	来源或依据
知识获取	① 贵公司研发边界人员具有较高的获取外部技术知识的能力	Annand & Khanna(2000)
	② 在与 R&D 联盟伙伴企业共同研发中，能够获取关键性技术诀窍	
	③ 与 R&D 联盟伙伴企业的合作研发中，能获得很多研发市场信息	
知识整合	① 能够正确辨识从 R&D 联盟伙伴企业获取的资讯与技术知识的价值	Yoshino & Rangan(1999)
	② 研发人员能快速理解从联盟伙伴获取的技术性知识和研发市场信息	
	③ 能将从 R&D 联盟伙伴企业获取的技术知识，与已有的生产技能进行有效整合	
知识扩散	① 能将从 R&D 联盟伙伴企业获取的技术性知识，编制成操作手册或工作说明书	Arino & de La Torre(1998)
	② 参加 R&D 联盟的人员，要定期汇报从 R&D 联盟伙伴企业获取的技术知识	
	③ 参加 R&D 联盟的人员，愿意向其他人传授从外部获取的技术信息和诀窍	

5.2.3.3　高新技术企业创新能力

创新能力是提升高新技术企业集成竞争能力不可或缺的重要组成部

分。国内外学者对创新能力度量进行了很多研究，而观点仍没有达成统一。基于R&D联盟网络中高新技术企业创新的特点，并结合Chesbrough(2003)的开放创新理论，从获取创新知识、整合创新知识以及市场化等方面设计了测度高新技术企业创新能力的问项。高新技术企业创新能力变量的具体测度见表5-7。

表5-7　　高新技术企业创新能力测量表

变量名称	测度题项	来源或依据
获取创新源	① 研发人员占总人数的比重较大	Chesbrough H.(2003)
	② 技术开发经费占销售收入的比重较大	
	③ 能够从多个研发联盟中获取更多多样性创新思想	Ulrich Lichtenthaler (2008)
整合创新源	① 能够有效地整合从多个R&D联盟中获取的新技术领域知识	Andrea Stucki(2007)
	② 能将从多个R&D联盟中获取的创新知识快速有效地应用于新产品开发	
	③ 能将从多个R&D联盟中获取的创新思想，纳入新产品开发活动中	
市场化	① 通过销售或提供许可协议等方式获得更多收益	
	② 能够更快速地将新产品引入市场	
	③ 开发的新产品更适合未来市场需要	

5.3 数据获取及有效性控制

数据获取是后续统计分析的基础，而真实有效的数据是相关假设得以科学验证的重要保障。本书运用问卷调查法进行数据获取，并对样本选择以及问卷发放和回收等环节进行有效控制，以保证数据的真实性。

5.3.1 研究样本选择

为了验证R&D联盟网络影响高新技术企业竞争优势的相关假设，本书采取问卷调查方式来获取数据，问卷调查对象为具有R&D联盟经验的高新技术企业。问卷发放对象的主体选定为台湾南港软体工业园的高新技术企业以及台湾“经济部工业局”企业 R&D 联盟推动计划书辅助的高新技术企业。选择台湾地区的主要原因：首先，台湾南港软体工业园区以软体 IC 设计、数位创意以及生物科技等知识密集型产业为主，吸引了 270 多家国内外科技型产业，已经发展成为亚洲四大软体园区之一。南港软体工业园区的大多数企业都正处于 R&D 联盟网络中，具有丰富的 R&D 联盟经验。其次，台湾的大多数 R&D 联盟都是在“经济部工业局”推动下而组建的，如奈米碳球 R&D 联盟、三五族半导体产业 R&D 联盟以及 AC LED 应用 R&D 联盟等都是在“经济部工业局”的推动下组建的。因此，台湾南港软体工业园和“经济部工业局”企业 R&D 联盟推动计划书辅助的高新技术企业大多具有丰富 R&D 联盟经验，样本具有代表性。

5.3.2　问卷发放及回收

问卷的发放及回收是获取实证研究所需数据的重要渠道，并直接决定数据的可靠性与有效性，从而最终决定研究结果的科学性。因此，有效发放和回收问卷是验证 R&D 联盟网络影响高新技术企业竞争优势的相关假设的关键环节。

为了确保数理统计分析所需要的样本数量，并满足样本选择标准，分别通过集中发放、教育培训机构、电子邮件以及个人关系网络等方式发放问卷。鉴于只有企业的负责人或研发部门的高阶经理人或主管才有可能较全面了解问卷中所涉及的信息，主要针对上述人员发放问卷。问卷发放和回收情况见表 5-8。

表 5-8　　问卷发放与回收情况

数量＼方式	集中发放	教育培训机构	电子邮件	个人关系网络	总计
发放数量	115	139	152	23	429
回收数量	72	127	19	17	235
有效问卷	68	102	17	15	202
有效率	59.1%	73.3%	11.1%	65.2%	47.1%

从表 5-8 可以看出，通过各种方式共发放问卷 429 份，回收 235 份，其中有效问卷为 202 份，有效率为 47.1%。其中，通过个人关系网络发放问卷的有效率高达 65.2%，其原因在于已回复的问卷都是经过填答者认真思

考而完成的。通过教育培训机构发放的问卷的有效率分别高达73.3%，是由于问卷是通过MBA老师在课堂上发放，并且老师在发放前对问卷进行了解释和说明。通过工商普查集中发放的，其问卷有效率为59.1%。

5.4 数据处理方法

本研究采用PASW Statistics18.0对通过问卷调查方式获取的数据进行描述性统计、信度与效度检验以及相关分析，采用AMOS 8.0软件进行验证性因子分析和结构方程建模，对R&D联盟网络影响高新技术企业竞争优势的相关假设进行检验。

5.4.1 信度和效度分析

在进行假设检验之前，首先需要对数据进行信度(reliability)检验，其目的是衡量变量的一致性和可靠性。本研究利用Cornbach'a系数进行信度检验。效度是指测量工具所能正确测量的特质程度，可以分为内容效度和建构效度两方面。内容效度旨在检测表内容或题目的适切性与代表性。建构效度指能够测量出理论的特质或概念的程度。本书中的问卷是在系统性理论分析基础上，借鉴了学术界经典实证研究中相关的设计量表和题项，并结合实地调研与专家意见设计而成，因而该问卷具有较高的内容效度。建构效度的检验通常依据因子分析进行，因为该方法能够很好地检测研究所涉及变量是否具有一套正确和可操作性的测度。

5.4.1.1 探索性因子分析

探索性因子分析(exploratory factor analysis，简称EFA)可以将复杂的多变量综合为少数几个关键因子，其目的是检验量表的建构效度。本研究的测度量表是在调研访谈的基础上设计而成的，因此为了确认观测变量的因素结构以及检验测度题项的合理性，首先需要对其进行探索性因子分析。本研究采用主成分分析法和最大变异法进行探索性因子分析，并按特征值大于1的方式萃取因子。

5.4.1.2 验证性因子分析

验证性因子分析(confirmatory factor anlysis，简称CFA)属于结构方程模型(strctural equation modeling，简称SEM)分析的一种特殊应用，是进行整合性SEM分析的前置步骤，主要用于检验建构效度的适切性与真实性。本书采用AMOS软件进行CFA，以检验提取的因子结构是否与先前的构想相符，从而可以为后续结构方程模型的建立和修正提供重要参考。

5.4.2 SEM 建模

SEM 是一种融合了因子分析、路径分析和多元回归分析的计量研究技术，主要用于检验假设模型与观测数据的适配程度，从而能够为验证研究假设提供依据。SEM 能够同时处理多个变量之间的因果关系或共变化关系，容许变量含有测量误差，可评估整体模拟的拟合程度。

R&D 联盟网络对高新技术企业竞争优势的影响和假设涉及网络规模、密度、关系、联盟能力以及创新能力等诸多变量，而且这些变量具有难以直接测量、测量误差大、因果关系复杂等特点，因此非常适合采用 SEM 模型验证相关假设。建模过程包括模型的设定、模型拟合、模型评价以及模型修正等四个步骤(侯杰泰，温忠麟和成子娟，2004)。其中模型拟合是整个过程的核心。借鉴侯杰泰和邱皓政(2006)等的研究，本书将选取几个广泛认可和应用的绝对适配度指数和相对适配度指数对整体模型拟合度进行评价。选取的适配度指数为 x^2/df、RMSEA、NFI、CFI、PNFI 以及 PGFI，具体判别标准见表 5-9。

表 5-9　　SEM 整体模型适配度评价指标及其评价标准

统计检验量	适配的标准或临界值
绝对适配度指数	
x^2 值	显著性概率值 $P>0.05$(未达显著水平)
GFI	$P>0.90$ 以上
AGFI 值	$P>0.90$ 以上
RMSEA 值	<.05(适配良好 <.08(适配合理)
增值适配度指数	
NFI 值	>0.90 以上
CFI 值	>0.90 以上
简约适配度指数	
PGFI 值	>0.90 以上
PNFI 值	>0.90 以上
CN 值	>200

资料来源：整理于吴明隆(2009)。

5.5 本章小结

本章主要从问卷设计、数据获取和数据处理方式等方面对R&D联盟网络影响高新技术企业竞争优势的微观机制进行了实证设计。基于相关文献，借鉴相关专家的修改建议，对问卷进行了反复修改，力求使问卷更具有科学性、合理性以及可操作性；数据获取过程中考虑了样本代表性与数据真实性等因素，在研究样本与被调查对象的选择、问卷发放与回收等方面都进行了有效控制，进而为R&D联盟网络对高新技术企业竞争优势影响的实证研究奠定了基础。

第 6 章　R&D 联盟网络对高新技术企业竞争优势影响的假设检验

基于实证研究设计，本章首先采用 PASW Statistics18.0 软件对数据进行描述性统计和探索性因子分析，进一步采用 AMOS8.0 软件进行验证性因子分析和建立结构方程模型，并依此对 R&D 联盟网络影响高新技术企业竞争优势的相关假设进行实证检验。

6.1　数据描述性统计

采用 PASW Statistics18.0 软件对有效样本中有关员工人数、成立年限与产业类型等数据进行描述统计分析，以掌握样本的类别、特性和比例分配等总体特征，从而为进一步的统计分析和结构方程建模奠定基础。样本中企业员工人数、成立年限以及产业类型描述统计分析结果如下。

6.1.1　产业类别分布

在本研究所收集的 202 份样本中，资讯软体业所占比例最高，占样本数的 40.6%；电子业占样本数的 26.2%；生物技术占样本数的 18.3%；光电技术和精密仪器制造占样本数的 10.4%，具体分布见表 6-1。

表 6-1　样本企业产业类别分布

产业类别	样本数	百分比/%	累计百分比/%
资讯软体业	82	40.6%	40.6%
电子业	53	26.2%	66.8%
生物技术	37	18.3%	85.1%
光电技术	12	5.9%	91.0%
精密仪器制造	9	4.5%	95.5%
其他	9	4.5%	100%

6.1.2 员工人数分布

在所收集的202份样本中，企业员工人数分布较为分散，员工人数在51～100人的样本所占比例最高，占样本总量的38.6%；101～150人，样本数为42，占样本总量的20.8%；21～50人，样本数为39，占样本总量的19.3%；151～200人，样本数为19，占样本总量的9.4%；201～300人，样本数为12，占样本总量的5.9%；300人以上仅占样本总量的1.5%。具体分布见表6-2。

表6-2 样本企业员工人数的分布

员工人数	样本数	百分比/%	累计百分比/%
20人以下	9	4.5%	4.5%
21～50人	39	19.3%	21.8%
51～100人	78	38.6%	60.4%
101～150人	42	20.8%	80.7%
151～200人	19	9.4%	90.1%
201～300人	12	5.9%	96%
300人以上	3	1.5%	100%

6.1.3 成立年限分布

在所收集的202份样本中，样本企业成立年限分布较为分散，5年以下样本企业所占比例最高，占样本总量的40.6%；6～10年样本数为67，占样本总量的33.2%；11～15年样本数为27，占样本总量的13.4%；16～20年样本数为12，占样本总量的5.8%；21～25年样本数为9，占样本总量的4.5%；25年以上仅占样本总量的2.5%，具体分布见表6-3。

表6-3 样本企业成立年限的分布

成立年限	样本数	百分比/%	累计百分比/%
5年以下	82	40.6	40.6
6～10年	67	33.2	73.8
11～15年	27	13.4	87.2
16～20年	12	5.8	93.0
21～25年	9	4.5	97.5
25年以上	5	2.5 %	100%

6.1.4　资本额分布

在所收集的 202 份样本中，样本企业资本额分布较为分散，3 000 万元以上样本企业所占比例最高，占样本总数的 57.4%；1 001 万～2 000 万元样本数为 43，占样本总量的 21.3%；2 001 万～3 000 万元样本数为 32，占样本总量的 15.8%；501 万～1 000 万元样本数为 8，占样本总量的 4.0%。具体分布见表 6-4。

表 6-4　　样本企业资本额的分布

资本额	样本数	百分比/%	累计百分比/%
100 万元以下	0	0.0 %	0.0 %
101～500 万元	3	1.5 %	1.5 %
501～1000 万元	8	4.0 %	5.5 %
1001～2000 万元	43	21.3 %	26.8 %
2001～3000 万元	32	15.8 %	42.6 %
3000 万元以上	116	57.4 %	100%

6.2　探索性因子分析

为了对数据进行建构效度检验，采用主成分分析法对 R&D 联盟网络属性、高新技术企业集成竞争能力以及高新技术企业竞争优势等变量进行探索性因子分析。

6.2.1　R&D 联盟网络属性探索性因子分析

首先对 R&D 联盟网络属性数据进行 KMO 和 Bartlett 球形检验，以判断其是否适合作探索性因子分析。根据学者 Kaiser 的观点，KMO 值大于 0.5，Bartlett 的显著性概率小于 0.05，适合进行探索性因子分析。通过计算得出 R&D 联盟网络属性的 KMO 值为 0.897，大于 0.5，Bartlett's 球形检验的 x^2 值为 4 776.66，显著性概率 $P=0.000<0.05$，可见数据非常适合进行探索性因子分析。

在此基础上，运用主成分分析法对 R&D 联盟网络属性进行探索性因素分析。采用最大变异法进行直交转轴后，按照特征值大于 1 的原则共提取出 8 个因子，可以累积解释总体变异量的 82.47%，各变量对应的载荷分布见表 6-5。从表 6-5 可以看出，R&D 联盟网络属性中规模、密度、凝聚子群、关系强度、关系持久性、多样性、中心性以及结构洞等变量的题项都按预期归入了同一因子，基本与测度指标选择时变量构面一致，因此通过了建构效度检验。

表 6-5　　旋转后的 R&D 联盟网络属性因子载荷

题项	因子载荷系数							
	变量 1	变量 2	变量 3	变量 4	变量 5	变量 6	变量 7	变量 8
网络规模								
Q1-1	0.264	0.326	0.178	0.109	0.229	0.229	0.719	0.109
Q1-2	0.162	0.216	0.218	0.207	0.166	0.200	0.811	0.125
Q1-3	0.167	0.124	0.110	0.164	0.144	0.104	0.792	0.288
网络密度								
Q1-4	0.201	0.187	0.283	0.156	0.167	0.774	0.138	0.122
Q1-5	0.170	0.115	0.082	0.135	0.255	0.807	0.233	0.152
Q1-6	0.249	0.147	0.051	0.152	0.145	0.809	0.097	0.184
凝聚子群								
Q1-7	0.237	0.119	0.176	0.030	0.801	0.135	0.160	0.148
Q1-8	0.157	0.113	0.183	0.146	0.791	0.166	0.150	0.182
Q1-9	0.163	0.240	0.144	0.007	0.807	0.224	0.129	0.101
关系强度								
Q1-10	0.746	0.202	0.156	0.155	0.118	0.216	0.056	0.249
Q1-11	0.829	0.045	0.104	0.084	0.133	0.093	0.142	0.159
Q1-12	0.800	−0.004	0.079	0.138	0.135	0.097	0.224	0.164
Q1-13	0.697	0.357	0.190	0.098	0.115	0.220	0.092	0.209
Q1-14	0.687	0.414	0.236	0.097	0.206	0.170	0.085	0.018
Q1-15	0.619	0.498	0.220	0.065	0.214	0.198	0.128	0.108
关系持久性								
Q1-16	0.183	0.746	0.155	0.078	0.092	0.042	0.252	0.228
Q1-17	0.207	0.768	0.139	0.042	0.238	0.184	0.081	0.154
Q1-18	0.175	0.720	0.185	0.216	0.122	0.186	0.228	0.158

续表 6-5

题项	因子载荷系数							
	变量 1	变量 2	变量 3	变量 4	变量 5	变量 6	变量 7	变量 8
关系多样性样性								
Q1-19	0.093	0.104	0.053	0.856	0.059	0.111	0.241	0.104
Q1-20	0.167	−0.020	0.159	0.866	0.097	0.078	0.080	0.178
Q1-21	0.117	0.189	0.107	0.893	0.008	0.173	0.055	0.026
中心性								
Q1-22	0.322	0.186	0.124	0.216	0.235	0.101	0.205	0.744
Q1-23	0.273	0.264	0.189	0.135	0.140	0.223	0.226	0.751
Q1-24	0.218	0.204	0.224	0.092	0.178	0.230	0.161	0.763
结构洞								
Q1-25	0.235	0.128	0.748	0.121	0.162	0.180	0.156	0.213
Q1-26	0.200	0.157	0.874	0.108	0.182	0.093	0.133	0.079
Q1-27	0.133	0.207	0.865	0.132	0.160	0.095	0.135	0.153

接下来，以 Cronbach's *a* 系数作为评判标准对 R&D 联盟网络属性各因子进行信度分析，分析结果见表 6-6。

表 6-6　R&D 联盟网络属性变量的信度检验

变量	问项	Corrected Item-Total Correlation	复相关系数平方	项目删除时的 Cronbach's *a* 值	Cronbach's *a* 值
网络规模	N1	0.826	0.725	0.842	0.899
	N2	0.888	0.790	0.775	
	N3	0.748	0.588	0.889	
网络密度	N4	0.785	0.627	0.857	0.895
	N5	0.824	0.679	0.829	
	N6	0.777	0.611	0.866	

续表 6-6

变量	问项	Corrected Item-Total Correlation	复相关系数平方	项目删除时的 Cronbach's a 值	Cronbach's a 值
凝聚子群	N7	0.755	0.572	0.840	0.879
	N8	0.756	0.576	0.838	
	N9	0.788	0.621	0.810	
关系强度	N10	0.793	0.655	0.908	0.923
	N11	0.743	0.647	0.914	
	N12	0.717	0.596	0.917	
	N13	0.822	0.703	0.903	
关系持久性	N16	0.735	0.541	0.775	0.849
	N17	0.712	0.508	0.801	
	N18	0.715	0.514	0.793	
关系多样性	N19	0.796	0.639	0.879	0.905
	N20	0.800	0.649	0.873	
	N21	0.840	0.707	0.838	
中心性	N22	0.819	0.691	0.894	0.917
	N23	0.875	0.767	0.845	
	N24	0.809	0.667	0.901	
结构洞	N25	0.746	0.557	0.903	0.912
	N26	0.868	0.809	0.837	
	N27	0.864	0.807	0.840	

从表 6-6 可以看出，所有题项总体相关系数(Item-Total)都大于0.35，各变量的 Cronbach's a 系数值都达到了 0.85 以上，这说明 R&D 联盟网络属性各变量之间具有较高的内部一致性。综上所述，R&D 联盟网络属性量表具有较高效度和信度。

6.2.2 高新技术企业集成竞争能力探索性因子分析

现采用主成分分析法分别对高新技术企业集成竞争能力的联盟能力、学习能力和创新能力等维度的指标变量进行构建效度检验，具体结果如下：

6.2.2.1　联盟能力探索性因子分析

联盟能力的 KMO 值为 0.808，Bartlett's 球形检验的显著性概率 $P=0.000<0.05$，因此适合进行探索性因子分析。进而，采用主成分分析法对联盟能力进行探索性因子分析，并按因子载荷大于 0.4 的标准，提取了三个因子。三个因子能够累积解释总体变异量的 82.712%，具体因子载荷分布见表 6-7。

表 6-7　　旋转后的高新技术企业联盟能力因子载荷

题项	因子载荷系数		
	变量 1	变量 2	变量 3
选择联盟伙伴			
A1	0.207	0.250	0.866
A2	0.299	0.177	0.856
A3	0.271	0.205	0.851
管理联盟伙伴			
A4	0.648	0.295	0.385
A5	0.747	0.265	0.353
A6	0.867	0.149	0.242
A7	0.932	−0.025	0.150
A8	0.924	−0.015	0.125
积累联盟经验			
A9	−0.001	0.875	0.199
A10	0.082	0.942	0.137
A11	0.110	0.920	0.144
A12	0.221	0.820	0.245

接下来，以 Cronbach's *a* 系数作为评判标准对联盟能力各因子进行信度分析，分析结果见表 6-8。

从表 6-8 可以看出，所有题项总体相关系数（Item-Total）都大于 0.35，各变量的 Cronbach's *a* 系数值都达到了 0.85 以上，这说明 R&D 联盟网络属性各变量之间具有较高内部一致性。综上所述，R&D 联盟能力量表具有较高效度和信度。

表 6-8　　高新技术企业联盟能力变量的信度检验

变量	问项	Corrected Item-Total Correlation	复相关系数平方	项目删除时的 Cronbach's α 值	Cronbach's α 值
选择联盟伙伴	A1	0.811	0.758	0.928	0.936
	A2	0.914	0.860	0.894	
	A3	0.886	0.808	0.904	
管理联盟伙伴	A4	0.695	0.666	0.902	0.916
	A5	0.804	0.769	0.894	
	A6	0.852	0.771	0.891	
	A7	0.825	0.955	0.889	
	A8	0.805	0.948	0.894	
积累联盟经验	A9	0.697	0.608	0.904	0.922
	A10	0.851	0.771	0.894	
	A11	0.888	0.955	0.874	
	A12	0.870	0.947	0.880	

6.2.2.2　学习能力探索性因子分析

学习能力的KMO值为0.747，Bartlett's球形检验的显著性概率$P=0.000<0.05$，因此适合进行探索性因子分析。进而，采用主成分分析法对学习能力进行探索性因子分析，并按因子载荷大于0.4的标准，提取了三个因子。三个因子能够累积解释总体变异量的86.021%，具体因子载荷分布见表6-9。

表 6-9　　旋转后的高新技术企业学习能力因子载荷

题项	因子载荷系数		
	变量 1	变量 2	变量 3
获取知识			
L1	0.046	0.953	0.106
L2	−0.050	0.941	0.075
L3	0.094	0.864	0.217

续表 6-9

题项	因子载荷系数		
	变量 1	变量 2	变量 3
整合知识			
L4	0.951	0.052	0.148
L5	0.947	−0.022	0.156
L6	0.945	0.058	0.155
扩散知识			
L7	0.137	0.126	0.889
L8	0.083	0.139	0.915
L9	0.224	0.119	0.774

接下来，以 Cronbach's *a* 系数作为评判标准对学习能力各因子进行信度分析，分析结果见表 6-10。

表 6-10　　高新技术企业学习能力变量的信度检验

变量	问项	Corrected Item-Total Correlation	复相关系数平方	项目删除时的 Cronbach's *a* 值	Cronbach's *a* 值
获取知识	L1	0.895	0.831	0.834	0.916
	L2	0.846	0.794	0.868	
	L3	0.771	0.611	0.941	
整合知识	L4	0.919	0.844	0.934	0.958
	L5	0.911	0.831	0.940	
	L6	0.906	0.821	0.943	
扩散知识	L7	0.759	0.653	0.769	0.888
	L8	0.807	0.686	0.728	
	L9	0.630	0.405	0.856	

从表 6-10 可以看出，所有题项总体相关系数(Item-Total)都大于0.35，各变量的 Cronbach's *a* 系数值都达到了 0.85 以上，说明高新技术企业学习能力的变量之间具有较高内部一致性。综上所述，高新技术企业学习能

力量表具有较高效度和信度。

6.2.2.3　高新技术企业创新能力探索性因子分析

高新技术企业创新能力的KMO值为0.765，Bartlett's球形检验的显著性概率$P=0.000<0.05$，因此适合进行探索性因子分析。进而，采用主成分分析法对高新技术企业创新能力进行探索性因子分析，并按因子载荷大于0.4的标准，提取了三个因子。三个因子能够累积解释总体变异量的85.863%，具体因子载荷分布见表6-11。

表6-11　　　旋转后的高新技术企业创新能力因子载荷

题项	因子载荷系数		
	变量1	变量2	变量3
获取创新源			
I1	0.963	0.009	0.049
I2	0.954	−0.074	0.096
I3	0.916	0.055	0.258
整合创新源			
I4	−0.078	0.164	0.842
I5	0.423	0.125	0.770
I6	0.190	0.048	0.851
市场化能力			
I7	0.010	0.950	0.127
I8	0.010	0.939	0.096
I9	−0.020	0.924	0.101

接下来，以Cronbach's *a*系数作为评判标准对高新技术企业创新能力各因子进行信度分析，分析结果见表6-12。

从表6-12可以看出，所有题项总体相关系数(Item-Total)都大于0.35，各变量的Cronbach's *a*系数值都达到了0.78以上，这说明高新技术企业创新能力各变量之间具有较高内部一致性。综上所述，高新技术企业创新能力量表具有较高效度和信度。

表 6-12　　高新技术企业创新能力变量的信度检验

变量	问项	Corrected Item-Total Correlation	复相关系数平方	项目删除时的 Cronbach's α 值	Cronbach's α 值
获取创新源	I1	0.913	0.835	0.919	0.945
	I2	0.908	0.833	0.920	
	I3	0.885	0.784	0.921	
整合创新源	I4	0.581	0.360	0.777	0.780
	I5	0.661	0.490	0.653	
	I6	0.686	0.497	0.688	
市场化能力	I7	0.905	0.820	0.870	0.926
	I8	0.882	0.783	0.861	
	I9	0.845	0.718	0.924	

6.2.3　高新技术企业竞争优势探索性因子分析

高新技术企业竞争优势的 KMO 值为 0.877，Bartlett's 球形检验的显著性概率 $P=0.000<0.05$，因此适合进行探索性因子分析。进而，采用主成分分析法对高新技术企业创新能力进行探索性因子分析，并按因子载荷大于 0.4 的标准，提取了一个因子，具体因子载荷分布见表 6-13。因子能够累积解释总体变异量的 84.136%，与测度指标选择时变量构面基本一致，因此通过了建构效度检验。

表 6-13　　旋转后的高新技术企业竞争优势因子载荷

题项	因子载荷系数
高新技术企业竞争优势	
P1	0.877
P2	0.918
P3	0.921
P4	0.933
P5	0.936

接下来，以 Cronbach's α 系数作为评判标准对高新技术企业竞争优势

量表进行信度分析，分析结果见表6-14。

表6-14　　高新技术企业竞争优势变量的信度检验

变量	问项	Corrected Item-Total Correlation	复相关系数平方	项目删除时的Cronbach's a值	Cronbach's a值
高新技术企业竞争优势	P1	0.812	0.661	0.951	0.952
	P2	0.869	0.794	0.941	
	P3	0.876	0.800	0.940	
	P4	0.895	0.830	0.936	
	P5	0.895	0.834	0.936	

从表6-14可以看出，所有题项总体相关系数(Item-Total)都大于0.35，变量的Cronbach's a系数值都达到了0.952以上，这说明高新技术企业竞争优势各变量之间具有较高内部一致性。综上所述，高新技术企业竞争优势量表具有较高效度和信度。

6.3　验证性因子分析

在探索性因子分析的基础上，进一步对所有变量进行验证性因子分析，以检验所测变量的因子结构是否与先前的构思相符，以确定作为观察变量的题项能否足以反映作为潜变量的因子构面，从而为后续结构方程模型的建立和修改提供依据。

6.3.1　R&D联盟网络属性验证性因子分析

采用AMOS8.0软件对R&D联盟网络中网络规模、网络密度、凝聚子群、关系强度、关系持久度、关系多样性、中心性以及结构洞等变量进行验证性因子分析，具体测量模型及拟合结果见图6-1和表6-15。

R&D联盟网络属性测量模型拟合结果表明，x^2值在自由度(df)为245时，其数值等于446.775，显著性概率$P=0.355>0.05$，且$x^2/df=1.824<3$；NFI、TLI、CFI与GFI均大于0.9；RMSEA$=0.043<0.05$；各路径系数均在$p<0.001$的统计水平上具有显著性。可见，该测量模型拟合效果很好，表明测量模型与实际数据可以契合，即图6-1所示的R&D联盟网络

属性因子结构通过了验证。因此，本文对 R&D 联盟网络属性的网络规模、网络密度、凝聚子群、关系强度、关系持久度、关系多样性、中心性以及结构洞等变量的划分与测度是有效的。

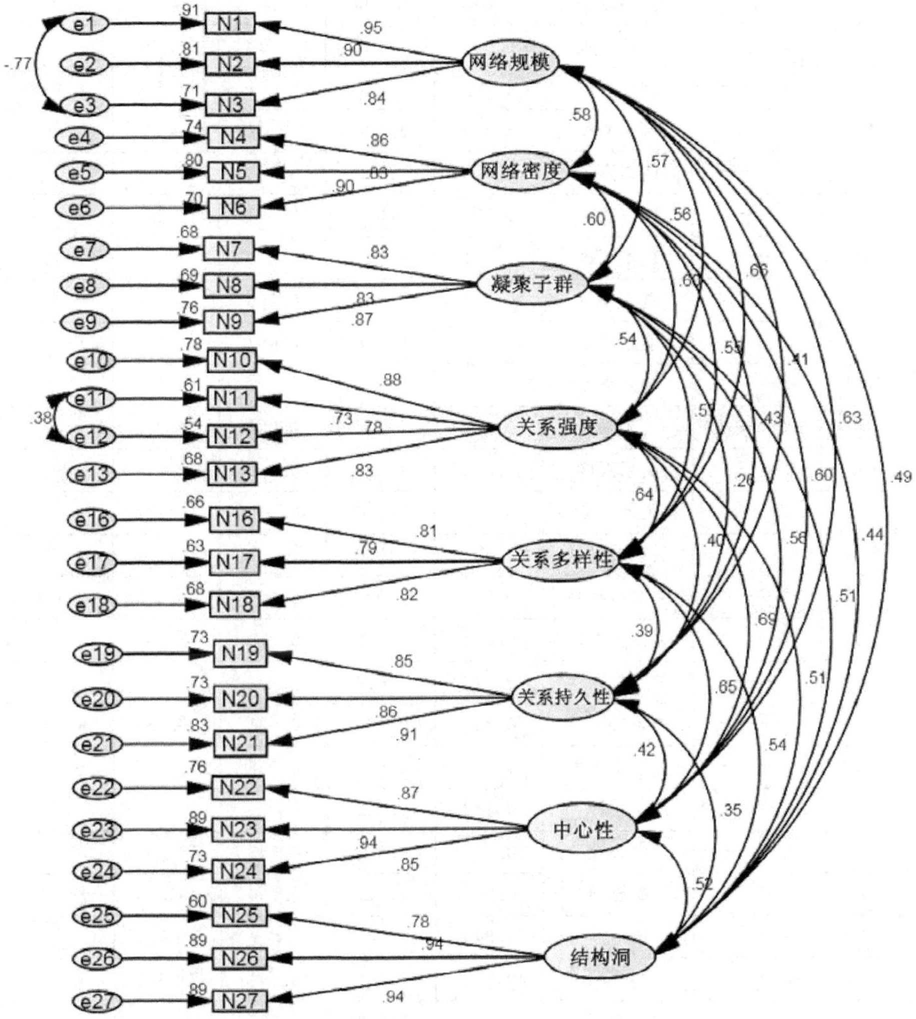

图 6-1　高新技术企业 R&D 联盟网络属性测量模型

表 6-15　　高新技术企业 R&D 联盟网络属性变量测量模型拟合结果

路径	标准化路径系数	非标准化路径系数	S. E.	C. R.	*P*		
N3	<---	网络规模	0.843	1.000			
N1	<---	网络规模	0.953	1.635	0.113	14.423	***
N2	<---	网络规模	0.897	1.463	0.101	14.543	***
N6	<---	网络密度	0.834	1.000			
N4	<---	网络密度	0.858	0.993	0.068	14.552	***
N5	<---	网络密度	0.896	0.949	0.061	15.549	***
N9	<---	凝聚子群	0.871	1.000			
N7	<---	凝聚子群	0.826	0.962	0.068	14.070	***
N8	<---	凝聚子群	0.829	0.945	0.067	14.119	***
N12	<---	关系强度	0.734	1.000			
N11	<---	关系强度	0.782	1.122	0.081	13.840	***
N10	<---	关系强度	0.884	1.248	0.102	12.291	***
N13	<---	关系强度	0.827	1.335	0.119	11.187	***
N18	<---	关系多样性	0.824	1.000			
N17	<---	关系多样性	0.791	1.088	0.091	11.889	***
N16	<---	关系多样性	0.814	0.975	0.079	12.389	***
N21	<---	关系持久性	0.912	1.000			
N19	<---	关系持久性	0.852	0.999	0.061	16.330	***
N20	<---	关系持久性	0.857	0.901	0.055	16.527	***
N24	<---	中心性	0.852	1.000			
N22	<---	中心性	0.873	0.953	0.058	16.304	***
N23	<---	中心性	0.943	1.117	0.060	18.556	***
N27	<---	结构洞	0.943	1.000			
N26	<---	结构洞	0.941	1.006	0.041	24.311	***
N25	<---	结构洞	0.778	0.914	0.059	15.376	***
x^2		446.775	NFI	0.908	CFI	0.951	
df		245	TLI	0.940	GFI	0.961	
x^2/df		1.824	RMSEA	0.043			

6.3.2　高新技术企业集成竞争能力验证性因子分析

采用 AMOS8.0 软件对高新技术企业集成竞争能力的联盟能力、学习能力和创新能力等变量进行验证性因子分析，具体测量模型及拟合结果见图 6-2 和表 6-16。

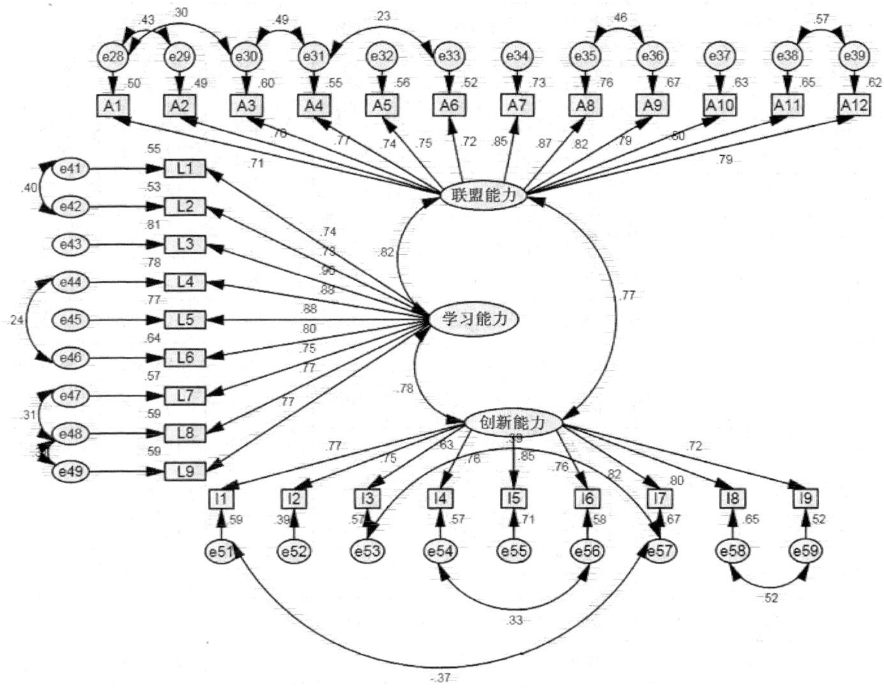

图 6-2　高新技术企业集成竞争能力测量模型

表 6-16　高新技术企业集成竞争能力变量测量模型拟合结果

路径	标准化路径系数	非标准化路径系数	S. E.	C. R.	*P*		
A1	<---	联盟能力	0.716	1.000			
A2	<---	联盟能力	0.711	1.093	0.107	10.187	***
A3	<---	联盟能力	0.787	1.157	0.102	11.302	***
A4	<---	联盟能力	0.764	1.053	0.097	10.892	***
A5	<---	联盟能力	0.749	1.053	0.100	10.583	***
A6	<---	联盟能力	0.724	0.920	0.090	10.204	***

续表 6-16

路径	标准化路径系数	非标准化路径系数	S. E.	C. R.	P		
A7	<---	联盟能力	0.842	1.200	0.101	11.844	***
A8	<---	联盟能力	0.863	1.288	0.107	12.006	***
A9	<---	联盟能力	0.819	1.031	0.090	11.395	***
A10	<---	联盟能力	0.791	0.909	0.082	11.083	***
A11	<---	联盟能力	0.824	1.205	0.104	11.618	***
A12	<---	联盟能力	0.806	1.178	0.104	11.311	***
L9	<---	学习能力	0.779	1.000			
L8	<---	学习能力	0.786	1.110	0.089	12.502	***
L7	<---	学习能力	0.765	1.108	0.092	12.020	***
L6	<---	学习能力	0.806	1.161	0.091	12.704	***
L5	<---	学习能力	0.876	1.129	0.080	14.136	***
L4	<---	学习能力	0.883	1.259	0.088	14.289	***
L3	<---	学习能力	0.895	1.263	0.086	14.748	***
L2	<---	学习能力	0.741	1.184	0.103	11.481	***
L1	<---	学习能力	0.756	0.985	0.084	11.774	***
I9	<---	创新能力	0.779	1.000			
I8	<---	创新能力	0.845	1.101	0.081	13.678	***
I7	<---	创新能力	0.830	1.182	0.090	13.062	***
I6	<---	创新能力	0.764	0.956	0.083	11.556	***
I5	<---	创新能力	0.809	1.074	0.088	12.271	***
I4	<---	创新能力	0.742	1.002	0.090	11.093	***
I3	<---	创新能力	0.801	1.206	0.096	12.593	***
I2	<---	创新能力	0.604	0.663	0.075	8.839	***
I1	<---	创新能力	0.719	0.937	0.087	10.761	***
x^2		840.855	NFI	0.962	CFI	0.920	
df		388	TLI	0.910	GFI	0.987	
x^2/df		2.167	RMSEA	0.042			

高新技术企业集成竞争能力的测量模型拟合结果表明，x^2 值在自由度(df)为 388 时，其数值等于 840.855，显著性概率 $P=0.153>0.05$，且 $x^2/df=2.167<3$；NFI、TLI、CFI 与 GFI 均大于 0.9；RMSEA＝0.042＜0.05；各路径系数均在 $p<0.001$ 的统计水平上具有显著性。可见，该测量模型拟合效果很好，表明测量模型与实际数据可以契合，即图 6-2 所示的高新技术企业集成竞争能力的因子结构通过了验证。因此，本书对高新技术企业集成竞争能力的联盟能力、学习能力和创新能力变量的划分与测度是有效的。

6.3.3　高新技术企业竞争优势验证性因子分析

采用 AMOS8.0 软件对高新技术企业竞争优势的变量进行验证性因子分析，具体测量模型及拟合结果见图 6-3 和表 6-17。

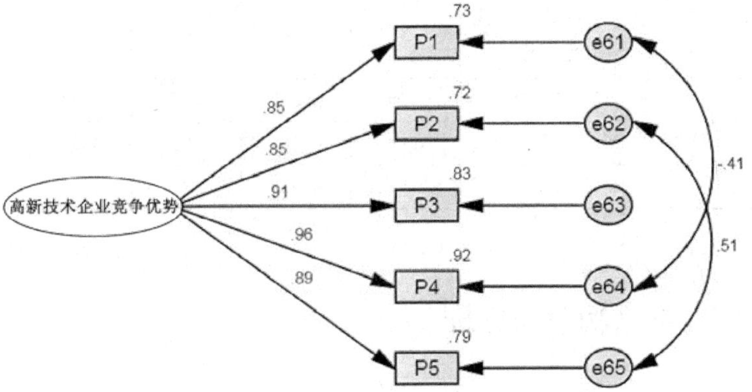

图 6-3　高新技术企业竞争优势测量模型

高新技术企业竞争优势测量模型拟合结果表明，x^2 值在自由度(df)为 3 时，其数值等于 6.954，显著性概率 $P=0.665>0.05$，且 $x^2/df=2.318<3$；NFI、TLI、CFI 与 GFI 均大于 0.9；RMSEA＝0.039＜0.05；各路径系数均在 $p<0.001$ 的统计水平上具有显著性。可见，该测量模型拟合效果很好，表明测量模型与实际数据可以契合，即图 6-3 所示的 R&D 联盟网络属性因子结构通过了验证。因此，本书对 R&D 联盟网络属性的网络规模、网络密度、凝聚子群、关系强度、关系持久度、关系多样性、中心性以及结构洞等变量的划分与测度是有效的。

表 6-17　　高新技术企业竞争优势变量测量模型拟合结果

路径			标准化路径系数	非标准化路径系数	S. E.	C. R.	*P*
P1	<---	高新技术企业竞争优势	0.853	1.000			
P2	<---	高新技术企业竞争优势	0.847	1.035	0.067	15.373	* * *
P3	<---	高新技术企业竞争优势	0.910	1.259	0.073	17.275	* * *
P4	<---	高新技术企业竞争优势	0.958	1.282	0.074	17.271	* * *
P5	<---	高新技术企业竞争优势	0.886	1.169	0.070	16.637	* * *
x^2		6.954	NFI	0.994	CFI	0.996	
d*f*		3	TLI	0.988	GFI	0.987	
x^2/d*f*		2.318	RMSEA	0.039			

6.4 SEM模型构建与评价

基于探索性和验证性因子分析，进一步采用AMOS软件构建R&D联盟网络影响高新技术企业竞争优势的结构方程模型，以验证R&D联盟网络影响高新技术企业竞争优势的相关假设。

6.4.1 数据有效性检验

极大似然法(ML)是SEM模型检验中使用最多和最为广泛的方法，AMOS内设的参数估计法为ML。ML法要求样本数至少应在150个以上，数据服从正态分布以及数据具有信度和效度。因此，运用AMOS软件进行构建结构方程模型之前，首先需要检验样本容量、数据分布状态以及信度与效度等，以判断数据是否具有有效性。

本研究的样本数为202个，达到了ML法要求的样本容量；数据的偏度系数绝对值均小于2，且峰度系数绝对值均小于5，因此可以认为数据近似服从正态分布；同时，根据探索性分析和验证性因子分析结果可知数据具有良好的信度和效度。综合以上分析,用于检验 R&D 联盟网络影响高新技术企业竞争优势相关假设的数据符合 ML 法的要求,具有有效性。

此外,在构建 R&D 联盟网络影响高新技术企业竞争优势的 SEM 模型前,还需要进行简单相关分析,以检验 SEM 模型涉及的所有变量之间相互作用的可能性,从而初步判断 R&D 联盟网络影响高新技术企业竞争优势相关假设是否合理。采用 PASW Statistics18.0 对 SEM 模型涉及的有关变量进行了简单相关分析,其结果见表 6-18。

从表 6-18 可以看出,表征 R&D 联盟网络特征的变量与高新技术企业竞争优势变量的相关关系呈显著性;同时高新技术企业联盟能力、学习能力和创新能力与高新技术企业竞争优势的相关关系也呈显著性。在 R&D 联盟网络特征与高新技术企业集成竞争能力的各变量中,中心性与学习能力间的相关关系不显著。因此,变量间的简单相关关系初步验证了 R&D 联盟网络影响高新技术企业竞争优势相关假设的合理性。

6.4.2　初始 SEM 模型的构建

基于 R&D 联盟网络影响高新技术企业竞争优势相关假设,本书构建了适用于使用 AMOS8.0 软件的初始 SEM 模型,如图 6-4 所示。该模型通过设置 25 个外生显变量(N1、N2、N3、N4、N5、N6、N7、N8、N9、N10、N11、N12、N13、N14、N15、N16、N17、N18、N19、N20、N21、N22、N23、N24、N25)来对 8 个外生潜变量(R&D 联盟网络规模、R&D 联盟网络密度、R&D 联盟网络凝聚子群、R&D 联盟网络关系强度、R&D 联盟网络关系多样性、R&D 联盟网络关系持久性、R&D 联盟网络中心性、R&D 联盟网络结构洞)进行测量,设置 30 个内生显变量(A1、A2、A3、A4、A5、A6、A7、A8、A9、A10、A11、A12、L1、L2、L3、L4、L5、L6、L7、L8、L9、I1、I2、I3、I4、I5、I6、I7、I8、I9、P1、P2、P3、P4、P5)来测量 4 个内生潜变量(联盟能力、学习能力、创新能力、高新技术企业竞争优势)。

由于数据计算过程中可能存在测量误差,因此模型中还设置了 e1～e25 共 25 个显变量的误差变量和 u1～u4 共 4 个潜变量的误差变量,路径系数值均默认为 1。

此外,在初始 SEM 模型图 6-4 中,还设置了作为外生潜变量的 R&D 联盟网络属性通过内生潜变量高新技术企业集成竞争能力影响高新技术企业竞争优势的 27 条初始假设路径。

表 6-18　　变量相关矩阵

变量名称	网络规模	网络密度	凝聚子群	关系强度	关系多样性	关系持久性	中心性	结构洞	联盟能力	学习能力	创新能力	竞争优势
网络规模	1											
网络密度	0.333**	1										
凝聚子群	0.503**	0.418**	1									
关系强度	0.275**	0.230**	0.047	1								
关系多样性	0.452**	0.306**	0.500**	0.298**	1							
关系持久性	0.450**	0.378**	0.408**	0.395**	0.513**	1						
中心性	0.117	0.375**	0.172*	0.308**	0.298**	0.301**	1					
结构洞	0.343**	0.386**	0.435**	0.205**	0.446**	0.288**	0.155*	1				
联盟能力	0.455**	0.421**	0.435**	0.393**	0.339**	0.377**	0.337**	0.352**	1			
学习能力	0.157*	0.204**	0.250**	0.244**	0.416**	0.206**	0.051	0.134	0.173*	1		
创新能力	0.209**	0.284**	0.094	0.403**	0.219**	0.245**	0.208**	0.143*	0.267**	0.045	1	
竞争优势	0.440**	0.206**	0.401**	0.368**	0.577**	0.438**	0.253**	0.392**	0.444**	0.322**	0.207**	1

注：** 表示显著性水平 $P<0.01$（双尾检验）；* 表示显著性水平 $P<0.05$（双尾检验）。

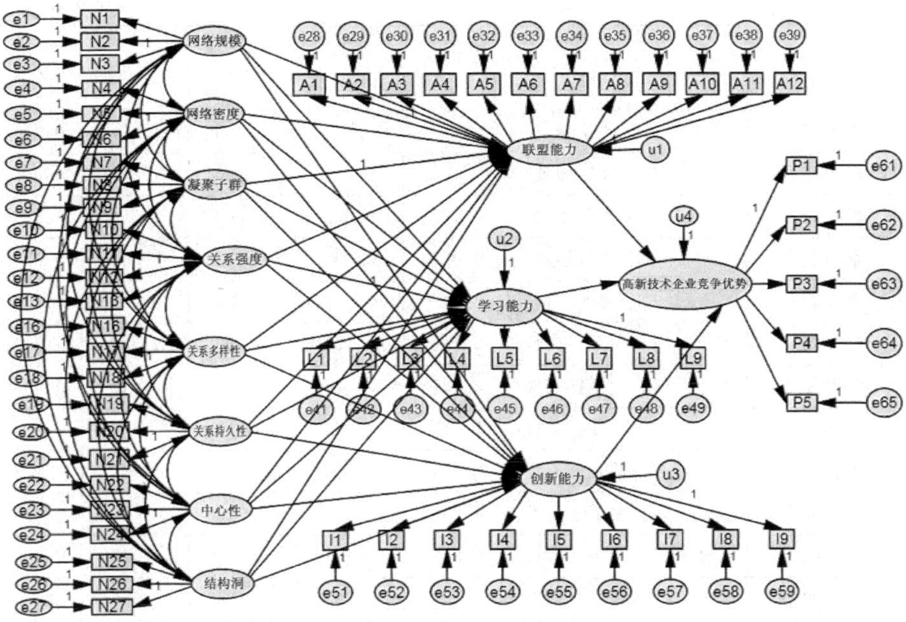

图 6-4　初始 SEM 模型

6.4.3　SEM 模型的初步拟合与评价

接下来，将对模型中设置的 R&D 联盟网络属性影响高新技术企业竞争优势的 27 条初始假设路径进行验证。利用 AMOS8.0 软件对初始 SEM 进行第一次迭代运算，拟合结果见表 6-19。

表 6-19　　　　初始 SEM 模型的拟合结果

路径			标准化路径系数	非标准化路径系数	S. E.	C. R.	*P*
创新能力	<---	网络规模	0.444	1.060	0.243	4.361	***
学习能力	<---	网络规模	0.451	1.000			
联盟能力	<---	网络规模	0.117	0.347	0.213	1.623	0.105
联盟能力	<---	网络密度	0.200	0.247	0.080	3.090	0.002
学习能力	<---	网络密度	0.196	0.181	0.055	3.274	0.001
创新能力	<---	网络密度	0.184	0.183	0.069	2.673	0.008
创新能力	<---	关系强度	−0.011	−0.012	0.079	−0.152	0.879

续表 6-19

路径			标准化路径系数	非标准化路径系数	S. E.	C. R.	*P*
学习能力	<———	关系强度	0.167	0.070	0.065	1.978	0.041
联盟能力	<———	关系强度	0.109	0.012	0.090	1.983	0.051
联盟能力	<———	凝聚子群	0.185	0.082	0.060	2.362	0.173
学习能力	<———	凝聚子群	0.090	0.064	0.042	1.531	0.126
创新能力	<———	凝聚子群	0.045	0.035	0.052	0.668	0.504
创新能力	<———	关系持久性	0.104	0.195	0.099	1.969	0.049
学习能力	<———	关系持久性	0.127	0.221	0.085	2.610	0.009
联盟能力	<———	关系持久性	0.429	1.000			
创新能力	<———	关系多样性	0.124	0.126	0.082	1.544	0.123
学习能力	<———	关系多样性	0.050	0.047	0.070	0.670	0.503
联盟能力	<———	关系多样性	0.319	0.403	0.101	3.995	* * *
学习能力	<———	中心性	0.130	0.125	0.064	1.956	0.050
创新能力	<———	中心性	0.158	0.060	0.077	1.980	0.015
联盟能力	<———	中心性	0.122	0.028	0.086	1.967	0.012
联盟能力	<———	结构洞	0.120	0.023	0.057	2.092	0.009
学习能力	<———	结构洞	0.119	0.016	0.041	2.007	0.011
创新能力	<———	结构洞	0.145	0.130	0.052	2.514	0.012
高新技术企业竞争优势	<———	创新能力	0.577	0.802	0.105	7.633	* * *
高新技术企业竞争优势	<———	联盟能力	0.277	0.310	0.077	4.021	* * *
高新技术企业竞争优势	<———	学习能力	0.182	0.272	0.108	2.532	0.011
x^2		3601.372	NFI	0.747	CFI	0.843	
df		1642	TLI	0.831	GFI	0.649	
x2/df		2.193	RMSEA	0.076			

拟合结果表明，初始 SEM 模型 x^2 值为 2 601.372（自由度 $df=747$），x^2/df 值为 2.193<3；NFI 和 GFI 分别为 0.747 和 0.649，都小于 0.9，因

此拟合效果可以接受。但其他拟合指标如 RMSEA、CFI 和 TLI 均不在拟合接受范围内，说明初始 SEM 模型没有通过检验。因此，尚需要进一步修正初始 SEM 模型，使之与数据更好地拟合。

6.4.4　SEM 模型的修正与确定

初始 SEM 模型的修正主要有两种方法。其一，依据初始模型提供的修正指标值（medification indices，MI）和期望参数改变量（expected parameter change，EPC），增列误差变量间的共变关系。一个大的修正指标（MI）值若能配合大的 EPC 值，此种修正才具有显著的实质意义。一般认为当 MI 值大于 3.84 时才有修正的必要。其二，根据初始 SEM 模型拟合的路径系数值，通过增加或删除变量间的因果路径关系，修正 SEM 模型。因此，综合以上两种修正方法，并结合变量间关系的实际意义修正 R&D 联盟网络属性影响高新技术企业竞争优势的初始 SEM 模型。

在初始 SEM 模型提供的修正指标中，增加了 MI 值和 EPC 值最大的“e38<-->e39”之间的共变关系。第一次修正后的 SEM 模型拟合结果见表 6-20。

表 6-20　　第一次 SEM 模型修正后的拟合结果

路径			标准化路径系数	非标准化路径系数	S.E.	C.R.	*P*
创新能力	<———	网络规模	0.464	1.172	0.260	4.500	***
学习能力	<———	网络规模	0.439	1.000			
联盟能力	<———	网络规模	0.118	1.358	0.217	1.651	0.099
联盟能力	<———	网络密度	0.191	0.234	0.078	2.991	0.003
学习能力	<———	网络密度	0.201	0.185	0.054	3.419	***
创新能力	<———	网络密度	0.170	0.173	0.066	2.613	0.009
创新能力	<———	关系强度	−0.042	−0.048	0.079	−0.612	0.540
学习能力	<———	关系强度	0.187	1.072	0.062	1.154	0.049
联盟能力	<———	关系强度	0.126	1.021	0.087	0.246	0.016
联盟能力	<———	凝聚子群	0.189	0.274	0.059	2.264	0.006
学习能力	<———	凝聚子群	0.183	0.159	0.041	2.441	0.005
创新能力	<———	关系持久性	0.113	0.221	0.106	2.087	0.037
学习能力	<———	关系持久性	0.122	0.216	0.086	2.513	0.012

续表 6-20

路径			标准化路径系数	非标准化路径系数	S. E.	C. R.	*P*
联盟能力	<---	关系持久性	0.425	1.000			
创新能力	<---	关系多样性	0.162	0.169	0.083	2.030	0.042
学习能力	<---	关系多样性	0.064	0.060	0.068	0.886	0.376
联盟能力	<---	关系多样性	0.311	0.389	0.099	3.935	***
学习能力	<---	中心性	0.129	0.123	0.062	1.985	0.047
创新能力	<---	中心性	0.191	0.196	0.071	2.233	0.008
联盟能力	<---	中心性	0.135	0.144	0.084	2.525	0.009
联盟能力	<---	结构洞	0.129	0.332	0.056	2.567	0.007
学习能力	<---	结构洞	0.203	0.319	0.041	2.471	0.008
创新能力	<---	结构洞	0.125	0.115	0.052	2.224	0.026
高新技术企业竞争优势	<---	创新能力	0.537	0.700	0.104	6.720	***
高新技术企业竞争优势	<---	联盟能力	0.291	0.316	0.082	3.833	***
高新技术企业竞争优势	<---	学习能力	0.171	0.247	0.113	2.198	0.028
x^2		3016.239	NFI	0.939	CFI	0.893	
df		1644	TLI	0.921	GFI	0.849	
x^2/df		1.834	RMSEA	0.056			

从表 6-20 可以看出，经过第一次修正后，SEM 模型的 x^2/df、NFI、TLI、CFI、GFI 以及 RMSEA 等拟合指标均有所改进，说明模型拟合度得以提高。

在第一次修正的基础上，为了达到最佳拟合效果，依据修正指数及其所涉及变量间关系的实践意义和理论基础，继续修正模型，并最终确立了 SEM 模型，其拟合结果见表 6-21。

表 6-21　　修正后的 SEM 模型的最终拟合结果

路径			标准化路径系数	非标准化路径系数	S. E.	C. R.	*P*
创新能力	<———	网络规模	0.468	1.117	0.245	4.553	* * *
学习能力	<———	网络规模	0.462	1.000			
联盟能力	<———	网络规模	0.113	0.317	0.197	1.966	0.008
联盟能力	<———	网络密度	0.204	0.244	0.075	3.262	0.001
学习能力	<———	网络密度	0.195	0.179	0.056	3.204	0.001
创新能力	<———	网络密度	0.192	0.195	0.067	2.924	0.003
创新能力	<———	关系强度	−0.024	−0.027	0.078	−0.348	0.728
学习能力	<———	关系强度	0.189	1.062	0.065	1.966	0.009
联盟能力	<———	关系强度	0.134	1.019	0.082	1.999	0.006
联盟能力	<———	凝聚子群	0.183	0.207	0.056	2.370	0.007
学习能力	<———	凝聚子群	0.186	0.161	0.043	2.441	0.015
创新能力	<———	关系持久性	0.115	0.195	0.110	1.986	0.016
学习能力	<———	关系持久性	0.120	0.224	0.095	2.360	0.018
联盟能力	<———	关系持久性	0.414	1.000			
创新能力	<———	关系多样性	0.148	0.154	0.082	1.981	0.011
学习能力	<———	关系多样性	0.045	0.042	0.071	0.596	0.551
联盟能力	<———	关系多样性	0.310	0.378	0.095	3.987	* * *
学习能力	<———	中心性	0.118	0.113	0.064	1.975	0.009
创新能力	<———	中心性	0.180	0.184	0.077	1.997	0.013
联盟能力	<———	中心性	0.153	0.066	0.080	1.982	0.008
联盟能力	<———	结构洞	0.138	0.141	0.053	1.977	0.009
学习能力	<———	结构洞	0.231	0.226	0.042	2.617	0.007
创新能力	<———	结构洞	0.136	0.125	0.051	2.438	0.015
高新技术企业竞争优势	<———	创新能力	0.591	0.773	0.114	6.802	* * *
高新技术企业竞争优势	<———	联盟能力	0.274	0.305	0.091	3.339	* * *

续表 6-21

路径			标准化路径系数	非标准化路径系数	S. E.	C. R.	P
高新技术企业竞争优势	<---	学习能力	0.133	0.192	0.113	1.697	0.090
x^2		2879.886	NFI	0.939	CFI	0.998	
df		1542	TLI	0.921	GFI	0.962	
x^2/df		1.868	RMSEA	0.044			

从表 6-21 可以看出，最终 SEM 模型的拟合指标均达到了拟合标准，其拟合优度良好。基于此，确立了 R&D 联盟网络属性影响高新技术企业竞争优势的最优结构模型图，如图 6-5 所示。

6.4.5 SEM 模型的效应分解

从最优结构模型图 6-5 中可以看出，自变量 R&D 联盟网络属性通过中介变量高新技术企业的联盟能力、学习能力和创新能力影响因变量高新技术企业竞争优势，因此 R&D 联盟网络属性对高新技术企业竞争优势的影响可以分为直接路径和间接路径。

为了分析 R&D 联盟网络属性对高新技术企业竞争优势的全部影响，需要对路径效应进行分解，具体分解情况见表 6-22。

表 6-22 显示了最终 SEM 模型中的直接效应、间接效应以及总效应的显著性关系。直接效应是指因变量直接对结果变量产生的影响，间接效应是指因变量通过中介变量对结果变量产生的影响，而总效应则为直接效应和间接效应之和。

从表 6-22 中可以看出，R&D 联盟网络属性中的网络规模、网络密度、凝聚子群、关系强度、关系持久性、关系多样性、中心性以及结构洞分别对高新技术企业集成竞争能力中的联盟能力、学习能力和创新能力的间接效应标准系数都为 0，因此其直接效应等于总效应。R&D 联盟网络属性对高新技术企业竞争优势只有间接影响而没有直接影响，R&D 联盟网络属性通过高新技术企业集成竞争能力中的联盟能力、学习能力和创新能力的中介作用影响高新技术企业竞争优势。通过效应分解，进一步打开了 R&D 联盟网络属性影响高新技术企业竞争优势的黑箱，验证了 R&D 联盟网络属性与高新技术企业竞争优势的关联性，并进一步解释了 R&D 联盟网络

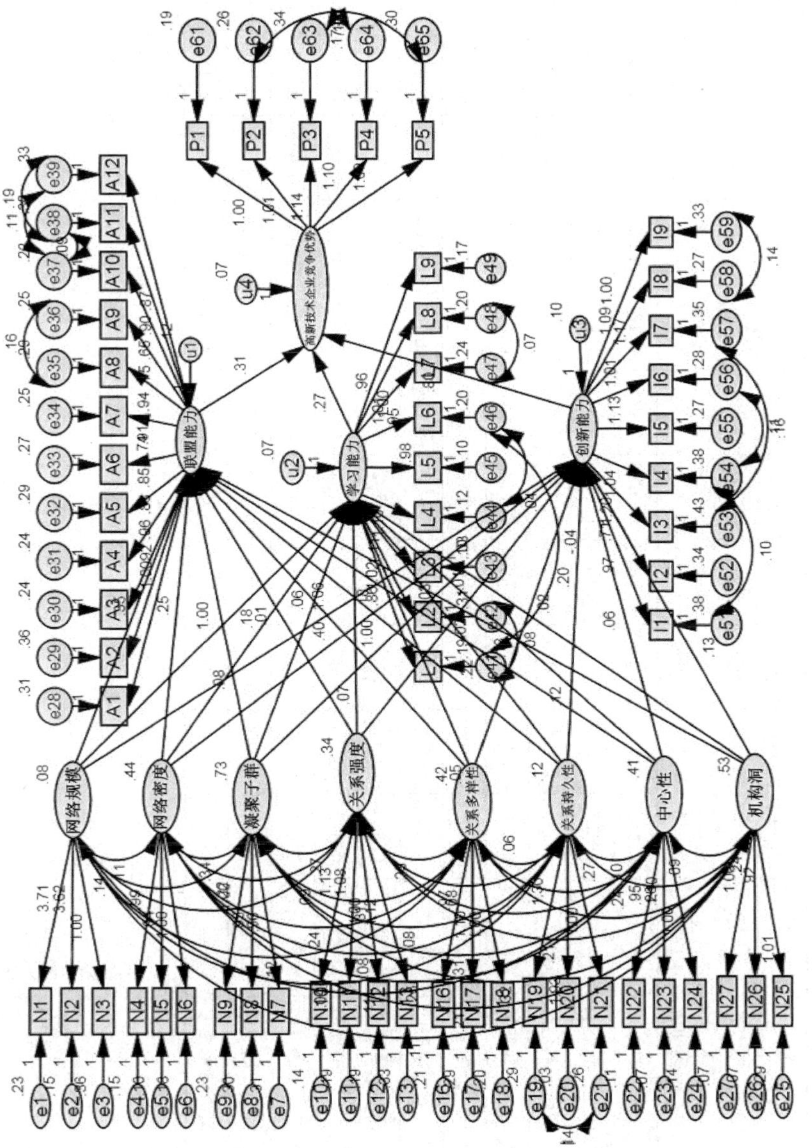

图 6-5　最终 SEM 模型

表 6-22 最终 SEM 模型的路径效应分解表

效应类型	结果变量	网络规模	网络密度	凝聚子群	关系强度	关系持久性	关系多样性	中心性	结构洞	创新能力	学习能力	联盟能力
直接效应	创新能力	0.452	0.198	0.000	−0.005	0.104	0.125	0.163	0.153	0.000	0.000	0.000
	学习能力	0.453	0.197	0.186	0.168	0.126	0.048	0.131	0.120	0.000	0.000	0.000
	联盟能力	0.107	0.208	0.175	0.106	0.429	0.349	0.115	0.121	0.000	0.000	0.000
	高新技术企业竞争优势	0.000	0.000	0.000	0.000	0.000	0.000	0.000	0.000	0.574	0.184	0.278
间接效应	创新能力	0.000	0.000	0.000	0.000	0.000	0.000	0.000	0.000	0.000	0.000	0.000
	学习能力	0.000	0.000	0.000	0.000	0.000	0.000	0.000	0.000	0.000	0.000	0.000
	联盟能力	0.000	0.000	0.000	0.000	0.000	0.000	0.000	0.000	0.000	0.000	0.000
	高新技术企业竞争优势	0.373	0.208	0.037	0.011	0.202	0.177	0.065	0.097	0.000	0.000	0.000
总效应	创新能力	0.452	0.198	0.000	−0.005	0.104	0.125	0.063	0.153	0.000	0.000	0.000
	学习能力	0.453	0.197	0.086	0.068	0.126	0.048	0.131	0.020	0.000	0.000	0.000
	联盟能力	0.107	0.208	0.075	0.006	0.429	0.349	0.015	0.021	0.000	0.000	0.000
	高新技术企业竞争优势	0.373	0.208	0.137	0.111	0.202	0.177	0.165	0.197	0.574	0.184	0.278

属性影响高新技术企业获取竞争优势的作用机理。

6.5　假设检验及解释

根据表 6-21 给出的修正后最终 SEM 模型中各潜变量之间的标准化路径系数值，判断 R&D 联盟网络影响高新技术企业竞争优势相关假设的验证结果。

6.5.1　高新技术企业集成竞争能力影响高新技术企业竞争优势假设检验

在最终确定的 SEM 模型中，"高新技术企业竞争优势<—联盟能力"的标准化路径系数为 0.274(C.R.=3.339>1.96，P<0.001)，表明 R&D 联盟网络规模对学习能力具有显著正向影响，因此假设 1a 通过了验证。"高新技术企业竞争优势学习能力"的标准化路径系数为 0.133(C.R.=2.697>1.96，P<0.001)，表明 R&D 联盟网络规模对学习能力具有显著正向影响，因此假设 1b 通过了验证。"高新技术企业竞争优势<—创新能力"的标准化路径系数为 0.591(C.R.=6.802，P<0.001)，因此假设 1c 通过了验证。

6.5.2　R&D 联盟网络结构属性影响高新技术企业竞争优势假设检验

6.5.2.1　R&D 联盟网络规模影响高新技术企业集成竞争能力的假设检验

在最终确定的 SEM 模型中，"联盟能力<—网络规模"的标准化路径系数为 0.113(C.R.=1.966>1.96，P=0.008)，表明 R&D 联盟网络规模对联盟能力具有显著正向影响，因此假设 2a 通过了验证。R&D 联盟网络规模对高新技术企业竞争优势的总效应是 0.373，但 R&D 联盟网络规模对高新技术企业竞争优势的直接效应系数为 0，这说明 R&D 联盟网络规模对高新技术企业竞争优势的正向影响是通过联盟能力的中介机制实现的，因此假设 2b 通过了验证。

"学习能力<—网络规模"的标准化路径系数为 0.462(C.R.=3.541>1.96，P=0.007<0.001)，表明 R&D 联盟网络规模对学习能力具有显著正向影响，因此假设 5a 通过了验证。R&D 联盟网络规模对高新技术企业竞争优势的总效应是 0.373，但 R&D 联盟网络规模对高新技术企业竞争优势的直接效应系数为 0，这说明 R&D 联盟网络规模对高新技术企业竞争优势的正向影响是通过学习能力的中介机制实现的，因此假设 5b 通过了

验证。

“创新能力＜—网络规模”的标准化路径系数为0.163(C.R.=4.273＞1.96,P=0.00＜0.001),表明R&D联盟网络规模对创新能力具有显著正向影响,因此假设8a通过了验证。因此,假设检验结构表明R&D联盟网络规模对创新能力具有显著正向影响,意味着R&D联盟网络规模越大,焦点高新技术企业越有机会获取不同产业领域和不同范式的创新源,也越能够快速将其创意和知识产权市场化,从而提高自身的创新能力。R&D联盟网络规模对高新技术企业竞争优势的总效应是0.373,但R&D联盟网络规模对高新技术企业竞争优势的直接效应系数为0,这说明R&D联盟网络规模对高新技术企业竞争优势的正向影响是通过创新能力的中介机制实现的,因此假设8b通过了验证。

6.5.2.2 R&D联盟网络密度影响高新技术企业集成竞争能力的假设检验

在最终确定的SEM模型中,“联盟能力＜—网络密度”的标准化路径系数为0.204(C.R.=3.262＞1.96,P=0.001),表明R&D联盟网络密度对联盟能力具有显著正向影响,因此假设3a通过了验证。R&D联盟网络密度对高新技术企业竞争优势的总效应是0.208,但R&D联盟网络密度对高新技术企业竞争优势的直接效应系数为0,这说明R&D联盟网络密度对高新技术企业竞争优势的正向影响是通过联盟能力的中介机制实现的,因此假设3b通过了验证。

“学习能力＜—网络密度”的标准化路径系数为0.195(C.R.=3.204＞1.96,P=0.001),表明R&D联盟网络密度对学习能力具有显著正向影响,因此假设6a通过了验证。R&D联盟网络密度对高新技术企业竞争优势的总效应是0.208,但R&D联盟网络密度对高新技术企业竞争优势的直接效应系数为0,这说明R&D联盟网络密度对高新技术企业竞争优势的正向影响是通过学习能力的中介机制实现的,因此假设6b通过了验证。

“创新能力＜—网络密度”的标准化路径系数为0.192(C.R.=2.924＞1.96,P=0.003),表明R&D联盟网络规模对创新能力具有显著正向影响,因此假设9a通过了验证。假设检验结构表明R&D联盟网络密度对开放创新能力具有显著正向影响,说明高密度的R&D联盟网络产生的机会主义扩散负效应和互惠性交换关系不仅有利于焦点高新技术企业获取和整合更有价值的创新源,也能为其创意和创新产品市场化提供更广泛的交易渠道，从而有利于其提高创新能力。R&D 联盟网络密度对高新技术企业竞争优势的总效应是 0.208，但 R&D 联盟网络规模对高新技术企业竞争优势的直接效应系数为 0，这说明 R&D 联盟网络规模对高新技术企业竞争优势的正向影响是通过创新能力的中介机制实现的，因此假设 9b 通过了验证。

6.5.2.3　R&D 联盟网络凝聚子群影响高新技术企业集成竞争能力的假设检验

在最终确定的 SEM 模型中，"联盟能力<—凝聚子群" 的标准化路径系数为 0.183(C.R.=2.370>1.96，$P=0.007$)，表明 R&D 联盟网络凝聚子群对联盟能力具有显著正向影响，因此假设 4a 通过了验证。R&D 联盟网络凝聚子群对高新技术企业竞争优势的总效应是 1.037，但 R&D 联盟网络凝聚子群对高新技术企业竞争优势的直接效应系数为 0，这说明 R&D 联盟网络凝聚子群对高新技术企业竞争优势的正向影响是通过联盟能力的中介机制实现的，因此假设 4b 通过了验证。

"学习能力<—凝聚子群"的标准化路径系数为 0.186(C.R.=2.441>1.96，$P=0.015$)，表明 R&D 联盟网络凝聚子群对学习能力具有显著正向影响，因此假设 7a 通过了验证。R&D 联盟网络凝聚子群对高新技术企业竞争优势的总效应是 1.037，但 R&D 联盟网络凝聚子群对高新技术企业竞争优势的直接效应系数为 0，这说明 R&D 联盟网络凝聚子群对高新技术企业竞争优势的正向影响是通过学习能力的中介机制实现的，因此假设 7b 通过了验证。

"创新能力<—凝聚子群"的标准化路径系数为 0.045(C.R.=0.668<1.96)，表明 R&D 联盟网络凝聚子群对创新能力的影响不显著，因此假设 10a 没有通过检验。R&D 联盟网络凝聚子群对高新技术企业竞争优势的总效应是 1.037，但 R&D 联盟网络凝聚子群对高新技术企业竞争优势的直接效应系数为 0，这说明 R&D 联盟网络凝聚子群对高新技术企业竞争优势的正向影响不是通过创新能力的中介机制实现的，因此假设 10b 没有通过验证。假设检验结果意味着 R&D 联盟网络凝聚子群对创新能力和高新技术企业竞争优势的正向影响不显著。其原因可能是，一方面，随着 R&D 联盟网络凝聚子群重叠程度的不断提高，重叠性子群成员与其他子群成员的互动程度也随之提高，而他们之间的认知距离却不断缩小，过小的认知距离反而会降低焦点高新技术企业获取创意和隐性 R&D 知识的能

力；另一方面，过高的子群重叠性会降低R&D联盟网络中创新思想或创新知识的异质性，不利于子群成员相互吸收创新思想和互补R&D知识，从而使该子群失去存在的意义。因此，过高或过低的R&D联盟网络凝聚子群程度都不利于焦点高新技术企业提高创新能力，凝聚子群程度应与焦点高新技术企业的开放创新能力及其竞争优势呈倒U形关系。

6.5.3 R&D联盟网络关系属性影响高新技术企业竞争优势假设检验

6.5.3.1 R&D联盟网络关系强度影响高新技术企业集成竞争能力的假设检验

在最终确定的SEM模型中，“联盟能力＜—关系强度”的标准化路径系数为0.134（C. R. =1.999＞1.96，P=0.006），表明R&D联盟网络关系强度对联盟能力具有显著正向影响，因此假设11a通过了验证。R&D联盟网络关系强度对高新技术企业竞争优势的总效应是1.011，但R&D联盟网络关系强度对高新技术企业竞争优势的直接效应系数为0，这说明R&D联盟网络关系强度对高新技术企业竞争优势的正向影响是通过联盟能力的中介机制实现的，因此假设11b通过了验证。

“学习能力＜—关系强度”的标准化路径系数为0.189（C. R. =1.966＞1.96，P=0.009），表明R&D联盟网络关系强度对学习能力具有显著正向影响，因此假设14a通过了验证。R&D联盟网络关系强度对高新技术企业竞争优势的总效应是1.011，但R&D联盟网络关系强度对高新技术企业竞争优势的直接效应系数为0，这说明R&D联盟网络关系强度对高新技术企业竞争优势的正向影响是通过学习能力的中介机制实现的，因此假设14b通过了验证。

“创新能力＜—关系强度”的标准化路径系数为－0.024（C. R. =－0.348＜1.96，P=0.728），表明R&D联盟网络关系强度对创新能力没有显著负向影响，因此假设17a没有通过验证。R&D联盟网络关系强度对高新技术企业竞争优势的总效应是1.011，但R&D联盟网络关系强度对高新技术企业竞争优势的直接效应系数为0，这说明R&D联盟网络关系强度对高新技术企业竞争优势的正向影响不是通过创新能力的中介机制实现的，因此假设17b没有通过验证。

6.5.3.2 R&D联盟网络关系持久性影响高新技术企业集成竞争能力的假设检验

在最终确定的SEM模型中，“联盟能力＜—关系持久性”的标准化路径系数为 0.414，表明 R&D 联盟网络关系持久性对联盟能力具有显著正向影响，因此假设 13a 通过了验证。R&D 联盟网络关系持久性对高新技术企业竞争优势的总效应是 0.202，但 R&D 联盟网络关系持久性对高新技术企业竞争优势的直接效应系数为 0，这说明 R&D 联盟网络关系持久性对高新技术企业竞争优势的正向影响是通过联盟能力的中介机制实现的，因此假设 13b 通过了验证。

"学习能力＜—关系持久性"的标准化路径系数为 0.120（C.R.＝2.360＞1.96，P＝0.018），表明 R&D 联盟网络关系持久性对学习能力具有显著正向影响，因此假设 16a 通过了验证。R&D 联盟网络关系持久性对高新技术企业竞争优势的总效应是 0.202，但 R&D 联盟网络关系持久性对高新技术企业竞争优势的直接效应系数为 0，这说明 R&D 联盟网络关系持久性对高新技术企业竞争优势的正向影响是通过学习能力的中介机制实现的，因此假设 16b 通过了验证。

"创新能力＜—网络关系持久性"的标准化路径系数为 0.115（C.R.＝1.986 ＞1.96，P＝0.016），表明 R&D 联盟网络关系持久性对创新能力具有显著正向影响，因此假设 19a 通过了验证。R&D 联盟网络关系持久性对高新技术企业竞争优势的总效应是 0.202，但 R&D 联盟网络关系持久性对高新技术企业竞争优势的直接效应系数为 0，这说明 R&D 联盟网络关系持久性对高新技术企业竞争优势的正向影响是通过创新能力的中介机制实现的，因此假设 19b 通过了验证。

6.5.3.3　R&D 联盟网络关系多样性影响高新技术企业集成竞争能力的假设检验

在最终确定的 SEM 模型中，"联盟能力＜—关系多样性"的标准化路径系数为 0.310（C.R.＝3.987 ＞1.96，P＜0.001），表明 R&D 联盟网络关系多样性对联盟能力具有显著正向影响，因此假设 12a 通过了验证。R&D 联盟网络关系多样性对高新技术企业竞争优势的总效应是 0.177，但 R&D 联盟网络关系多样性对高新技术企业竞争优势的直接效应系数为 0，这说明 R&D 联盟网络关系多样性对高新技术企业竞争优势的正向影响是通过联盟能力的中介机制实现的，因此假设 12b 通过了验证。

"学习能力＜—关系多样性"的标准化路径系数为 0.045（C.R.＝0.596＜1.96，P＝0.551），表明 R&D 联盟网络关系多样性对学习能力的影响不显著，因此假设 15a 通过了验证。R&D 联盟网络关系多样性对高新技术企业竞争优势的总效应是0.177，但R&D联盟网络关系多样性对高新技术企业竞争优势的直接效应系数为0，这说明R&D联盟网络关系多样性对高新技术企业竞争优势的正向影响不是通过学习能力的中介机制实现的，因此假设15b没有通过验证。

“创新能力＜—关系多样性”的标准化路径系数为0.148(C.R.＝1.981＞1.96)，表明R&D联盟网络关系多样性对创新能力具有显著正向影响，因此假设18a通过了验证。R&D联盟网络关系多样性对高新技术企业竞争优势的总效应是0.177，但R&D联盟网络关系多样性对高新技术企业竞争优势的直接效应系数为0，这说明R&D联盟网络关系多样性对高新技术企业竞争优势的正向影响是通过创新能力的中介机制实现的，因此假设18b通过了验证。

6.5.4 R&D联盟网络位置属性影响高新技术企业竞争优势假设检验

6.5.4.1 R&D联盟网络中心性影响高新技术企业集成竞争能力的假设检验

在最终确定的SEM模型中，“联盟能力＜—中心性”的标准化路径系数为0.153(C.R.＝1.982＞1.96，P＝0.008)，表明R&D联盟网络中心性对联盟能力具有显著正向影响，因此假设20a通过了验证。R&D联盟网络中心性对高新技术企业竞争优势的总效应是1.065，但R&D联盟网络中心性对高新技术企业竞争优势的直接效应系数为0，这说明R&D联盟网络中心性对高新技术企业竞争优势的正向影响是通过联盟能力的中介机制实现的，因此假设20b通过了验证。

“学习能力＜—中心性”的标准化路径系数为0.118(C.R.＝1.975＞1.96，P＝0.008)，表明R&D联盟网络中心性对学习能力具有显著正向影响，因此假设22a通过了验证。R&D联盟网络中心性对高新技术企业竞争优势的总效应是1.065，但R&D联盟网络中心性对高新技术企业竞争优势的直接效应系数为0，这说明R&D联盟网络中心性对高新技术企业竞争优势的正向影响是通过学习能力的中介机制实现的，因此假设22b通过了验证。

“创新能力＜—中心性”的标准化路径系数为0.180(C.R.＝1.997＞1.96，P＝0.013)，表明R&D联盟网络中心性对创新能力具有显著正向影响，因此假设24a通过了验证。R&D联盟网络中心性对高新技术企业竞争优势的总效应是1.065，但R&D联盟网络中心性对高新技术企业竞争优势的直接效应系数为0，这说明R&D联盟网络中心性对高新技术企业竞争优势的正向影响是通过创新能力的中介机制实现的，因此假设24b通过了验证。

6.5.4.2　R&D联盟网络结构洞影响高新技术企业集成竞争能力的假设检验

在最终确定的SEM模型中，“联盟能力＜—结构洞”的标准化路径系数为0.138(C.R.＝1.977＞1.96，P＝0.009)，表明R&D联盟网络结构洞对联盟能力具有显著正向影响，因此假设21a通过了验证。R&D联盟网络结构洞对高新技术企业竞争优势的总效应是1.097，但R&D联盟网络结构洞对高新技术企业竞争优势的直接效应系数为0，这说明R&D联盟网络关系持久性对高新技术企业竞争优势的正向影响是通过联盟能力的中介机制实现的，因此假设21b通过了验证。

“学习能力＜—结构洞”的标准化路径系数为0.231(C.R.＝2.617＞1.96，P＝0.007)，表明R&D联盟网络结构洞对学习能力具有显著正向影响，因此假设23a通过了验证。R&D联盟网络结构洞对高新技术企业竞争优势的总效应是1.097，但R&D联盟网络结构洞对高新技术企业竞争优势的直接效应系数为0，这说明R&D联盟网络结构洞对高新技术企业竞争优势的正向影响是通过学习能力的中介机制实现的，因此假设23b通过了验证。

“创新能力＜—结构洞”的标准化路径系数为0.136(C.R.＝2.438＞1.96，P＝0.015)，表明R&D联盟网络结构洞对创新能力具有显著正向影响，因此假设25a通过了验证。R&D联盟网络结构洞对高新技术企业竞争优势的总效应是1.097，但R&D联盟网络结构洞对高新技术企业竞争优势的直接效应系数为0，这说明R&D联盟网络结构洞对高新技术企业竞争优势的正向影响是通过创新能力的中介机制实现的，因此假设25b通过了验证。

综上所述，通过构建R&D联盟网络影响高新技术企业竞争优势的SEM，对R&D联盟网络属性影响高新技术企业竞争优势的相关假设进行了验证，结果表明，大多数研究假设都通过了验证，验证情况汇总如表6-23所示。

表 6-23　R&D联盟网络对高新技术企业竞争优势影响的假设检验结果汇总

假设序号	假设具体描述	检验结果
H1a	高新技术企业的联盟能力对其竞争优势有显著正向影响	通过
H1b	高新技术企业的学习能力对其竞争优势有显著正向影响	通过
H1c	高新技术企业的创新能力对其竞争优势有显著正向影响	通过
H2a	R&D联盟网络规模对联盟能力有显著正向影响	通过
H2b	联盟能力在网络规模影响高新技术企业竞争优势的机制中起中介作用	通过
H3a	R&D联盟网络密度对R&D联盟能力有显著正向影响	通过
H3b	联盟能力在网络密度影响高新技术企业竞争优势的机制中起中介作用	通过
H4a	R&D联盟网络凝聚子群程度对R&D联盟能力有显著正向影响	通过
H4b	联盟能力在凝聚子群影响高新技术企业竞争优势的机制中起中介作用	通过
H5a	R&D联盟网络规模对学习能力有显著正向影响	通过
H5b	学习能力在网络规模影响高新技术企业竞争优势的机制中起中介作用	通过
H6a	R&D联盟网络密度对学习能力有显著正向影响	通过
H6b	学习能力在网络密度影响高新技术企业竞争优势的机制中起中介作用	通过
H7a	R&D联盟网络凝聚子群程度对学习能力有显著正向影响	通过
H7b	学习能力在凝聚子群影响高新技术企业竞争优势的机制中起中介作用	通过
H8a	R&D联盟网络规模对技术创新能力有显著正向影响	通过
H8b	创新能力在网络规模影响高新技术企业竞争优势的机制中起中介作用	通过
H9a	R&D联盟网络密度对技术创新能力有显著正向影响	通过
H9b	创新能力在网络密度影响高新技术企业竞争优势的机制中起中介作用	通过
H10a	R&D联盟网络凝聚子群程度对技术创新能力有显著正向影响	未通过
H10b	创新能力在凝聚子群影响高新技术企业竞争优势的机制中起中介作用	未通过
H11a	R&D联盟网络关系强度对联盟能力有显著正向影响	通过
H11b	联盟能力在关系影响高新技术企业竞争优势的机制中起中介作用	通过
H12a	R&D联盟网络关系多样性对联盟能力有显著正向影响	通过
H12b	联盟能力在关系多样性强度影响高新技术企业竞争优势的机制中起中介作用	通过
H13a	R&D联盟网络关系持久度对联盟能力有显著正向影响	通过
H13b	联盟能力在关系持久度影响高新技术企业竞争优势的机制中起中介作用	通过

续表 6-23

假设序号	假设具体描述	检验结果
H14a	R&D 联盟网络关系强度对学习能力有显著正向影响	通过
H14b	学习能力在关系强度影响高新技术企业竞争优势的机制中起中介作用	通过
H15a	R&D 联盟网络关系多样性对学习能力有显著正向影响	未通过
H15b	学习能力在关系多样性影响高新技术企业竞争优势的机制中起中介作用	未通过
H16a	R&D 联盟网络关系持久度对学习能力有显著正向影响	通过
H16b	学习能力在关系持久度影响高新技术企业竞争优势的机制中起中介作用	通过
H17a	R&D 联盟网络关系强度对学习能力有显著负向影响	未通过
H17b	学习能力在关系强度影响高新技术企业竞争优势的机制中起中介作用	未通过
H18a	R&D 联盟网络关系多样性对创新能力有显著正向影响	通过
H18b	创新能力在关系多样性影响高新技术企业竞争优势的机制中起中介作用	通过
H19a	R&D 联盟网络关系持久度对创新能力有显著正向影响	通过
H19b	创新能力在关系持久度影响高新技术企业竞争优势的机制中起中介作用	通过
H20a	R&D 联盟网络中心性对联盟能力有显著正向影响	通过
H20b	联盟能力在中心性影响高新技术企业竞争优势的机制中起中介作用	通过
H21a	R&D 联盟网络结构洞对联盟能力有显著正向影响	通过
H21b	联盟能力在结构洞影响高新技术企业竞争优势的机制中起中介作用	通过
H22a	R&D 联盟网络中心性对学习能力有显著正向影响	通过
H22b	学习能力在中心性影响高新技术企业竞争优势的机制中起中介作用	通过
H23a	R&D 联盟网络结构洞对学习能力有显著正向影响	通过
H23b	学习能力在结构洞影响高新技术企业竞争优势的机制中起中介作用	通过
H24a	R&D 联盟网络中心性对创新能力有显著正向影响	通过
H24b	创新能力在中心性影响高新技术企业竞争优势的机制中起中介作用	通过
H25a	R&D 联盟网络结构洞对创新能力有显著正向影响	通过
H25b	创新能力在结构洞影响高新技术企业竞争优势的机制中起中介作用	通过

6.5.5 假设检验结果解释

6.5.5.1 R&D 联盟网络凝聚子群影响高新技术企业创新能力的假设检验结果解释

本书假设 R&D 联盟网络凝聚子群程度与高新技术企业创新能力呈正

相关，即高新技术企业所处的R&D联盟网络凝聚子群程度越高，其创新能力越强，但这一假设并没有通过验证。其原因可能是，随着R&D联盟网络凝聚子群重叠程度和子群成分多样性程度的不断提高，一方面，重叠性子群成员与其他子群成员的互动程度不断提高，他们之间的认知距离不断缩小，反而会降低重叠性子群成员获取创意和隐性研发知识的能力；另一方面，受认知能力和知识基础等方面的限制，高新技术企业的研发边界人员只能获取与其相关的创意和互补性的研发知识，过高的技术多样性会导致子群成员无法相互吸收创新思想和互补研发知识，从而使该子群失去存在的意义。因此，过高或过低的R&D联盟网络凝聚子群程度都不利于提升其网络中高新技术企业创新能力，凝聚子群程度应与高新技术企业创新能力呈倒U形关系。

6.5.5.2 R&D联盟网络关系强度影响高新技术企业创新能力的假设检验结果解释

本书假设R&D联盟网络关系强度与高新技术企业创新能力呈负相关，即高新技术企业所处的R&D联盟网络关系强度越弱，其创新能力越强，但这一假设并没有通过验证。其原因可能是，强关系R&D联盟伙伴之间在选择伙伴、谈判、签订合作或合作协议以及运营等联盟过程中，能有更多的正式和非正式接触机会。强关系的R&D联盟伙伴之间在整个联盟运行期内通过频繁互动能相互了解对方的研发人员和技术基础等研发知识存量。R&D联盟网络机会主义扩散负面效应的威慑也能降低网络中高新技术企业机会主义行为的可能性。因此，强关系R&D联盟伙伴之间容易培养相互信任，更容易克服R&D联盟伙伴之间转移隐性创新思想的障碍。因此，R&D联盟网络关系强度越弱，并不必然会引起其网络中高新技术企业创新能力的提高，适中的关系强度反而可能会促进高新技术企业创新能力的提高。

6.5.5.3 R&D联盟网络关系多样性影响高新技术企业学习能力的假设检验结果解释

本书假设R&D联盟网络关系多样性与高新技术企业学习能力呈正相关，即高新技术企业所处的R&D联盟网络关系多样性越高，其学习能力越强，但这一假设并没有通过验证。其原因可能是，随着R&D联盟网络关系多样性程度的不断提高，过高的多样性反而会阻碍高新技术企业之间的组织学习，因为过高的异质性会过度消耗高新技术企业吸收互补性研发知识和技术的时间和成本。因此，R&D 联盟网络关系多样性程度越高，并不必然会引起其网络中高新技术企业学习能力的提高，反而适度的多样性程度能促进其高新技术企业学习能力的提高。

6.6　实证研究结果的启示

本书以我国台湾地区高新技术企业为研究样本，对 R&D 联盟网络影响高新技术企业竞争优势的相关假设进行了实证研究，其研究结果对我国其他地区高新技术企业在 R&D 联盟网络中提升获取竞争优势的能力具有一定的启示：

6.6.1　战略性设计 R&D 联盟网络结构

R&D 联盟网络规模、密度和凝聚子群三个结构属性共同决定了 R&D 联盟网络的结构，不同的 R&D 联盟网络结构对高新技术企业获取竞争优势的集成竞争能力的 R&D 联盟能力、学习能力和开放创新能力等关键能力因子能够产生不同的影响。从通过验证的 h2a、h2b、h3a、h3b 等假设的检验结果来看，高新技术企业借助于较大的网络规模和较高的网络密度能提高其 R&D 联盟能力、学习能力和开放创新能力，进而提升获取竞争优势的能力。R&D 联盟网络的规模越大、网络密度越高和凝聚子群程度越强，越有助于提升焦点高新技术企业的网络地位和声望效应。大规模、高密度和高凝聚度构型的 R&D 联盟网络有利于焦点高新技术企业节省搜寻潜在 R&D 联盟伙伴的时间和成本，提高伙伴选择效率；同时也能为焦点高新技术企业提供更大的交流平台，以便于 R&D 联盟经理和 R&D 边界人员学习其他企业管理 R&D 联盟的成功做法，提高管理 R&D 联盟伙伴的能力，积累更多有价值的联盟经验，进而提升 R&D 联盟能力。因此，为了在 R&D 联盟网络环境下提升竞争优势，高新技术企业不仅需要选择合适的 R&D 联盟网络结构，更需要从外部环境和已有的 R&D 联盟网络系统中，主动识别 R&D 联盟时机和制定 R&D 联盟的战略方案，从战略层次上规划和设计与自身 R&D 联盟目标相匹配的 R&D 联盟网络结构。

6.6.2　培育多元性 R&D 联盟网络伙伴关系

从通过验证的 h11a、h11b、h12a、h12b 等假设的检验结果来看，持久性和强度程度较高的 R&D 联盟网络关系有助于高新技术企业提高其 R&D 联盟能力和学习能力，多样性的 R&D 联盟网络关系有助于高新技术企业提高其开放创新能力，进而促进其获取竞争优势能力的提升。因此，高新技术企业一方面需要积极主动地培育持久性和强联结的高信任度的R&D联盟伙伴关系，以提高其R&D联盟能力和学习能力，进而获得更有价值的R&D联盟经验和互补性R&D知识；另一方面还需要培育多样性和弱联结的R&D联盟伙伴关系，以提高其开放创新能力，进而获得更为异质性的创意和创新知识。

6.6.3 动态地调整R&D联盟网络位置

焦点高新技术企业嵌入的R&D联盟网络的构型及其伙伴间的关系质量从结构和关系两个维度共同决定了焦点高新技术企业在R&D联盟网络中的站位。焦点高新技术企业为了能够占据R&D联盟网络中的中心性和结构洞等优势位置，通过更新和拓展R&D联盟伙伴等多种途径主动调整自身在R&D联盟网络中的位置。从通过验证的h20a、h20b、h21a、h21b等假设的检验结果来看，R&D联盟网络中的中心性位置和结构洞位置有利于占据其中的高新技术企业提高其R&D联盟能力、学习能力和开放创新能力，进而提升获取竞争优势的能力。中心性位置和结构洞位置不是固定不变的，而是处于不断发展的动态演变过程中。焦点高新技术企业只有不断优化与联盟伙伴企业的关系质量，才能推动R&D联盟网络组态向自己期望的方向发展，以快速抢占优势的网络位置，从而获得更多蕴涵在R&D联盟网络中的有价值的网络资源。

因此，高新技术企业为了在R&D联盟网络环境下提升获取竞争优势的能力，应该从以下两方面予以重视：一方面，高新技术企业要积极维护R&D联盟伙伴关系，力争与R&D联盟伙伴尤其是间接R&D联盟伙伴建立信任和互惠关系，不断建立和扩大自身在联盟网络中的声望效应，以便能利用大规模、高密度和适度凝聚程度的R&D联盟网络结构提高高新技术企业的集成竞争能力，进而在R&D联盟网络环境下获取竞争优势。另一方面，高新技术企业也要从战略层次上规划和设计R&D联盟战略方案，主动识别R&D联盟时机，积极培育R&D联盟伙伴关系，以构建有效的R&D联盟网络结构，从而实现利用R&D联盟网络资源和集成竞争能力提升竞争优势的目的。高新技术企业要通过更新和拓展R&D联盟伙伴等多种途径动态地调整自身在R&D联盟网络中的位置，尽可能地提升位置的中心性和结构洞程度，力争占据R&D联盟网络的中心性和结构洞位置，以推动R&D联盟网络组态向自己期望的方向发展，从而获得更多蕴涵在

R&D 联盟网络中的有价值的网络资源。

6.7　本章小结

基于 R&D 联盟网络属性对高新技术企业竞争优势影响的相关假设，本章采用 PASW Statistics18.0 对 202 份问卷的产业类型、规模以及成立年限等分布状态进行了描述统计，并对样本的信度和效度进行了探索性因子分析。基于样本信度和效度检验，采用 AMOS8.0 软件进行了验证性因子分析，并获得了拟合度良好的测量模型。

构建了 SEM 模型，以验证 R&D 联盟网络属性影响高新技术企业竞争优势的相关假设。进一步对该 SEM 模型进行拟合、评价和修正，最终确定了拟合度良好的模型。验证结果表明，R&D 联盟网络属性影响高新技术企业竞争优势的大多数相关假设通过了验证。同时也给出了未通过验证的个别假设验证结果的解释。

第7章 R&D联盟网络对高新技术企业竞争优势影响的案例研究

处于知识密集和技术密集的产业中的高新技术企业会随着竞争环境和研发战略的变化，不断调整自身的联盟战略，因此高新技术企业间因战略利益而缔结的R&D联盟网络势必处在动态发展过程中。本书采用纵向案例研究方法，以国家半导体照明工程研发及产业联盟（简称“半导体照明工程R&D联盟”）为研究对象，探究在半导体照明工程R&D联盟发展过程中，联盟伙伴的结构和关系属性对嵌入其中的焦点高新技术企业的竞争优势的具体影响机制，从而更直观地展示R&D联盟能力在R&D联盟网络影响高新技术企业竞争优势中的中介作用。

7.1 案例研究方法的选择与数据获取

7.1.1 案例研究方法的选择

案例研究是根据多种调查资源，以一个或几个案例分析事件的逻辑关系，从而能够对已有理论进行验证，已经被很多管理学者采用。为保证案例研究的深度，全面反映案例在不同阶段的发展变化情况，追踪案例在管理实践中涌现的新情况，本书采用纵向单案例的研究方法揭示R&D联盟网络通过R&D联盟能力的中介作用影响高新技术企业竞争优势的影响机制。本书按照案例研究的步骤，从R&D联盟网络、R&D联盟能力和竞争优势三个层次，探究嵌入半导体照明工程R&D联盟网络中的大连路美芯片科技有限公司、厦门华联电子有限公司以及有研稀土新材料股份有限公司等焦点高新技术企业如何通过网络提升联盟能力，进而提升其竞争优势。

7.1.2 案例R&D联盟网络的选定

本书基于案例的代表性和数据的可获得性选定半导体照明工程R&D

联盟作为案例研究的对象。半导体照明工程 R&D 联盟自成立以来,成员已由发起时的 46 家发展到现在的 522 家,2013 年联盟成员产值占国内 LED 产值的 70%。半导体照明工程 R&D 联盟自 2003 年成立,已有 13 年的联盟历程,从联盟年限上可以保证度量 R&D 联盟网络关系属性的时间维度和互动维度等属性的数据的可获得;半导体照明工程 R&D 联盟的三届成员单位已经达到 522 家,因此能够满足对联盟网络规模和密度等结构属性的测量的要求。半导体照明工程 R&D 联盟是从国家半导体照明工程研发及产业联盟集中优势发展而来的,已成为国家产业技术创新战略试点联盟和重点培育联盟之一,并在 2015 年科技部组织的产业技术创新联盟活跃度评价中获得最高分,因此属于我国高新技术产业典型的 R&D 联盟之一。因此,基于 R&D 联盟网络的典型性和数据信息的可获得性,本书选定半导体照明工程 R&D 联盟作为案例研究样本。

7.2　半导体照明工程 R&D 联盟网络案例分析

7.2.1　半导体照明工程 R&D 联盟网络概况

国家半导体照明工程研发及产业联盟(简称"半导体 R&D 联盟网络")是为半导体照明等战略性新兴产业提供全方位创新服务的新型组织。联盟成立于 2004 年 10 月,由国内 46 家从事半导体照明行业的骨干企业和科研院所按照"自愿、平等、合作"的原则发起成立。随着联盟的行业凝聚力和影响力的扩大,联盟成员单位已发展至包括来自香港和内地的 522 家企业和科研院所。联盟旨在通过"合作、共赢、创新、发展",推进半导体照明的技术进步和产业化为目标,充分利用现有资源,建立半导体照明产业上下游、产学研信息、知识产权等资源共享机制,建立与政府沟通的渠道及人才培养、国际合作的平台,推动标准、评价、质量检测体系的建立,促进成员单位的自身发展,提升半导体照明产业的整体竞争力。

半导体 R&D 联盟网络是以企业的发展需求和各方的共同利益为基础,以提升产业技术创新能力,培育龙头品牌企业为目标,形成的联合开发、优势互补、利益共享、风险共担的技术创新合作组织。联盟是国家技术创新工程的重要载体,是促进产业技术集成创新,提高产业技术创新能力,提升产业核心竞争力的有效途径。联盟立足产业发展的共同需求,整合资源、协调合作,建立沟通渠道与交流平台,推进产业技术创新与健康发展。

半导体 R&D 联盟网络的技术创新目标是突破 150 lm/W 的核心器件技术,形成核心专利,攻克系统集成技术,开发功能性照明产品;进而培养具有自主知识产权的龙头品牌企业,引领国际测试与标准制定。

半导体 R&D 联盟网络成功实现了 LED 中国芯。半导体 R&D 联盟网络承担了一系列照明工程和节能改造工程,支撑"十城万盏"半导体照明试点示范工程,完成了奥运会示范工程"水立方"景观照明以及国庆 60 周年天安门 LED 屏从芯片、封装到系统集成的完全中国制造。半导体 R&D 联盟网络推进了标准化,联盟牵头制定了 8 项推荐性技术规范,并参与了全国照明电器标准化技术委员会 12 项国标和工信部半导体照明技术标准工作组 10 项行标的制定。半导体 R&D 联盟网络组建专利池,联盟为应对美国"337 调查"(美国国际贸易委员会对进口贸易中的不公平行为发起调查并采取制裁措施,多针对专利或商标侵权行为),召开了两次对策研讨会,组织相关企业支持被诉企业,最终成功应对,维护了我国企业的利益。联盟将围绕现有产业链构建技术创新链,更好地推动半导体照明领域前沿技术(如下一代白光 LED 核心技术、OLED 技术等)的科技研发与应用推广;还将完善产业的服务体系和生态环境,提升产业的综合实力,推动产业持续、健康、快速发展。

7.2.2 半导体照明工程 R&D 联盟网络演化

半导体 R&D 联盟网络自 2004 年成立以来,在 12 年的联盟历程中,其网络规模逐步发展壮大,直接节点从最初的 46 个,已经发展到 522 个。在半导体 R&D 联盟网络不断发展壮大过程中,其网络结构和关系属性都可能遵循一定的演化规模。本书以半导体 R&D 联盟网络中联盟成员单位的更新为分界点,将该联盟网络的演化发展分为四个阶段,进而探索该联盟网络的演化规律。

7.2.2.1 第一阶段(2004～2006 年)

该阶段的半导体 R&D 联盟网络中的网络成员单位相对较少,共有 46 个,其中常务理事单位有 12 个,理事单位有 34 个。常务理事单位为联盟网络中的核心节点,构成了半导体 R&D 联盟网络的核心网络层,理事单位则构成了半导体 R&D 联盟网络的外围层。半导体 R&D 联盟网络的核心网络层主要包括北京大学宽禁带半导体研究中心和南昌大学教育部发光材料与器件工程研究中心 2 家国家检测和研发平台,中科院物理研究所 1 家骨干科研院所,厦门华联电子有限公司、佛山市国星光电科技有限公司以及有研稀土新材料股份有限公司等 7 家研发实力较强的高新技术企业。第一阶段半导体 R&D 联盟网络核心节点的构成情况见图 7-1。

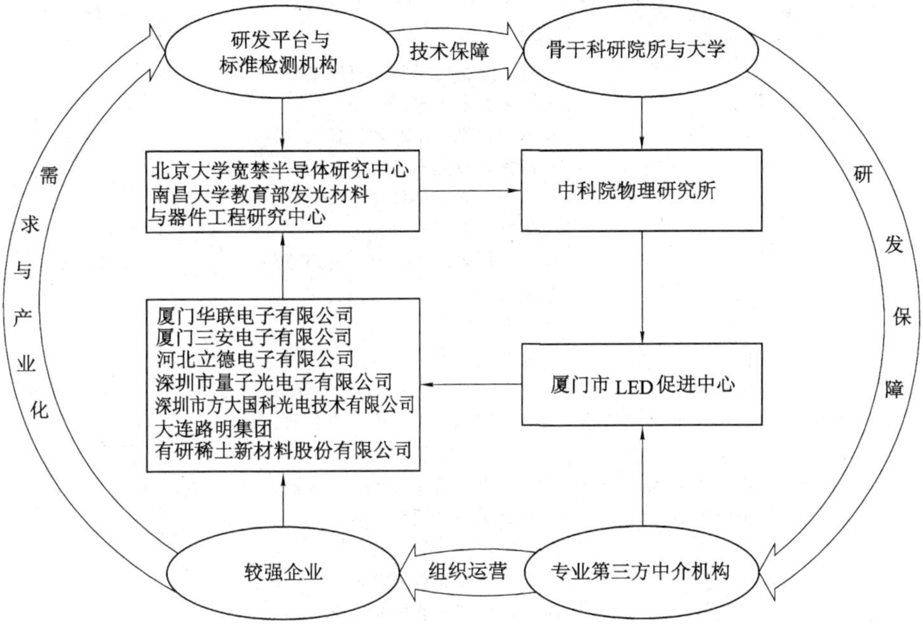

图 7-1　第一阶段半导体 R&D 联盟网络核心节点构成

在外围网络中，研发平台和标准检测机构有中科院半导体所，骨干科研院所包括清华大学电子系、北京工业大学固态电子学研究所以及南京工业大学电光源材料研究所 3 个节点，高新技术企业节点有 25 个。第一阶段半导体 R&D 联盟网络外围节点的构成情况见表 7-1。

第一阶段半导体 R&D 联盟网络中高新技术企业节点主要来自于电子器件、半导体以及照明等行业，其中电子器件有厦门华联电子有限公司等 15 家高新技术企业，占高新技术企业节点总数的 46.9%；半导体产业有广东亚一半导体应用科技有限公司和宁波升谱光电半导体有限公司 2 家，占高新技术企业节点总数的 0.06%；照明行业有桐乡市生辉照明电器有限公司和厦门通士达照明有限公司等 5 家，占高新技术企业节点总数的 15.6%。因此，综合考察外围网络和核心网络的高新技术企业，处于产业链上游的电子器件高新技术企业居多，而处于产业链下游的照明高新技术企业只占据少量的比例。

表 7-1　第一阶段半导体 R&D 联盟网络外围节点构成

研发平台与标准检测机构	骨干科研院所与大学	高新技术企业	专业第三方中介机构
中科院半导体所	清华大学电子系 北京工业大学固态电子学研究所 南京工业大学电光源材料研究所	北京利亚德电子科技有限公司 无锡来德电子有限公司 长春中新光电子有限责任公司 福建福日科光电子有限公司 杭州创元光电科技有限公司 江苏奥雷光电有限公司 江西联创光电科技股份有限公司 上海大晨光电科技有限公司 鑫谷光电股份有限公司 上海蓝宝光电材料有限公司 广东亚一半导体应用科技有限公司 宁波升谱光电半导体有限公司 上海三思科技发展有限公司 深圳市淼浩高新科技开发有限公司 深圳市明宇高新技术有限公司 香港应用科学研究院有限公司 江苏鸿联集团有限公司 桐乡市生辉照明电器有限公司 厦门通士达照明有限公司 南京汉德森半导体照明有限公司 北京良业照明工程有限公司 北京四通智能交通系统集成有限公司 上海南北机械电气工程有限公司 上海市小糸车灯有限公司 深圳市海洋王投资发展有限公司	厦门市 LED 促进中心

第一阶段半导体 R&D 联盟网络的联盟活动主要包括联盟会议、联盟论坛、创新大赛等。在此阶段共召开了常务理事会、用于奥运工程的半导体照明技术研讨会、"十一五"国家半导体照明工程基地工作交流会、LED&OLED 在显示领域应用趋势研讨会以及国家半导体照明工程研发及产业联盟技术规范研究与制订等 14 次联盟会议。半导体 R&D 联盟网络举办了两岸三地"半导体照明产业论坛(联盟)"和大功率 LED 及其特种照明应用研讨会 4 次，并组织了联盟成员赴美国、韩国和马来西亚参加会议和考察，主要对 Veeco、Lumileds、Cree、ColorKinetics 等国际知名 LED

照明公司进行了考察。联盟组织举办了“首届国家半导体照明工程创新大赛”。联盟联合国内外知名院士、技术与行业管理专家，并邀请台湾、香港资深专家共同编撰《中国半导体照明产业发展年鉴(2006)》。

7.2.2.2　第二阶段(2007～2010 年)

第二阶段的半导体 R&D 联盟网络中的网络成员单位快速增加，共有 175 个，其中半导体 R&D 联盟网络的核心网络层共有节点 11 个，半导体 R&D 联盟网络的外围层有节点 33 个，边缘层节点 131 个。半导体 R&D 联盟网络的核心网络层主要包括北京大学宽禁带半导体研究中心和南昌大学教育部发光材料与器件工程研究中心 2 家国家检测和研发平台，中国科学院半导体研究所 1 家骨干科研院所，厦门华联电子有限公司、大连路明集团、厦门三安电子有限公司以及有研稀土新材料股份有限公司等 8 家研发实力较强的高新技术企业。佛山市国星光电股份有限公司、上海蓝宝光电材料有限公司以及深圳帝光电子有限公司等 3 家高新技术企业为第二阶段新增加的核心节点高新技术企业。第二阶段半导体 R&D 联盟网络核心节点的构成情况见图 7-2。

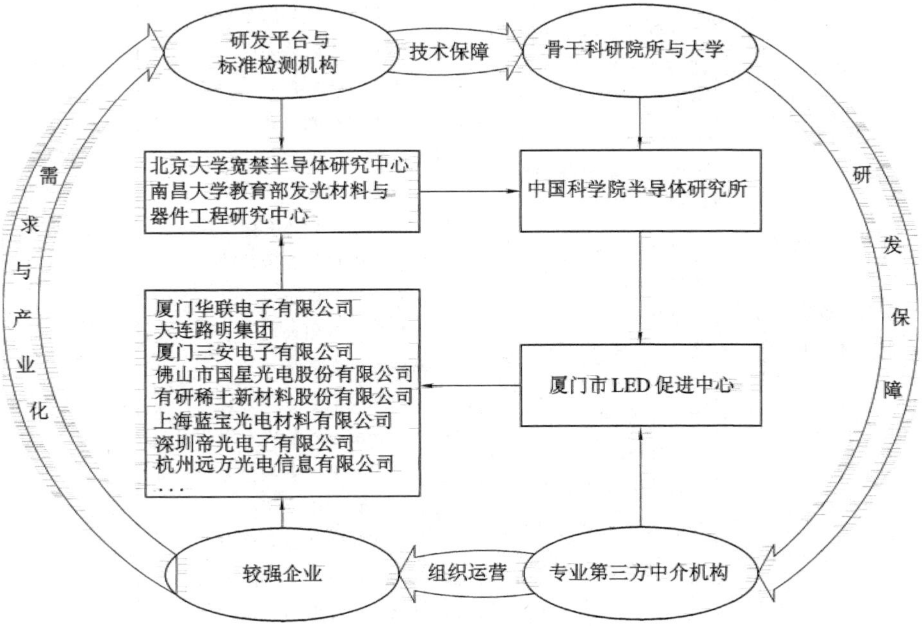

图 7-2　第二阶段半导体 R&D 联盟网络核心节点构成

第二阶段外围网络中，研发平台和标准检测机构有中国科学院物理研究所、信息产业部电子工业标准化研究所等 3 个节点，中国科学院物理研究所、清华大学电子系、上海半导体照明工程技术研究中心等 11 个骨干科研院节点，高新技术企业节点有 19 个。其中，部分节点是从第一阶段核心网络中退入而来的，中科院物理研究所作为第一阶段的骨干科研院所从第一阶段的核心网络成员退为外围网络成员，河北立德电子有限公司、深圳市量子光电子有限公司以及深圳市方大国科光电技术有限公司等 3 家高新技术企业则从第一节点的核心节点退入到外围节点，厦门市 LED 促进中心作为专业第三方中介机构也从第一阶段的核心网络成员退为外围网络成员。第二阶段半导体 R&D 联盟网络外围节点的构成情况见表 7-2。

表 7-2　　第二阶段半导体 R&D 联盟网络外围节点构成

研发平台与标准检测机构	骨干科研院所与大学	高新技术企业	专业第三方中介机构
中国科学院物理研究所 信息产业部电子工业标准化研究所 重庆 LED 研发及产业联盟	中国科学院物理研究所 清华大学电子工程系 上海半导体照明工程技术研究中心 中山大学半导体照明系统研究中心 复旦大学电光源研究所 北京工业大学固态电子学研究所 北京电光源研究所 华中科技大学光电国家实验室 MOEMS 部 中国科学院长春光学精密机械与物理研究所 南京大学光电信息功能新材料实验室 中国电子科技集团公司第十三研究所	上海三思电子工程有限公司 河北立德电子有限公司 北京利亚德电子科技有限公司 深圳市方大国科光电技术有限公司 鑫谷光电股份有限公司 上海科锐光电发展有限公司 宁波升谱光电半导体有限公司 上海大晨光电科技有限公司 山东浪潮华光光电子有限公司 江苏稳润光电有限公司 江苏奥雷光电有限公司 广州市鸿利光电子有限公司 江西联创光电科技股份有限公司 深圳市量子光电子有限公司 上海蓝光科技有限公司 杭州士兰明芯科技有限公司 香港应用科技研究院有限公司 南京汉德森科技股份有限公司 上海市小糸车灯有限公司	厦门市 LED 促进中心

第二阶段半导体 R&D 联盟网络的外围网络的节点成分构成比例发生了明显的改变，骨干科研院所与大学增加到 11 个，占外围网络中节点总数的 33.3%，比第一阶段增加了 23.3%；高新技术企业节点数则为 20 个，主要来自于光电、电子器件以及科技公司等，其中光电产业有深圳市方大国科光电技术有限公司、鑫谷光电股份有限公司以及上海科锐光电发展有限公司等 11 家高新技术企业，占高新技术企业节点总数的 55%；电子器件有上海三思电子工程有限公司、河北立德电子有限公司以及北京利亚德电子科技有限公司等 3 家高新技术企业，占高新技术企业节点总数的 15%。综合分析第二阶段外围网络和核心网络节点成分，可得出骨干科研院所和大学占有 27%的高比例，高新技术企业节点大部分是处于产业链上游的光电和电子器件行业，而处于产业链下游的照明高新技术企业只占据少量的比例。第二阶段联盟网络中增加了边缘层节点 131 个，主要包括扬州华夏集成光电有限公司、江苏南大光电材料股份有限公司以及无锡来德电子有限公司等高新技术企业节点，上海 LED 半导体照明研发应用中心和电子科技大学(成都)等骨干科研院所。

第二阶段半导体 R&D 联盟网络的联盟活动主要包括联盟会议、联盟论坛、创新大赛等。2007 年 8 月联盟第二届换届选举及第四次会议在上海国际会议中心召开，会议圆满完成联盟第二届换届选举工作，开启了半导体 R&D 联盟网络的第二阶段的联盟进程。第二阶段半导体 R&D 联盟网络通过了联盟新章程，并成立了标准化协调推进、专利池以及两岸三地工作组，以更加细致和务实的态度开展了联盟工作。在标准化协调推进工作方面，就建立完整的半导体照明标准体系在北京电光源研究所召开了联盟标准化协调推进工作组第一次会议，会议对如何在现有基础上完善体系建设提出了建设性和可行性建议；第二次标准化协调推进会议决定 2008 年工作组围绕完善半导体照明标准体系的制定，促进 LED 相关标准的出台，构建 LED 标准化检测平台，协助规范 LED 行业行为等开展工作。在专利池工作方面，半导体 R&D 联盟网络举办针对美国"337 调查"的专利培训研讨会，第一时间向业界通报关于"337 调查"及培训相关情况，呼吁业界共同应对，积极支持涉案企业应诉；半导体 R&D 联盟网络召开了联盟专利池工作组第一次工作会议，就如何完成专利入池、专利分析、专利池如何运作进行探讨，完成业内专利收集和分析，并开展专利培训。在两岸三地工作组方面，半导体 R&D 联盟网络联合国内外知名院士、技术与行业管理专家，并邀请台湾、香港资深专家共同编撰《中国半导体照明产业发展年鉴(2006)》，全面、客观地反映了我国半导体照明产业发展的状况，旨在为业界提供翔实、准确的信息资料。半导体 R&D 联盟网络纷纷与台湾区电机电子工业同业公会(TEEMA)合作、台湾光电半导体产业协会(TOSIA)以及与台湾光电半导体产业协会(TOSIA)等合作，举办"第三届新光源新能源论坛"、"LED 照明两岸产业交流座谈会"，签署"两岸 LED 照明产业合作意向书"，确定标准检测与信息交流等合作内容。第二阶段半导体 R&D 联盟网络承担了国家科技支撑计划重点项目"半导体照明应用系统技术集成与示范"，协助国家发展与改革委员会制定《加快半导体照明节能产业发展的意见》，承担了建国六十周年成就展"半导体照明"布展工作，开展了"半导体照明产品检测信息发布"活动。

7.2.2.3　第三阶段(2011～2014 年)

第三阶段的半导体 R&D 联盟网络中的网络成员单位急速增加，共有 464 个，其中核心网络层节点增加到 21 个，外围层有节点增加到 48 个，边缘层节点增至 384 个。半导体 R&D 联盟网络的核心网络层主要包括北京大学宽禁带半导体研究中心和南昌大学教育部发光材料与器件工程研究中心 2 家国家检测和研发平台，中国科学院半导体研究所 1 家骨干科研院所，三安光电股份有限公司、上海蓝宝光电材料有限公司以及杭州士兰明芯科技有限公司等 17 家研发实力较强的高新技术企业节点，其中北京朗波尔光电股份有限公司和上海亚明灯泡厂有限公司等 10 家高新技术企业均为第三阶段新增或由外围层新晋的核心节点高新技术企业。第三阶段半导体 R&D 联盟网络核心节点的构成情况见图 7-3。

第三阶段外围网络中，研发平台和标准检测机构有华中科技大学武汉光电国家实验室、重庆 LED 研发及产业联盟以及江苏省半导体照明产业技术创新战略联盟等 3 个节点；骨干科研院所与大学主要包括北京大学光电信息功能新材料实验室、南京工业大学电光源材料研究所以及上海半导体照明工程技术研究中心等 11 个节点；高新技术企业节点有 34 个；专业第三方中介机构只有厦门市光电子行业协会 1 个节点。第三阶段半导体 R&D 联盟网络外围节点的构成情况见表 7-3。

第三阶段半导体 R&D 联盟网络的外围网络的节点成分构成比例发生了明显的改变，骨干科研院所与大学共有 8 个，占外围网络中节点总数的 16.7%，与第二阶段相比其比例显著降低；高新技术企业节点数则增为 34

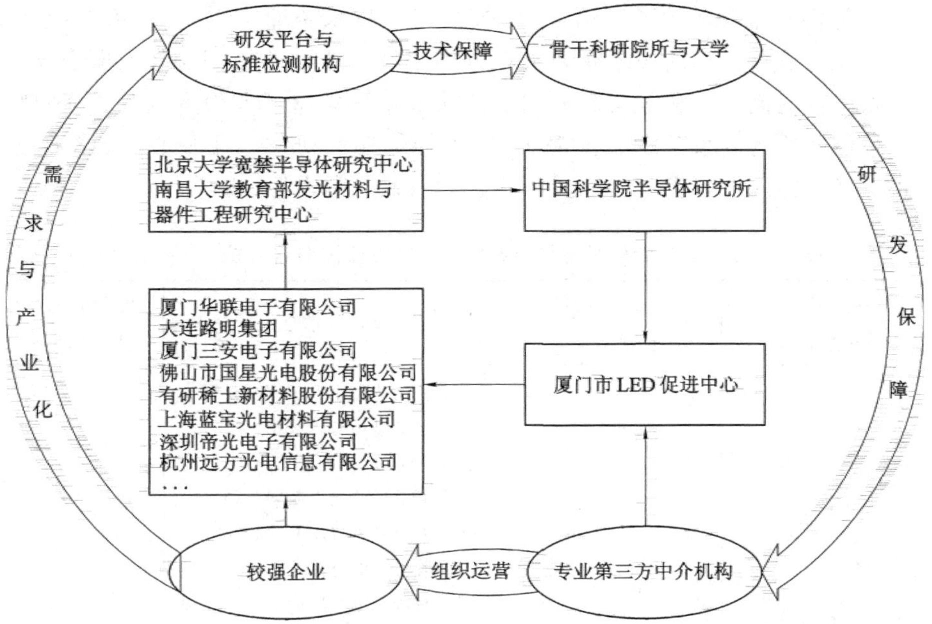

图 7-3　第三阶段半导体 R&D 联盟网络核心节点构成

个，占外围网络中节点总数的 70.1%，主要来自于光电、电子器件、照明工程以及科技公司等，其中光电产业有杭州中为光电技术有限公司、江苏奥雷光电有限公司以及江苏南大光电材料股份有限公司等 13 家高新技术企业，占高新技术企业节点总数的 38%，与第二阶段相比光电产业的高新技术企业节点比例显著降低；科技公司有上海广茂达光艺科技股份有限公司、深圳市洲明科技股份有限公司以及香港应用科技研究院有限公司等 7 家高新技术企业，占外围高新技术节点总数的 20%，与第二阶段相比科技型的高新技术企业节点比例显著提高；照明行业有北京良业照明工程有限公司、鹤山市银雨照明有限公司以及浙江生辉照明有限公司等 10 家高新技术企业，占高新技术企业节点总数的 29%，与第一和第二阶段相比照明行业的高新技术企业节点比例的显著增加是第三阶段的突出特点。综合分析第三阶段外围网络和核心网络节点成分可以看出，当半导体 R&D 联盟网络发展到第三阶段，处于产业链下游的照明高新技术企业节点数显著增加，说明联盟网络的前两个阶段研发合作成功，逐渐吸引产业链下游照明产业高新技术企业的加入。第三阶段联盟网络中边缘层节点 394 个，比

第二阶段节点数增加了3倍，主要包括高新技术企业节点、骨干科研院所与高校等节点。高新技术企业节点有广东亚一半导体应用科技有限公司、北京中科捷高光电科技有限公司以及深圳市奥拓电子股份有限公司等；骨干科研院所与高校节点有上海LED半导体照明研发应用中心、天津工业大学半导体照明研发中心以及清华大学机械工程系等。

表7-3　　第三阶段半导体R&D联盟网络外围节点构成

研发平台与标准检测机构	骨干科研院所与大学	高新技术企业	专业第三方中介机构
华中科技大学武汉光电国家实验室(筹)微光机电系统研究部 重庆LED研发及产业联盟 江苏省半导体照明产业技术创新战略联盟 广东半导体照明工程省部产学研创新联盟	南京大学光电信息功能新材料实验室 南京工业大学电光源材料研究所 清华大学电子工程系 上海半导体照明工程技术研究中心 中国电子科技集团公司第十三研究所 中国科学院长春光学精密机械与物理研究所	北京利亚德电子科技有限公司 河北立德电子有限公司 晶科电子(广州)有限公司 亿光电子工业股份有限公司 杭州中为光电技术有限公司 江苏奥雷光电有限公司 江苏南大光电材料股份有限公司 江苏史福特光电股份有限公司 江西联创光电科技股份有限公司 晶元光电股份有限公司 山东浪潮华光光电子有限公司 上海科锐光电发展有限公司 深圳雷曼光电科技股份有限公司 深圳市量子光电子有限公司 四川九洲光电科技股份有限公司 武汉迪源光电科技有限公司 鑫谷光电股份有限公司 上海广茂达光艺股份有限公司 深圳市洲明科技股份有限公司 香港应用科技研究院有限公司 飞利浦(中国)投资有限公司 惠州比亚迪实业有限公司 同方股份有限公司 有研稀土新材料股份有限公司 北京良业照明工程有限公司 鹤山市银雨照明有限公司	厦门市光电子行业协会

续表 7-3

研发平台与标准检测机构	骨干科研院所与大学	高新技术企业	专业第三方中介机构
天津市半导体照明工程研发及产业联盟	中国科学院上海硅酸盐研究所 中山大学佛山研究院	宁波半导体照明产学研技术创新战略联盟 宁波燎原灯具股份有限公司 欧司朗(中国)照明有限公司 山西光宇半导体照明有限公司 厦门通士达照明有限公司 浙江生辉照明有限公司 北京四通智能交通系统集成公司 杭州浙大三色仪器有限公司	

第三阶段半导体 R&D 联盟网络的工作重点仍然是标准化协调推进工作以及推动半导体照明技术创新和产业发展。为改变标准化滞后于技术与产业发展的现状,半导体 R&D 联盟网络建立了协同创新的标准化工作模式,在科技部等相关部门支持下,在联盟标准化协调推进工作组工作基础上,进一步完善技术规范等标准化工作,根据国家半导体照明工程研发及产业联盟(CSA)第六次成员大会理事会决议,CSA 宣布成立标准化委员会。半导体 R&D 联盟网络与方圆标志认证集团产品认证有限公司在上海举行了战略合作签约仪式。为尽快改善半导体照明市场混乱、产品质量参差不齐的现状,半导体 R&D 联盟网络与方圆认证决定共同发挥双方优势资源,合作开展半导体照明产品质量自愿性认证工作,把 CSA 联盟标准作为在我国开展 LED/ELI 认证的重要依据,从而能够促进半导体照明产业的健康快速发展。半导体 R&D 联盟网络集中半导体照明技术、标准检测、企业、工程专家,全力完成了人民大会堂万人礼堂主席台照明改造工程,将主席台原有 160 盏 1 000 瓦卤钨灯全部替换为 160 瓦 LED 灯,使主席台照明和环境温度得到明显改善。半导体照明产业技术创新战略联盟由于运行成效显著,在科技部根据《关于推动产业技术创新战略联盟构建与发展的实施办法(试行)》和《产业技术创新战略联盟评估工作方案(试行)》开展的对 56 家试点产业技术创新战略联盟的评估中,获得 A 类第一名。

7.2.2.4　第四阶段(2014 年至今)

第四阶段半导体 R&D 联盟网络中的网络节点数已经达到 520 个,其中核心网络层节点 43 个，外围层节点 76 个，边缘层节点 396 个。与半导体 R&D 联盟网络的前三个阶段相比，核心网络层节点和外围网络层节点数量增长的比例尤为显著，边缘层增长的幅度较少。半导体 R&D 联盟网络的核心网络层的节点类型主要包括研发平台、高新技术企业以及专业第三方中介机构。研发平台包括北京大学宽禁带半导体研究中心、南昌大学国家硅基 LED 工程技术研究中心以及中国科学院半导体研究所照明研发中心 3 个节点，专业第三方中介机构是国家电光源质量监督检验中心（北京），其余 39 个节点均为光电、电子器件以及照明等产业的高新技术企业，且高新技术企业主要集中分布于广州、深圳和杭州等地区，呈现出区域的集聚性。第四阶段半导体 R&D 联盟网络核心节点的构成情况见图 7-4。

第四阶段外围网络中，研发平台和标准检测机构有上海半导体照明工程技术研究中心、重庆市 LED 照明研发与产业联盟以及佛山市南海区联合广东新光源产业创新中心等 5 个节点；骨干科研院所与大学主要包括中国科学院上海硅酸盐研究所、江苏省光电信息功能材料重点实验室（南京大学）以及常州市武进区半导体照明应用技术研究院等 7 个节点；高新技术企业节点有 59 个节点；专业第三方中介机构国家半导体发光器件（LED）应用产品质量监督检验中心、国家半导体光源产品质量监督检验中心（广东）等 6 个节点。第四阶段半导体 R&D 联盟网络外围节点的构成情况见表 7-4。

第四阶段半导体 R&D 联盟网络的外围网络的节点成分构成比例发生了明显的改变，骨干科研院所与大学共有 7 个，占外围网络中节点总数的 9%，与第三阶段相比其比例显著降低；高新技术企业节点数继续稳步增长，增为 59 个，占外围网络中节点总数的 77.6%，主要来自于光电、电子器件、照明工程以及科技公司等，其中福建省万邦光电科技有限公司、江西联创光电科技股份有限公司以及山东浪潮华光光电子股份有限公司等 19 家高新技术企业，占高新技术企业节点总数的 32%，与第三阶段相比光电产业的高新技术企业节点比例逐步降低；科技公司有北京维信诺科技有限公司、易美芯光（北京）科技有限公司、上海鼎晖科技股份有限公司等 4 家高新技术企业，占外围高新技术节点总数的 7%，与第三阶段相比科技型的高新技术企业节点比例显著降低；照明行业有厦门通士达照明有限公司、浙江阳光照明电器集团股份有限公司以及广东昭信照明科技有限公司等 24 家高新技术企业，占高新技术企业节点总数的 41%，与前三个阶段相比照明行业的高新技术企业节点比例的显著增加。综合分析第四阶段外围网络和核心网络节点成分可以看出，当半导体 R&D 联盟网络发展到第四阶段，处于产业链下游的照明行业的高新技术企业节点数显著增加，甚至吸引了产业链下游照明电器以及 LED 等高新技术企业加入联盟网络中。

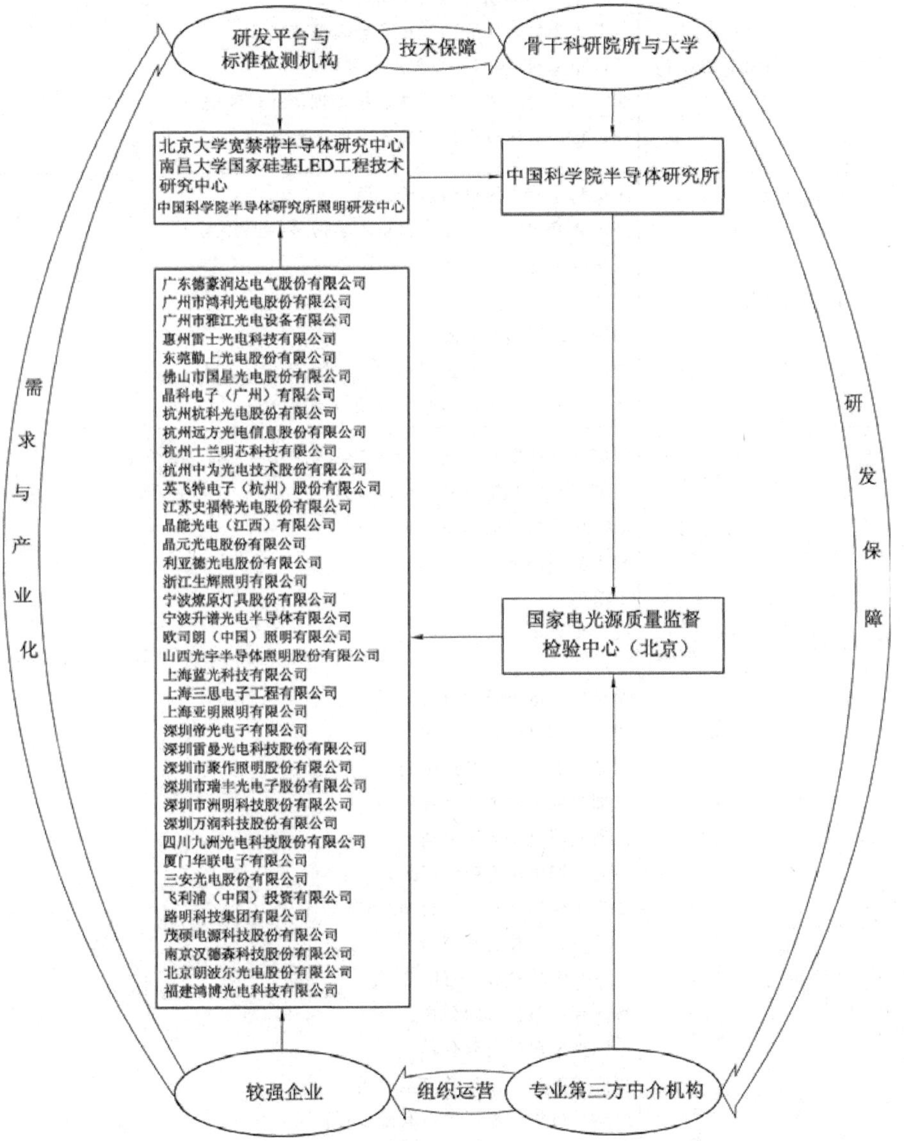

图 7-4　第四阶段半导体 R&D 联盟网络核心节点构成

表 7-4　　第四阶段半导体 R&D 联盟网络外围节点构成

节点类型	具体成分
研发平台与标准检测机构	上海半导体照明工程技术研究中心 江苏省半导体照明产业技术创新战略联盟 重庆市 LED 照明研发与产业联盟 天津市半导体光源系统产业技术创新战略联盟 佛山市南海区联合广东新光源产业创新中心
骨干科研院所与大学	中国科学院上海硅酸盐研究所 江苏省光电信息功能材料重点实验室(南京大学) 清华大学电子工程系 南京工业大学 中国建筑科学研究院 中国电子科技集团公司第十三研究所 常州市武进区半导体照明应用技术研究院
专业第三方中介机构	国家半导体发光器件(LED)应用产品质量监督检验中心 国家半导体光源产品质量监督检验中心 国家灯具质量监督检验中心(中山) 哈尔滨照明检测中心 宁波电子行业协会 厦门市光电子行业协会
高新技术企业	长春希达电子技术有限公司 河北立德电子有限公司 上海日亚电子化学有限公司 深圳市邦贝尔电子有限公司 锐高照明电子有限公司 西安立明电子有限责任公司 北京维信诺科技有限公司 易美芯光科技有限公司 上海鼎晖科技股份有限公司 重庆邦桥科技有限公司 迪源光电股份有限公司 福建省万邦光电科技有限公司 广东三雄极光照明股份有限公司 杭州华普永明光电股份有限公司

续表 7-4

节点类型	具体成分
高新技术企业	华灿光电股份有限公司 江西联创光电科技股份有限公司 山东浪潮华光光电子股份有限公司 上海科锐光电发展有限公司 深圳市聚飞光电股份有限公司 江苏南大光电材料股份有限公司 无锡华兆泓光电科技有限公司 深圳市斯派克光电科技有限公司 四川新力光源股份有限公司 圆融光电科技有限公司特优仕光电科技（上海）有限公司 西安重装渭南光电科技有限公司 湘能华磊光电股份有限公司 重庆四联光电有限公司 厦门通士达照明有限公司 浙江阳光照明电器集团股份有限公司 广东昭信照明科技有限公司 扬州中科半导体照明有限公司 中节能晶和照明有限公司 欧普照明股份有限公司 深圳珈伟光伏照明股份有限公司 中微半导体设备（上海）有限公司

第四阶段联盟网络中边缘层节点 396 个，节点数量基本与第三阶段节点数量持平，主要包括高新技术企业节点、骨干科研院所与高校等节点。高新技术企业节点有深圳市聚飞光电股份有限公司、北京太时芯光科技有限公司以及江苏三显照明科技有限公司等，高新技术企业节点占节点总数的 92%，这些高新技术企业还呈现出一定的地理集聚性，主要集聚在深圳、广州、杭州和江苏等区域；骨干科研院所与高校节点有复旦大学电光源研究所、中国科学院物理研究所以及浙江大学光电系等。半导体 R&D 联盟网络发展到第四个阶段，由于其联盟声望的不断放大，已经吸引首尔半导体株式会社、香港半导体照明产业联盟以及香港应用科技研究院的加入。

第四阶段半导体 R&D 联盟网络开始于 2013 年 11 月 10 日半导体 R&D 联盟网络第四届全体成员大会与第四届第一次理事会的召开。第四阶段半导体 R&D 联盟网络的工作重点是推进半导体照明产业升级、探索专利池建设以及加强公共研发平台建设等。为了推动半导体照明产业升级与优化升级产业结构，半导体 R&D 联盟网络联合在京的涉及新一代信息技术、新材料、节能环保、生物医药、现代农业、高端装备制造等战略新兴产业的 68 家联盟和机构发起成立了首都创新大联盟，推动跨领域的资源共享、协同创新；半导体 R&D 联盟网络牵头大联盟骨干成员成立了智慧照明委员会，通过标准制定、示范应用，形成智慧照明的解决方案，带动万亿级的市场规模。在专利池建设工作方面，半导体 R&D 联盟网络联合中国节能协会、中国照明学会发起实施半导体照明节能产业能效“领跑者”制度，依托联盟标准，规范半导体照明应用市场、培育龙头品牌企业。联盟专利池已有专利近 900 件，其中发明专利占 47.6%，国外专利占 1.5%，PCT 发明占 1%，实用新型占 31.5%，外观设计占 18.4%。半导体 R&D 联盟网络仍在积极探索“专利运营”新模式，通过交叉授权、优惠使用，降低交易成本，组建了专利运营公司，协助企业完成专利布局，最大化地挖掘专利价值。

基于对半导体 R&D 联盟网络四阶段动态演化过程的分析，可以看出半导体 R&D 联盟网络的结构属性和关系属性均呈现出显著的演化规律。以下分别从结构维度和关系维度分析半导体 R&D 联盟网络的演化规律及其对焦点高新技术企业竞争优势的影响。

7.2.3 半导体 R&D 联盟网络结构演化对焦点高新技术企业竞争优势的影响

通过对半导体 R&D 联盟网络四阶段动态演化过程的分析，可以看出半导体 R&D 联盟网络在网络规模、网络密度以及凝聚子群等构型上均呈现出显著的演化规律。以下分别从结构维度的网络规模、网络密度以及凝聚子群等方面分析半导体 R&D 联盟网络的演化规律及其对焦点高新技术企业竞争优势的影响。

7.2.3.1 半导体 R&D 联盟网络的网络规模呈现快速扩大的趋势

第一阶段的半导体 R&D 联盟网络，核心节点 12 个，外围节点 34 个，无边缘节点；第二阶段的半导体 R&D 联盟网络，核心节点 11 个，外围节点 33 个，边缘节点 131 个；第三阶段的半导体 R&D 联盟网络，核心节点 21 个，外围节点 48 个，边缘节点 384 个；第四阶段的半导体 R&D 联盟网络，核心节点有 43 个，外围节点 76 个，边缘节点 396 个。在半导体 R&D 联盟网络的演化发展过程中，网络规模逐渐呈扩大趋势，到第三阶段，核心节点、外围节点和边缘节点均呈现快速增长趋势。随着半导体 R&D 联盟网络规模的不断扩大，对于网络中的厦门华联电子有限公司和三安光电股份有限公司等焦点高新技术企业而言，其获取创新思想和创新知识等创新源的范围在不断扩大，从第一阶段 46 个伙伴企业扩展到第四阶段 522 个伙伴企业；随着伙伴企业数量的增加，厦门华联电子有限公司和三安光电股份有限公司等焦点高新技术企业参加标准化协调推进工作联盟会议、"半导体照明产业"联盟论坛的频率明显增加，也有更多的机会参加两岸三地的讨论会，如第三阶段参加台湾区电机电子工业同业公会（TEEMA）合作、台湾光电半导体产业协会（TOSIA）以及与台湾光电半导体产业协会（TOSIA）等合作，举办"第三届新光源 & 新能源论坛""LED 照明两岸产业交流座谈会"，签署"两岸 LED 照明产业合作意向书"。半导体 R&D 联盟网络中的焦点高新技术企业通过频繁参加联盟会议和联盟论坛，能够积累更多的 R&D 联盟的成功经验，及时制定 R&D 联盟战略方案，进而提高自身的 R&D 联盟能力。随着半导体 R&D 联盟网络中焦点高新技术企业 R&D 联盟能力的不断提高，焦点高新技术企业能根据研发目标，能够以较低的联盟成本快速组建新的 R&D 联盟，从而有利于其焦点高新技术提高竞争优势。第四阶段的半导体 R&D 联盟网络为了推动半导体照明产业升级与优化升级产业结构，半导体 R&D 联盟网络联合在京的涉及新一代信息技术、新材料、节能环保、生物医药、现代农业、高端装备制造等战略新兴产业的 68 家联盟和机构快速成立首都创新大联盟，推动跨领域的资源共享、协同创新。半导体 R&D 联盟网络牵头大联盟骨干成员成立了智慧照明委员会，通过标准制定、示范应用，形成智慧照明的解决方案，带动万亿级的市场规模。

7.2.3.2　半导体 R&D 联盟网络的密度呈现越发密集的趋势

在半导体 R&D 联盟网络的四阶段演化发展过程中，随着其核心节点、边缘节点以及外围节点等联盟伙伴的逐渐增多，网络中焦点高新技术企业互动频率逐渐提高。随着半导体 R&D 联盟网络密度的逐渐提高，网络中的焦点高新技术企业具有更高的声望，更容易根据自己的研发目标选择联盟伙伴。对于杭州士兰明芯科技有限公司、上海蓝光科技有限公司、路明科技集团有限公司以及厦门华联电子有限公司等焦点高新技术企业而言，凭借高密集度的第三阶段半导体 R&D 联盟网络的联盟声望能够提高自身潜在R&D联盟伙伴的吸引力，能够快速与重庆LED研发及产业联盟中的重庆天阳吉能科技有限公司以及重庆极光电器设备有限公司等高新技术企业建立联盟关系，从而提高自身的R&D联盟能力。依托较强的R&D联盟能力，上海蓝光科技有限公司等焦点高新技术企业从高密集的半导体R&D联盟网络中获取创新源和创新知识，逐渐提高竞争优势。目前上海蓝光科技有限公司研发的大功率芯片GaN LED45A发光亮度可以达到120 lm/W，已处于中国LED业界领先地位，上海蓝光科技有限公司在LED蓝绿光外延、芯片领域始终保持领军企业的地位。

7.2.3.3　半导体R&D联盟网络演化发展过程中子群凝聚程度逐渐增强

在第二阶段半导体R&D联盟网络中，重庆LED研发及产业联盟成为理事会成员，即半导体R&D联盟网络的外围节点，半导体R&D联盟网络开始凸显出子群凝聚性。由于重庆LED研发及产业联盟早在2004年就已经成立，2011年，重庆LED研发及产业联盟整体加入半导体R&D联盟网络，成为半导体R&D联盟网络的外围节点成员。作为外围节点成员，重庆LED研发及产业联盟与半导体R&D联盟网络中其他伙伴成员互动程度相对较低，但在重庆LED研发及产业联盟子群内部，其焦点高新技术企业重庆长星光电子制造有限公司、重庆航伟光电科技有限公司、重庆达晟光电科技有限公司以及重庆四联启蓝半导体照明有限公司等焦点高新技术企业的互动频繁，重庆LED产业已经初步形成规模，年产值超过20亿元，且每年以30%的速度增长。第二阶段半导体R&D联盟网络中，子群数量少，因此子群重叠程度相对较低。在第三阶段半导体R&D联盟网络中，随着重庆LED研发及产业联盟、江苏省半导体照明产业技术创新战略联盟、广东半导体照明工程省部产学研创新联盟以及天津市半导体照明工程研发及产业联盟的加入，子群数量显著增加，半导体R&D联盟网络的子群重叠程度也随之增加。扬州中科半导体照明有限公司、扬州乾照光电有限公司等焦点高新技术企业，既是江苏省半导体照明产业技术创新战略联盟的联盟成员，也是半导体R&D联盟网络的节点。因此，随着子群重叠程度的提高，通过扬州中科半导体照明有限公司、扬州乾照光电有限公司这些共同伙伴，能促进半导体R&D联盟网络中联盟信息流动的速度，从而促进网络中焦点高新技术积累更多的R&D联盟经验，提高R&D联盟能力。具有较高R&D联盟能力的焦点高新技术企业扬州中科半导体照明有限公司利用其子群位势不断提高其竞争优势，在半导体照明用大功率封装、薄膜结构LED材料、芯片工艺及液晶显示 LED 背光源重大应用等方面均处于领先地位。

7.2.4　半导体 R&D 联盟网络关系演化对焦点高新技术企业竞争优势的影响

通过对半导体 R&D 联盟网络四阶段动态演化过程的分析，可以看出半导体 R&D 联盟网络的网络关系在互动程度、关系广度以及关系持久度等关系质量上均凸显出显著的演化规律。以下分别从网络关系的互动程度、关系广度以及关系持久度等维度分析半导体 R&D 联盟网络关系的演化规律及其对焦点高新技术企业竞争优势的影响。

(1) 半导体 R&D 联盟网络关系的互动程度呈逐渐增强的趋势

第一阶段半导体 R&D 联盟网络的网络成员开展联盟活动，主要是召开联盟会议、组织联盟论坛和创新大赛等。第一阶段半导体 R&D 联盟网络举办了国家半导体照明工程研发及产业联盟技术规范研究与制定联盟会议、“LED& OLED 在显示领域应用趋势研讨会”以及“首届国家半导体照明工程创新大赛”。随着半导体 R&D 联盟网络的不断演化发展，网络中的焦点高新技术企业互动程度也随之增加，第四阶段的半导体 R&D 联盟网络的工作重点是推进半导体照明产业升级、探索专利池建设以及加强公共研发平台建设等。随着半导体 R&D 联盟网络成员互动程度的增加，网络中焦点高新技术企业中的研发边界人员以及联盟经理等有更多的会晤机会，因此有关选择和管理 R&D 联盟的知识经验更容易在网络成员间传递。对于第二阶段半导体 R&D 联盟网络中的宁波升谱光电半导体有限公司、上海大晨光电科技有限公司以及山东浪潮华光电子有限公司等焦点高新技术企业而言，在参加标准化协调推进联盟会议、“第三届新光源 & 新能源论坛”以及“LED 照明两岸产业交流座谈会”等联盟论坛的过程中能够从具有丰富联盟经验的厦门华联电子有限公司和厦门三安电子有限公司等焦点高新技术企业学习管理 R&D 联盟的经验，提高自身的 R&D 联盟能力。具有较强 R&D 联盟能力的焦点高新技术企业更会维护高质量的伙伴互动关系，更容易获取伙伴的善意型信任，进而容易获取有价值的创新思想和创新知识。因此，随着半导体 R&D 联盟网络中伙伴间互动程度的增加，焦点高新技术企业通过提高自身的 R&D 联盟能力，并因此得以提高竞争优势。

(2) 半导体 R&D 联盟网络的关系广度呈逐渐扩张的趋势

半导体 R&D 联盟网络其节点类型主要包括研发平台、骨干科研院所、高新技术企业以及专业第三方机构，但在其发展的不同阶段，各类型节点所占比例有显著的区别。在第一阶段和第二阶段半导体R&D联盟网络发展初期时，研发平台、骨干科研院所和高校占的比例相对较高，而在第三阶段和第四阶段的半导体R&D联盟网络发展和成熟期时，高新技术企业节点的比例显著提升，甚至占网络节点的77.6%。在半导体R&D联盟网络发展的第一阶段和第二阶段，高新技术企业节点主要来自于电子器件、半导体以及照明等行业，这些节点大多处于产业链的上游。随着半导体R&D联盟网络的不断发展壮大，第三阶段和第四阶段的半导体R&D联盟网络逐渐吸引产业链下游的照明行业的厦门通士达照明有限公司、浙江阳光照明电器集团股份有限公司以及广东昭信照明科技有限公司焦点高新技术入盟，更吸引了首尔半导体株式会社、香港半导体照明产业联盟以及香港应用科技研究院加入。随着半导体R&D联盟网络节点产业类型的不断增加以及地理位置的日益多元化，网络中的焦点高新技术拥有的联盟关系的广度也随之扩大。处于关系广度较大的半导体R&D联盟网络中的深圳市聚作照明股份有限公司、广州市鸿利光电股份有限公司、南京汉德森科技股份有限公司以及上海亚明照明有限公司等焦点高新技术企业，处于产业链的不同位置，且地理距离也很大，这些焦点高新技术企业在开展研发合作过程中，容易放松对机会主义威胁的防范，建立信任关系，在相互学习过程中提高R&D联盟能力。因此，处于关系广度较大的半导体R&D联盟网络中的焦点高新技术企业，凭借其较强的R&D联盟能力，能从网络中获取更多的创新知识，进而提高竞争优势。

(3) 半导体R&D联盟网络保持较高的关系持久度

半导体R&D联盟网络自2004年成立以来，经历了四个发展阶段，其网络关系不断扩展，但第一阶段的节点仍在网络中，鲜有退出网络的焦点高新技术企业，说明第四阶段的半导体R&D联盟网络仍处于生命周期的发展和成熟期，网络中蕴含着丰富的能量资源。在半导体R&D联盟网络关系的演化发展过程中，越持久的伙伴关系，越容易建立信任关系，越容易联合开展深度合作研发。第一阶段半导体R&D联盟网络的合作成果是共同编撰的《中国半导体照明产业发展年鉴(2006)》等，而第二阶段半导体R&D联盟网络以更加细致和务实态度开展了标准化协调推进、专利池以及两岸三地工作组等联盟工作。尤其针对美国"337调查"事件，半导体R&D联盟网络举办专利培训研讨会，第一时间向业界通报关于"337调查"及培训相关情况，呼吁业界共同应对，积极支持涉案企业应诉。第二阶段半导体 R&D 联盟网络承担了国家科技支撑计划重点项目“半导体照明应用系统技术集成与示范”，协助国家发展与改革委员会制定《加快半导体照明节能产业发展的意见》，承担了建国六十周年成就展“半导体照明”布展工作，开展了“半导体照明产品检测信息发布”活动。第三阶段半导体 R&D 联盟网络成立了 CSA 宣布成立标准化委员会，并集中半导体照明技术、标准检测、企业、工程专家，全力完成了人民大会堂万人礼堂主席台照明改造工程，将主席台原有 160 盏 1 000 瓦卤钨灯全部替换为 160 瓦 LED 灯，使主席台照明和环境温度得到明显改善。第四阶段半导体 R&D 联盟网络联盟专利池已有专利近 900 件，其中发明专利占 47.6%，国外专利占 1.5%，PCT 发明占 1%，实用新型占 31.5%，外观设计占 18.4%，并进一步通过交叉授权、优惠使用，降低交易成本，组建了专利运营公司，协助企业完成专利布局，最大化地挖掘专利价值。因此，在半导体 R&D 联盟网络中，通过四阶段长期联盟合作培育的持久的 R&D 联盟网络关系，焦点高新技术企业厦门华联电子有限公司、上海蓝宝光电材料有限公司以及有研稀土新材料股份有限公司等焦点高新技术企业之间更容易培养善意信任，并在合作研发过程中提高 R&D 联盟能力，从半导体 R&D 联盟网络中获取更多有价值的创新知识和创新思想，进而提高竞争优势。

7.3　本章小结

半导体照明工程 R&D 联盟是从国家半导体照明工程研发及产业联盟集中优势发展而来的，成为国家产业技术创新战略试点联盟和重点培育联盟之一，并在 2015 年科技部组织的产业技术创新联盟活跃度评价中获得最高分。半导体照明工程 R&D 联盟自 2003 年成立以来，成员由发起时的 46 家发展到现在的 522 家，2013 年联盟成员产值占国内 LED 产值的 70%。半导体照明工程 R&D 联盟自 2003 年成立，已有 13 年的联盟历程，经历了四个发展阶段，是我国高新技术产业典型的 R&D 联盟网络。通过研究半导体照明工程 R&D 联盟网络演化发展的四个阶段，从动态的视角分析了半导体照明工程 R&D 联盟网络结构和网络关系的演化规律，并进而解释了半导体照明工程 R&D 联盟网络的网络构型和关系质量对其焦点高新技术企业竞争优势的微观影响机理，为高新技术企业利用 R&D 联盟网络提高竞争优势提供了很好的借鉴。

第8章　结　　论

随着R&D联盟数量的迅速增加以及市场的竞争方式逐渐由传统的企业对企业的双边联盟竞争方式向联盟网络对联盟网络的新竞争方式的转变，参加R&D联盟网络已成为高新技术企业获取竞争优势的必然战略选择，然而R&D联盟网络资源并非呈现均匀分布状态。因此，将高新技术企业竞争优势的研究视角从高新技术企业间的双边互动拓展到R&D联盟网络水平层次，深入研究R&D联盟网络对高新技术企业竞争优势的微观影响机理，是一项具有战略意义的紧迫任务。本书从揭示R&D联盟网络形成的动因、路径、博弈过程以及伙伴选择等微观机理入手，以探究“R&D联盟网络中高新技术企业间竞争优势差异的形成原因”为主线，构建了以高新技术企业集成竞争能力的关键能力因子为中介变量的R&D联盟网络属性影响高新技术企业竞争优势的分析框架，得到了以下创新性研究成果：

① 在界定和分析R&D联盟网络内涵和特点的基础上，运用自组织理论和社会网络中的强弱关系理论，研究了R&D联盟网络的形成路径，得到了R&D联盟网络形成的基于强关系和弱关系的自组织、政府推动的他组织以及二者相结合的混合组织的三条路径及其实现方法。

② 基于高新技术企业有限理性假设，从对等结构和非对等结构两个维度对R&D联盟网络形成的复制动态博弈过程进行理论分析，揭示了R&D联盟网络的形成是有限理性的高新技术企业在长期反复博弈中不断学习和调整的结果。

③ 基于R&D联盟伙伴选择的试验性，首次将波普尔的试错思想引入了R&D联盟伙伴选择研究中，从R&D盟主企业和候选研发企业两个角度出发，分析了R&D联盟伙伴选择试错成本形成的微观机理。运用先验概率、后验概率以及损失函数理论构建了R&D联盟伙伴选择的试错模型，得出了R&D盟主企业犯两类错误的概率表达式，并给出了试错成本最小时R&D盟主企业对候选研发企业有效价值的贝叶斯估计取值范围。通过

揭示R&D联盟伙伴选择的试错机理，从为减少高新技术企业R&D联盟伙伴选择的经济损失以及提高选择R&D联盟伙伴的效率提供理论支持。

④ 运用强弱关系和结构洞等社会网络理论，从结构、关系和位置三个维度，揭示了R&D联盟网络效应形成的微观机理，得出了以下结论：结构维度的R&D联盟网络规模、R&D联盟伙伴的多样性以及密度能够产生知识转移效应；关系维度的R&D联盟网络强关系和弱关系分别能够产生社会资本效应和创新效应；位置维度的R&D联盟网络结构洞能够产生信息优势和控制优势，中心性位置能够提供获得声望效应的机会。这些为网络环境下高新技术企业有效地利用R&D联盟网络优势提供理论支持。

⑤ 运用定量的方法刻画R&D联盟网络的结构属性和关系属性，界定和分析了R&D联盟网络环境下高新技术企业获取竞争优势的集成竞争能力，并进一步提炼出学习能力、联盟能力和创新能力等三个关键能力因子；进而分析了以高新技术企业集成竞争能力关键能力因子为中介变量的R&D联盟网络的结构属性、关系属性和位置属性影响高新技术企业竞争优势的微观机制，并提出了相应的假设。

⑥ 采用PASW Statistics18.0和AMOS8.0软件对从台湾南港软体工业园和台湾经济部工业局企业R&D联盟推动计划书辅助的高新技术企业获取的数据进行探索性和验证性分析，获得了拟合度良好的测量模型；构建、修正和确定了R&D联盟网络属性影响高新技术企业竞争优势相关假设的SEM模型。因此，从微观层面识别出了R&D联盟网络结构属性、关系属性和位置属性对高新技术企业竞争优势影响的差异，从而为高新技术企业有效地利用R&D联盟网络获取竞争优势提供理论支持。

虽然本书选取样本企业时，为了保证样本的代表性，兼顾了产业类型、企业规模以及R&D联盟经验等，但样本数据均来源于台湾南港软体工业园和台湾经济部工业局企业R&D联盟推动计划书辅助的高新技术企业，数据很可能具有区域特性，因此降低了研究结果的普适性。尽管从发放和回收等环节对问卷有效性进行了控制，但采用Likert 7级量表法，通过受访者主观评分的方式获取数据，仍不可避免地存在测度偏差和缺陷。

尽管本书从社会网络视角构建了R&D联盟网络与高新技术企业竞争优势的分析框架，从微观层面揭示了单个高新技术企业通过R&D联盟网络获取竞争优势的内在机理，但由于R&D联盟网络的复杂性和时间限制，尚有一些问题有待日后进一步深入研究和拓展。这些问题主要包括：基于

R&D 联盟网络自适应性动态演化的高新技术企业竞争优势的建模与仿真研究;基于 R&D 联盟网络提升高新技术企业竞争优势路径,复杂适应性理论、小世界理论等方法在 R&D 联盟网络研究中的应用。

附　录

“研发联盟网络与高技术企业竞争优势”研究问卷

贵单位先进，您好：

万分感谢您百忙之中接受访问！这是一份探讨“研发联盟网络”与“高技术企业竞争优势”关系的学术性研究问卷，主要目的是了解高新技术企业所在的研发联盟网络对其竞争优势的影响。

素仰贵公司经营成效卓越，烦将此问卷“惠请贵公司研发联盟方面主管填答”，相信贵公司的宝贵意见与经验对本研究有极重要之帮助，在此恳请您的帮助与支持。本研究问卷采用不记名方式，仅供学术研究绝不对外公开，敬请放心作答。若您有兴趣得知本研究之结果，我们将于研究完成后奉送研究结果一份。对于您的热情帮助，在此致上最诚挚的谢意。

敬祝　万事如意　宏图大展

赵红梅　敬上

• 说明

为了确保您能够顺利准确地填写问卷，请您首先仔细阅读以下本问卷中涉及的主要术语解释，这对保证问卷的质量非常重要。

研发联盟网络：是指两个以上的企业通过研发联盟关系联结而成的网状组织。

直接研发联盟伙伴：是指与贵公司已经签订研发联盟协议的伙伴。

间接研发联盟伙伴：是指贵公司研发联盟伙伴的伙伴，但这些间接伙伴与贵公司没有联盟关系。

【第一部分:高技术企业竞争优势】 此部分问项是衡量贵公司竞争优势,请您依据贵公司的实际情况,在适当的方格中打"√"。	非常不同意	不同意	不太同意	无意见	有些同意	同意	非常同意
1.贵公司总资产收益率高于同行业平均水平							
2.贵公司总销售收益率高于同行业平均水平							
3.贵公司新产品销售比例高于同行业平均水平							
4.贵公司专利认证件数年增率高于同行业平均水平							
5.与同业比较,贵公司能快速满足顾客对新产品的需求							

【第二部分:研发联盟网络属性】

(一)此部分问项是衡量贵公司所处研发联盟网络结构属性,请您依据贵公司的实际情况,在适当的括号中打"√"。

1.目前已经与贵公司签订研发联盟协议的企业数量为	()1~3家　()4~7家 ()8~12家　()13-20家 ()21~30家　()31~40家 ()>40家
2.贵公司通过签订研发联盟协议能结识研发联盟外企业数量为	()1~3家　()4~7家 ()8~12家　()13-20家 ()21~30家　()31~40家 ()>40家
3.贵公司通过签订研发联盟协议直接和间接结识的企业总数为	()1~3家　()4~7家 ()8~12家　()13-20家 ()21~30家　()31~40家 ()>40家
4.与贵公司签订研发联盟协议的研发企业之间签订新研发联盟协议的数量为	()1~3个　()4~7个 ()8~12个　()13~20个 ()21~30个　()31~40个 ()>40个
5.与贵公司已经签订研发联盟协议的企业数量以及这些企业之间形成研发联盟关系的数量总和为	()1~3个　()4~7个 ()8~12个　()13~20个 ()21~30个　()31~40个 ()>40个

续表

6. 与贵公司签订研发联盟协议的高新技术企业之间实际形成的研发联盟伙伴关系的数量与这些高新技术企业之间最多可能形成的伙伴关系数量的比值大约为	()0～0.10　()0.15～0.20 ()0.25～0.30　()0.35～0.40 ()0.45～0.50　()0.50～0.55 ()0.60～1.0
7. 贵公司目前参加的研发联盟的个数为	()1～3个　()4～7个 ()8～12　()13－20个 ()21～30个　()31～40个 ()>40个
8. 在贵公司目前参加的所有研发联盟中，重复出现的研发企业个数为	()1～3家　()4～7家 ()8～12家　()13～20家 ()21～30家　()31～40家 ()>40家
9. 在贵公司所有研发联盟伙伴中，只参加一个研发联盟的高新技术企业数量为	()1～3家　()4～7家 ()8～12家　()13～20家 ()21～30家　()31～40家 ()>40家

【第二部分：研发联盟网络属性】 (二)此部分问项是衡量贵公司所处研发联盟网络关系属性，请您依据贵公司的实际情况，在适当的方格中打"√"。	没有	每年一两次	每月不到一次	每月一两次	每月三四次	每周一两次	每周两次以上
10. 贵公司目前与研发联盟伙伴举行联盟会议的频率为							
11. 贵公司目前与研发联盟伙伴之间相互参观和访问的频率为							
12. 贵公司目前与研发联盟伙伴之间举办餐聚和郊游等非正式的社交活动的频率为							
13. 贵公司研发人员与研发联盟伙伴的研发人员经常探讨新产品开发构想							
14. 贵公司在与研发联盟伙伴开展合作研发过程中，彼此之间的信任程度高							

续表

15. 贵公司与研发联盟伙伴都能够投入某些专属性研发资产							
16. 贵公司与研发联盟伙伴来自于不同产业							
17. 贵公司与研发联盟伙伴所提供的资源在类型上是相异的							
18. 贵公司与研发联盟伙伴的研发人员具有不同的技术专长							

【第二部分：研发联盟网络属性】

（二）此部分问项是衡量贵公司所处研发联盟网络关系属性，请您依据贵公司的实际情况，在适当的括号中打“√”。

19. 贵公司与直接研发联盟伙伴的联盟关系持续时间为（注：直接研发联盟伙伴是指与贵公司已经签订研发联盟协议的伙伴。）	()0～1 年　()1～2 年 ()2～4 年　()4～5 年 ()5～7 年　()7～9 年 ()≥10 年
20. 贵公司与间接研发联盟伙伴的联盟关系持续时间为（注：间接研发联盟伙伴是指贵公司研发联盟伙伴的伙伴，但这些间接伙伴与贵公司没有联盟关系。）	()0～1 年　()1～2 年 ()2～4 年　()4～5 年 ()5～7 年　()7～9 年 ()≥10 年
21. 贵公司与研发联盟伙伴的平均合作年数	()0～1 年　()1～2 年 ()2～4 年　()4～5 年 ()5～7 年　()7～9 年 ()≥10 年

【第二部分：研发联盟网络属性】 （三）此部分问项是衡量贵公司所处研发联盟网络位置属性，请您依据贵公司的实际情况，在适当的方格中打“√”。	非常不同意	不同意	不太同意	无意见	有些同意	同意	非常同意
22. 在与贵公司有关的产业中，大多数高新技术企业都愿意与贵公司缔结研发联盟							
23. 在研发联盟网络中，贵公司通过少数几个中间企业的引介，就能够与网络中大多数高新技术企业建立直接或间接研发联盟关系							

续表

24.贵公司能够与研发联盟网络中有很高声望的高新技术企业建立直接或间接研发联盟关系							
25.通过贵公司的引介作用,彼此之间没有直接研发联盟关系的高新技术企业之间能获取有关研发联盟信息							
26.通过贵公司的引介作用,彼此之间没有直接研发联盟关系的高新技术企业之间能够建立直接研发联盟关系							
27.通过贵公司的引介作用,彼此之间没有直接研发联盟关系的高新技术企业之间能够建立间接研发联盟关系							

【第三部分:企业能力因子】(一)此部分问项是衡量贵公司的联盟能力,请您依据贵公司的实际情况,在适当的方格中打“√”。	非常不同意	不同意	不太同意	无意见	有些同意	同意	非常同意
1.贵公司能够敏锐地识别出研发联盟环境的变化							
2.贵公司能够高效率筛选出与自己联盟目标相匹配的潜在研发联盟伙伴企业							
3.当需要组建研发联盟时,相关产业的高新技术企业都渴望与贵公司缔结研发联盟							
4.根据与研发联盟伙伴的合作研发进展情况,贵公司能够适时地调整自己的联盟目标							
5.贵公司能够很好地动态监控研发联盟伙伴的研发资源投入情况							
6.贵公司能够有效地预见研发联盟伙伴之间潜在的冲突并制定相应解决方案							
7.贵公司有专门的研发联盟部门管理联盟相关事务							
8.贵公司能够经常为研发联盟经理提供在职联盟培训的机会							
9.贵公司的研发联盟经理通过实践论坛和非正式交流机会,能够从研发伙伴企业的联盟经理获得大量的联盟经验							

续表

10.贵公司的研发联盟经理必须定期或不定期向公司汇报他们的最新研发联盟经验							
11.贵公司建有专门联盟数据库,用以储存联盟经验、编撰性信息和技术诀窍等联盟数据							
12.贵公司有相应的激励措施,使其研发联盟经理愿意分享他们独有的管理联盟的经验和诀窍							
13.与其他研发联盟伙伴企业相比,贵公司研发边界人员具有较高的获取外部技术知识的作业能力							
14.与其他研发联盟伙伴企业相比,贵公司在与研发联盟伙伴企业的正式或非正式交流中,能获得更多研发市场变化信息							
15.与其他研发联盟伙伴企业相比,贵公司研发人员在与研发联盟伙伴企业共同研发过程中,能获取更多关键性技术诀窍							
16.贵公司能够正确辨识从研发联盟伙伴企业获取的信息与技术知识的价值							
17.贵公司研发人员能快速理解从研发联盟伙伴企业获取技术性知识和研发市场信息							
18.贵公司研发人员能将从研发联盟伙伴企业获取的新技术知识,与已有的生产技能进行有效整合							
19.贵公司能将从研发联盟伙伴企业获取的技术性知识,编制成操作手册或工作说明书之类的书面文件,以方便研发人员使用							
20.贵公司研发联盟边界人员要定期在研讨会上汇报从研发联盟伙伴企业获取的技术知识							
21.贵公司研发联盟边界人员愿意通过非正式交流方式与其他研发人员分享自己从外部获取的技术信息和诀窍							
22.与同行业其他高新技术企业相比,贵公司研发人员占总人数的比重较大							

续表

23.与同行业其他高新技术企业相比，贵公司技术开发经费占销售收入的比重较大							
24.与同行业其他高新技术企业相比，贵公司能够从研发联盟网络中获取更多多样性创新思想(注：研发联盟网络是指两个以上的企业通过研发联盟关系联结而成的网状组织。)							
25.贵公司能够有效地整合从研发联盟网络中获取的新技术领域的知识							
26.公司能够将从研发联盟网络中获取的创新知识，快速而有效地应用于新产品开发中							
27.贵公司能够将从研发联盟网络获取的创新思想，纳入新产品开发活动中							
28.与同行业其他高新技术企业相比，贵公司通过销售或提供许可协议以及特权使用协议等方式，能够从其智力产权中获得更多收益							
29.与同行业其他高新技术企业相比，贵公司能够更快速地将新产品引入市场							
30.与同行业其他高新技术企业相比，贵公司开发的新产品更适合未来市场的需要							

【第四部分：基本数据】

此部份之问题在于了解贵公司的基本资料，请您依据贵公司的实际情况，在适当的括号中打“√”。

1.贵公司所属之产业别为	()信息软件业　()计算器集成制造技术 ()医药、医疗器械　()生物技术 ()光电技术　()电子信息 ()汽车　()纺织　()材料设计技术 ()精密仪器制造　()其他
2.贵公司资本额为	()100 万元以下　()101 万～500 万 ()501 万～1000 万元　()1001 万～2000 万元 ()2001 万～3000 万元　()3001 万～1 亿元 ()1 亿元以上

续表

3.贵公司员工人数为	()20人以下　()21～50人 ()51～100人　()101～150人 ()151～200人　()201～300人 ()300人以上
4.贵公司成立年数	()1～5年　()6～10年　()11～15年 ()16～20年　()21～25年　()26～30年 ()30年以上

问卷到此全部结束,烦请您再次检查是否有遗漏未填答之题项,再次感谢您的协助!

参考文献

[1] 赵红梅,王宏起. R&D联盟网络结构对高新技术企业竞争优势影响研究[J]. 科研管理,2013,(12):31-36.
[2] 赵红梅,王宏起. R&D联盟伙伴选择试错机理研究[J]. 科学学与科学技术管理,2009,(6):31-35.
[3] 赵红梅,王宏起. 社会网络视角下R&D联盟网络效应形成机理研究[J]. 科学学与科学技术管理,2010,(6):25-31.
[4] 赵红梅,王宏起. 社会网络视角下R&D联盟网络形成路径研究[J]. 科技进步与对策,2010,(11):1-4.
[5] 赵红梅,徐建中,江崇莲. R&D联盟网络构型对高新技术企业竞争优势影响的实证研究[J]. 华东经济管理,2016,(4):106-110.
[6] 赵红梅,王宏起,徐建中. R&D联盟网络位置对高新技术企业竞争优势影响研究[J]. 华东经济管理,2013,(11):106-110.
[7] 赵红梅. 社会网络视角下R&D联盟形成动因研究[J]. 科技管理研究,2009,(8):76-79.
[8] 赵红梅,徐建中. R&D联盟网络形成过程的演化博弈研究[J]. 管理科学与工程报告,2014,(10):115-120.
[9] 李垣,刘益. 基于价值创造的价值网络管理:特点与形成[J]. 管理工程学报,2001,(4):36-39.
[10] KOEN D, GEERT D, ARD-PIETER D M. Strategic Repositioning by Means of Alliance Networks: The Case of IBM[J]. Research Policy, 2007,(36):1496-1511.
[11] TYLE B B, STEENSMA H K. Evaluating Technological Collaborative Opportunities: A Cognitive Modeling Perspective[J]. Strategic Management Journal,1995,1(6):43-70.
[12] DODGSON M. Learning Trust and Technological Collaboration [J].

Human Relations,1993,26(1):77-95.

[13] KALE P,DYER J H,SING H. Alliance Capability,Stock Market Response,and Long-term Alliance Success: The Role of the Alliance Function[J]. Strategic Management Journal,2002,23(2):747-767.

[14] TEECE D,PISANO G. The Dynamic Capabilities of Firms:an Introduction [J]. Industrial and Corporate Change,1994,3(3):537-556.

[15] REUER J J,LEIBLEIN M J. Downside Risk Implications of Multinationality and International Joint Ventures[J]. Academy of Management Journal,2000,43 (2):203-214.

[16] JIAN W,JOHN C. Motive,Form and Function of international R&D alliances:Evidence from the Chinese IT industry [J]. Journal of High Technology Management Research,2006,(16):173-191

[17] HIROSHI Y. Formation of Strategic Alliances in High-technology Industries:Comparative Study of the Resource-based Theory and the Transaction-cost Theory [J]. Technovation,2006,(25):763-770.

[18] 庞艳桃. 基于 R&D 的战略联盟发展高新技术企业[J]. 武汉理工大学学报·信息与管理工程版,2006,(6):96-98.

[19] 魏然. 企业集团跨国 R&D 战略联盟的成因、途径及对策[J]. 中国软科学,2000,(9):21-25.

[20] 袁立科,张宗益. 社会资本对研发联盟形成的影响研究[J]. 中国软科学,2006,(8):89-93.

[21] HAGEDOORN. Inter-firm R&D Partnerships:An Overview of Major Trends and Patterns Since 1960 [J]. Research Policy,2002,31:477-492.

[22] VONORTAS N S. Cooperation in Research and Development [M]. Kluwer Academic Press,1997.

[23] XIA W. Technological Characteristics and R&D Alliance Form:Evidence from the U. S. Biotechnology Industry [EB/OL]. 2005[2006-09-15]. http://www. econ. uconn. edu.

[24] NAKAMURA M,YEUNG B. On the Determinants of Foreign Ownership Shares: Evidence From US Firms' Joint Ventures in Japan [J]. Managerial and Decision Economics,1996,(15):95-106

[25] COLOMBO M G. Alliance Form: A Test of the Contractual and Competence Perspective [J]. Strategic Management Journal, 2003, (24):1209-1229.

[26] RACHELLE C S. Organizational Choice in R&D Alliances: Knowledge-Based and Transaction Cost Perspectives [J]. Managerial And Decision Economics Manage,2004,(25):421-436

[27] SAXTON T. The Effects of Partner and Relationship Characteristics on Alliance Outcomes [J]. Academy of Management Journal,1997, 40(2):443-461.

[28] RING P S,VANDEVEN A H. Developmental processes of cooperative Interorgnizational Relationships [J]. Academy of Management Review,1994,19 (1):90-118.

[29] YANG X H. Assessing the Effects of Structural and Project Characteristics on R&D Strategic Alliance Performance: A Unified Approach [J]. The Journal of High Technology Management Research, 2007,10(1):105-121.

[30] 徐雨霖,吴德军.基于SPC维度的企业研发联盟分析[D].首届中国科技政策与管理学术研讨会论文集,2005:746-755.

[31] 刘学,项晓峰.研发联盟中的初始信任与控制战略:基于中国制药产业的研究[J].管理世界,2006,(11):90-96.

[32] JOHN D,GLENN M. Technology R&D Alliances and Firm Value [J]. Journal of High Technology Management Research,2001,(12): 227-237.

[33] CHANF-SU K,ANDREW C. Cross-border R&D Alliances,Absorptive Capacity and Technology Learning [J]. Journal of International Management,2005,(11):313-329.

[34] RACHELL C S. R&D Alliance and Firm Performance:The Impact of Technological Diversity and Alliance Organization on Innovation [J]. Academy of Management Journal,2007,50(22):364-386.

[35] ANAND,KHANNA. Do Firms Learn To Manage? Experience Ana Collaborative Returns in R&D Alliances [J]. Academy of Management Proceeding,2002,(5):163-178.

[36] 汤建影,黄瑞华.研发联盟企业间知识共享影响因素的实证研究[J].预测,2007,(5):20-25.

[37] ROSENKOPF L, SCHILLING M A. Comparing Alliance Network Structure Across Industries: Observations and Explanations [J]. Strategic Entrepreneurship Journal,2007,1(3):191-209.

[38] KOICHIRO O,NICHOLAS S V. European Alliance and Knowledge Networks [J]. Technology Analysis & Strategic Management,2006,18(5):535-560.

[39] JONGHOON BAE. Partner Substitutability, Alliance Network Structure,and Firm Profitability in the Telecommunications Industry [J]. Academy of Management Journal,2004,l(47):843-859.

[40] 王三义,刘新梅.企业联盟网络联结方式的机理研究[J].生产力研究,2006,(11):42-46.

[41] DOVEY L. The Evolution and Strategy of Interconnected Firms:A Study of the Unisys Alliance Network [J]. Academy of Management Best Conference Paper,2006,(8):215-219.

[42] KOEN DITTRICH, GEERT DUYSTERS, ARD-PIETER DE MAND. Strategic Repositioning by Means of Alliance Networks:The Case of IBM [J]. Research Policy,2007,(36):1496-1511.

[43] VICTOR A. GILSING. Strategic Alliance Networks and Innovation: A Deterministic and Voluntaristic View Combined [J]. Technology Analysis & Strategic Management,2007,19(2):227-249.

[44] WIM VANHAVERBERBEKE. Exploration and Exploitation in Technology-based Allianc Networks [EB/OL]. 2007[2007-10-16] http://www. econ. kuleuven. be/msi/_docs/.

[45] 魏江.产业集群-创新系统与技术学习[M].北京:科学出版社,2003:73-84.

[46] GULATI R. Does familiarity breeds trust? The Implications of Repeated Ties on Contractual Choice in Alliances [J]. Academy of Management Journal,1995,38 (1):85-12.

[47] TSAI W. Knowledge Transfer in Intraorganizational Networks: Effects of Network Position and Absorptive Capacity on Business U-

nit Innovation and Performance [J]. Academy of Management Journal,2001,44 (5):996-1004.

[48] POWELL W W,KOPUT K,SMITH DOERR L. Interorganizational Collaboration and the Locus of Innovation:Networks f Learning in Biotechnology [J]. Administrative Science Quarterly,1996,41(1):116-145.

[49] 焦俊,李垣. 基于内部能力、联盟网络的组织学习和技术创新[J]. 科学管理研究,2008,(6):69-75.

[50] CALABRESE,BRIAN S. SILVERMAN. Don't Go in Alone:Alliance Network Composition and Startups' Performance in Canadian Biotechnology [J]. Strategic Management Journal, 2000, (21): 267-294.

[51] LEYLAND PITT,RIANVANDER MERWE. Global Alliance Networks:A Comparison of Biotech SMEs in Sweden and Australia [J]. Industrial Marketing Management,2006,(35) :600-610.

[52] FLEMING L,JUDA A. A network of invention [J]. Harvard Business Review,2004,82 (4):22-23.

[53] AHUJA G. Collaboration Networks,Structural Holes,and Innovation:A Longitudinal Study [J]. Administrative Science Quarterly,2000,45(3):425-455.

[54] ANTHONY G,PAUL W B. The Effect of Alliance Networks Diversity on Multinational Enterprise Performance [J]. Strategic Management Journal,2007,(26):333-354.

[55] ANTHONY G. Alliance Networks and Firm Performance:The Impact of Repeated Partnerships [J]. Strategic Management Journal,2007,(28):487-509.

[56] SANJEEV G,JOSE L M. Networks [J]. Journal of Economics,2001,32(4):686-707.

[57] PETERS L,GROENEWEGEN P,FIEBELKORN N. A Comparison of Networks Between Industry and Public Sector Research in Material Technology and Biotechnology [J]. Research Policy,1998,(27):255-271.

[58] ALICE L. Organizational Learning in Multinationals: R&D Networks of Japanese and US MNEs in the UK [J]. Journal of Management Studies,2003,40(5):3.

[59] OANA B. R&D Networks and Innovation Capabilities: A Context-contingency Perspective [J]. Academy of Management Best Conference Pape,2006:32-39.

[60] COWAN R,NICOLAS J. Approbation and the Evolution of Social Structure[J]. Journal of Economic Behavior and Organization,2007,64(6):295-315.

[61] GARGIULO M,BENASSI M. Trapped in your own net? Network Cohesion,Structural Holes and the Adaptation of Social Capital[J]. Organization Science,2000,11(2):183-196.

[62] 张喜凯.高新技术企业动态竞争优势的形成研究[D].天津:天津财经大学,2006,36.

[63] BAIN J S. Barriers to New Competition:Their Character and Consequences in Manufacturing Industry [M]. Cambridge: Harvard University Press,1956.

[64] RUMELT R P. Towards a Strategic Theory of the Firm',in R. B. Lambed [J]. Competitive Strategic Management,1984.

[65] DAVID G,HOOPES,TAMMY L M. A Capability-based View of Competitive Heterogeneity [J]. Industrial and Corporate Change,2008,17(3):393-426.

[66] TEECE D J. Dynamic Capabilities of Richard R. Nelson and Sidney Winter Commemoration Issue [J]. Industrial and Corporate Change,2003,12(5):532-649.

[67] BARNEY J B. Firm Resources and Sustained Competitive Advantage [J]. Journal of Management,1991,17(1):99-120.

[68] PETERAF M A. The Cornerstones of Competitive Advantage:A resource-based View [J]. Strategic Management Journal,1993,14(3),170-181.

[69] HAMEL G,HEENE A. Competence-based Competition [M]. New York:John Wiley & Son,1994:179-186.

[70] PRAHALAD C K, HAMEL G. The Core Competencies of the Firm [J]. Harvard Business Review, 1990, (66): 79-91.

[71] SPENDER J C, GRANT R M. Knowledge and the Firm: Overview [J]. Strategic Management Journal, 1996, 77(12): 5-9.

[72] PETERSENGE. The Fifth Discipline: The Art & Practice of the Learning Organization [M]. New York: Currency/Doubleday, 2000.

[73] 叶庆祥，徐海洁. 基于知识溢出的集群企业创新机理研究[J]. 浙江社会科学，2006，(1)：26-30.

[74] DYER J, SING H. Creating and Managing a High-Performance Knowledge-sharing network: The Toyota Cease [J]. Strategic Management Journal, 2000, 21(3): 345-367.

[75] Kenneth Preiss. The Emergence of the Interprise. Organizing the ExtendedEnterprise. 1997, (6): 3-16.

[76] NEIL RACKHAM. 合作竞争大未来[M]. 苏怡钟，译. 北京：经济管理出版社，1998，34-42.

[77] 杨鹏鹏，谢恩. 创造企业竞争优势：内部资源，外部网络及其整合[J]. 数量经济技术经济研究，2006，(2)：37-42

[78] DYER J H. How Chrysler Created an American Keiretsu [J]. Harvard Business Review, 1996, 74 (4): 42-56.

[79] UZZI, BRIAN. Social Structure and Competition in Interfirm Networks: The Paradox of Embeddedness [J]. Administrative Science Quarterly, 1997, 42 (1): 37-691.

[80] YANNIS C, IOANNA K. Internal Capabilities and External Knowledge Sources: Complements or Substitutes for Innovative Performance [J]. Technovation, 2004, 24 (1): 295-397.

[81] GULATI R, GARGIULO M. Where Do Interorganizational Networks Come from? [J]. American Journal of Soeiology, 1999, 104 (5): 1439-1493.

[82] PREMARATNE S P. Networks, Resources, and Small Business Growth: The Experience in Sri Lanka[J]. Journal of Small Business Management, 2001, 39 (4): 363-371.

[83] COLEMNA J S. Foundations of Social Theory [M]. Cambridge,

MA:Harvard University Press,1990.

[84] 边燕杰,丘海雄.企业的社会资本及其功效[J].中国社会科学,2002,(2):65-69.

[85] BOURDIEU P. The of mrsofea Pitalin Handbook of Theory and Research of the Sociology of Education [J]. Newbrk:Greenwood,1986,(5):241-258.

[86] 邬爱其.集群企业网络化成长机制研究[D].杭州:浙江大学,2005,56-61.

[87] GRANOVERRER M S. The Strength of Weak Ties [J]. American Journal of Sociology,1973 ,(3):112-128.

[88] KRAEKHARDT D. Endogenous Preefernees:A Structural Approach in Jemiiefr Halpenrn And Robert N. Stenr(Eds.) Debating Rationality:Nonartional As Peets of Organizational Decision Making [M]. Conrell University Press,1988:239-247.

[89] 罗家德.社会网分析讲义[M].北京:社会科学出版社,2002:161.

[90] 林健,李焕荣.战略网络对企业绩效影响分析[J].科研管理,2003,(4):87-94.

[91] FRANZ T. Innovation Networ, Collective learning, and Industrial Policy in Regions of Europe[J]. European Planning Studies, 1999,(6):63-69.

[92] LAUMANN E O,Galaskiewicz J,Marsden P V[J]. Annual Review of Sociology,1978,(4):455-484.

[93] 徐杰.鞠颂东物流网络的内涵分析[J].北京交通大学学报社会科学版,2005,(4):167-195.

[94] 许国安.系统科学[M].上海:上海科技教育出版社,2004:78-88.

[95] 谢芳.企业集团内部协同创新机理研究[D].杭州:浙江大学,2006:121-126.

[96] DODGSON M. Technological Collaboration: Problems and Pitfalls [J]. Technology Analysis & Strategic Management, 1992, 4 (1): 88-93.

[97] 范保群.在战略高科技产业-建议加快建立同行业企业竞争前研发联盟[R].国研报告,2006.

[98] UZZI B B. The Source and Consequences of Embeddedness for the Economic Performance of Organizations: The Network Effect [J]. American Sociological Review, 1996, 61(4): 674-698.

[99] BRIAN U. Embeddedness in the Making of Financial Capital: Social Relations and Network Benefit Firms Seeking Fnancing[J]. American Sociological Review, 1992, 62: 48-79.

[100] HAKEN H. Information and Self-organization: A Macroscopic Approach to Complex System[J]. Journal of Management, 1988, (11): 32-36.

[101] GRANOVETTER, MARK. Economic Action and Social Structure: The Problem of Embeddedness[J]. American Journal of sociology, 1985, 91(6): 481-510.

[102] HASEN M T. Knowledge Networks: Explain Effective Knowledge Sharing in Multiunit Companies [J]. Organization Science, 2002, 13 (3): 232 -248.

[103] DAVID KNOKE, SONG YANG, FRANCISCO J G. Dynamics of Strategic Alliance Networks in the Global Information Sector, 1989-2000[C]. To be presented at Standing Working Group for Business Network Research "The Dynamics of Networks" 18th EGOS Colloquium, Barcelona, 2002, (6): 4-6.

[104] 周青，毛崇峰. 基于协作研发的技术标准联盟形成条件与路径分析[J]. 科学管理研究，2006，(10)：47-50.

[105] 行业资讯：白光 LED 研发联盟次世代照明整合性计划协助产业整合升级 [J/OL]. http://www. ledgc. cn/ledtech/Illumination/2134. html.

[106] UZZI B. Social Structure and Competition in Interfirm Network: Paradox of Embeddedness [J]. Administrative Science Quarterly, 1997, (2): 35-67.

[107] 朱少英. 基于演化博弈的创新网络形成机理研究[J]. 山西大同大学学报（自然科学版），2007，23(2)：45-47.

[108] 金雪军. 实验经济学[M]. 北京：首都经济贸易大学出版社，2006：279.

[109] 任志安.知识共享网络理论及其治理研究[D].重庆:西南交通大学,2006:126.

[110] 谢识予.经济博弈论[M].上海:复旦大学出版社,2002:248-251.

[111] 朱国华,杨扬.期货市场与现货市场的试错联动分析—论期货市场功能正[J].财经研究,2008,(7):10-115.

[112] 谢志刚,韩天雄.风险理论与非寿险精算[M].天津:南开大学出版社,2000:10-11.

[113] 吴岚,王燕.风险理论[M].北京:中国财经出版社,2006:20-23.

[114] MARSDEN P. Network Data and Measurement[J]. Annual Review of Sociology,1990,(2):16.

[115] BOASE J,WELLMAN B. Suggested Question on Social Networks and Social Capital [R]. Report to The Policy Research Initiative, Ottawa,Canada,2004.

[116] 刘军.社会网络分析导论[M].北京:社会科学文献出版社,2004:107-111.

[117] 任义科,杜海峰,费尔德曼.中国农民工社会网络的凝聚子群结构分析[J].社会,2008,28(5):20-32.

[118] JOHANSON J, MATTSSON. Interorganizational Relations Inindustrial Systems:A Network Approach Compared with the Transactioncost Approach[J]. International Studies of Management and Organization,1987,(1):34-38.

[119] KRACKHARDT D. The Ties that Torture:Simmelian Tie Analysis in Organizations[J]. Research in the Sociology of Organizations, 1999,(6):183-184.

[120] BURT R S. The Contingent Value of Social Capital[J]. Administrative Science Quarterly,1997,42(2):339-365.

[121] HIGGINS M C, KRAM K E. Reconceptualizing Mentoring at Work:A Developmental Network Perspective[J]. Academy of Management Journal,2001,(8):264-288.

[122] WENZHEN L U. Network Development for Competitive Advantage:A Study of Subsidiary Networks and Alliance Networks[D]. Wellington Ottawa, The University of Western Ontario, 2004:

147-158.

[123] DANIEL Z L,ROB C. The Strength of Weak Ties You Can Trust: the Mediating Role of Trust in Effective Knowledge Transfer[J]. Management S cience,2004,50(11):1477-1490.

[124] ROSE K,ROTH K,SHARON O D. Foreign Subsidiary Compensation Strategy: An Agency Theory Perspective [J]. Academy of Management Journal,1997,39,(3),678-679.

[125] SCOTT J. Social Network Analysis: A Handbook[M]. London: Sage Publications,2000:156-159.

[126] GANG F,YVES P. The Integrative Model of International Innovation Network and Performance [C]. Proceedings of the Third Conference on Global Manufacturing and China,2007,(2):67-71.

[127] KENIS P,KNOKE D. How Organizational Field Networks Shape Interorganizational Tie-formation rates [J]. Acad Manage Rev, 2002,27(2):275-293.

[128] BOURIDEU P. The Forms of Capital: Handbook for Theory and Research for the Sociology of Education [M]. New York,1986,241-258.

[129] ANTONIO C. Dual Networks,Innovation,and Relational Capability [J]. Strategic Management Journal,2007,28(6):588-604.

[130] NADER S. Networks and Innovation:A Social Network Analysis of Biotechnology Collaboration[D]. University of Western Ontario, 2001:127-135.

[131] ROWLEY T,BEHENS D,KRACKHARDT D. Redundant Governance Structures:An Analysis of Structural and Relational Embeddedness in the Steel and Semiconductor Industries[J]. Strategic Management Journal,2000,(21):375-381.

[132] 张其仔. 新经济社会学[M]. 北京:中国社会科学出版社,2001: 169-170.

[133] GAUTAM A. Collaboration Networks,Structural Holes and Innovation:A Longitudinal Study[J]. Academy of Management Proceedings,1998,(1):1-7.

[134] Victor A. Strategic Alliance Networks and Innovation[J]. Strategic Management,2007,(3):12-21.

[135] 吴结兵,徐梦周.网络视角下产业集群竞争优势理论模型与实证研究[J].浙江大学学报(人文社会科学版),2008,38(4):163-173.

[136] LAVIE D. The interconneeted firm: evolution, strategy, and Performance [D]. A dissertationin strategie management of University of Pennsylvania,2004:135-139.

[137] 张小娣,赵嵩正.组织文化、组织学习与企业知识集成能力的关系研究[J].情报杂志,2009,(6):13-17.

[138] 王娟茹.知识集成能力及其构成因素实证分析[J].科学学与科学技术管理,2006,(5):31-37.

[139] SHAH R H,SWAMINATHAN V. Factors Influencing Partner Selection in Strategic Alliances:The Moderating Role of Alliance Context[J]. Strategic Management Journal,2008,(29):471-494.

[140] 郑胜华,芮明杰.联盟能力的基本架构及其提升联盟绩效的机理研究[J].科学学与科学技术管理,2007,(6):32-35.

[141] 胡厚宝,彭灿.知识联盟管理能力的影响因素与提高策略[J].科研管理,2007,28(6):38-42.

[142] DRAULANS,et al. Alliance Capability:A Comparison of the Alliance Strength of European and American Companies [J]. 2003,(10):113-135.

[143] SPEKMAN,Lynn A. Alliance Competence,Maximizing the Value of Your Partnerships[M]. New York:John Wiley & Sons,2000:304-311.

[144] TK DAS,KUMAR R. Learning dynamics in the alliance development process[J]. Management Decision,2007,45(11):689-705.

[145] Inkpen A C. Cross-border R&D alliances,Absorptive Capacity and Technology Learning [J]. Journal of International Management,2005,(11):316-324.

[146] KALE P,SINGH H,PERLMUTTER H. Learning andProtection of Proprietary Assets in Strategic Alliances:Building Relational Capital[J]. Strategic Management Journal,2000,21(3):219-225.

[147] AKMAN G, YILAZ C. Innovative Capability, Innovation Strategy and Market Orientation: An Empirical Analysis in Turkish Software Industry[J]. International Journal of Innovation Management, 2008,12(1),78-99.

[148] HENRY C, Adrienne. Beyond High Tech: Early Adopters of Open Innovation in Other Industries[J]. R&D Management, 2006, 36(3): 154-167.

[149] VANHAVERBEKE W. Open Innovation in SMEs: Trends, Motives and Management Challenges [J]. Technovation, 2009, 29 (6): 423-437.

[150] BRANZEI O, VERTINSKY I. Strategic Pathways to Product Innovation Capabilities in SMEs[J]. Journal of Business Venturing, 2006,21(1):75-105.

[151] ZHENG Y G. The Dynamic Impact of Innovative Capability and Inter-firm Network on Firm Valuation: a Longitudinal Study of Biotechnology Start-ups[J]. Journal of Business Venturing, 2010, 25 (6):595-602.

[152] GEORGE A Z, WOOD D. The Effects of Business-university Alliances on Innovative Output and Financial Performance: A Study of Publicly Traded Biotechnology Companies[J]. Journal of Business Venturing, 2002, 17 (6) :579-603.

[153] SHER P J, YANG P Y. The Effects of Innovative Capabilities and R&D Clustering on Firm Performance: the Evidence of Taiwan's Semiconductor Industry[J]. Technovation, 2005 (5):33-43.

[154] 张韬. 基于吸收能力的创新能力与竞争优势关系研究[J]. 科学学研究, 2009, 27(3):443-451.

[155] 陈萍, 贾志永, 龚小欢. 基于投入产出指数的高新技术产业技术创新能力实证研究[J]. 科学学研究, 2009, (2):36-39.

[156] ROMIJIN H, ALBALADEJO M. Determinants ofInnovation Capability in Small Electronics and Software Firms in Southeast England [J]. Research Policy, 2002, 31(7):1053-1067.

[157] GNYAWALI D R. Cooperative Networks and Competitive Dynam-

ics:A Structural Embeddedness Perspective[J]. Academy of Management Review,2001,26 (3):430-442.

[158] GIOVANNA P. Enhancing the Innovation Performance of Firms by Balancing Cohesiveness and Bridging Ties[J]. Long Range Planning,2008,41(6) :395-419.

[159] DUYSTERS G,LEMMENS C. Cohesive Subgroup Formation:Enabling and Constraining Effects of Social Capital in Strategic Technology Alliance Networks [J]. Management Journal, 2009, (9): 56-69.

[160] WANSHIOU Y,JIA-BEN D. Discovering Cohesive Subgroups from Social Networks for Targeted Advertising[J]. Expert Systems with Applications,2008,34:2029-2038.

[161] FELLER J. Essays on Process Learning in R&D Alliances[D]. Doctoral Dissertations, Helsinki University of Technology, 2004: 191-209.

[162] DYER B C. The Determinants of Success in R&D Alliances [J]. Research Policy,2006,32(8):1619-1640.

[163] JAYAWARDHENA C. Formal and Informal Interorganizational Learning within Strategic Alliances[J]. Strategic Management Journal,2006,19(5):46-47.

[164] 薛伟贤,党兴华. 网络环境下企业技术创新过程的特性分析[J]. 研究与发展管理,2004,16(6):9-16.

[165] BRANZEI O. Product Innovation in Heterogeneous R&D Networks Pathways Exploration and Exploitation [D]. The University of British Columbia,2005:101-106.

[166] PHELPS C. Technological Exploration:A Longitudinal Study of the Role of Recombinatory Search and Social Capital in Alliance Networks[J]. Management Science,2008,47(1):117-132

[167] ANASTASIOS K. The Exploration of Novel Technologies through Alliance Networks:The Case of Biotechnology Industry[J]. Strategic Management Journal,2007,(10):51-67.

[168] ROTHAERMEL D L. Alliance Type,Alliance Experience and Alli-

ance Management Capability in High-technology Venture[J]. Journal of Business Venturing,2006,21 (5):429-460.

[169] HEIMERIKS K H,DUYSTERS G. Alliance Capability as a Mediator Between Experience and Alliance Performance:An Empirical Investigation into the Alliance Capability Development Process[J]. Journal of Management Studies,2007,(6):25-49.

[170] HOFFMAN W H. Strategies for Managing a Portfolio of Alliances trategic[J]. Management Journal,2007,28(8):827-856.

[171] JIFENFi Mu,GANF P,EDWIN L. Interfirm Networks,Social Capital,and Knowledge Flow[J]. Management Journal,2008,18(6):231-239.

[172] CILLINS J D,HITT M A. Leveraging Tacit Knowledge in Alliances:the Importance of Using Relational Capabilities to Build and Leverage Relational Capital[J]. Journal of Engineering and Technology Management,2006,23(3):147-161.

[173] Tiwana A. Do Bridging Ties Complement Strong Ties? An Empirical Examination of Alliance Ambidexterity[J]. Strategic Management Journal,2008,29(3):251-272.

[174] SOEKIJAD M,ANDRIESSEN E. Conditions for Knowledge Sharing in Competitive Alliances[J]. European Management Journal,2003,21(5):578-583.

[175] ROTHAERMEL F T,HESS A M. Building Dynamic Capabilities:Innovation Driven By Individual,Firm and Network Level Effects[J]. Organization Science,2007,18(6):898-901.

[176] Ngowi A B. The Role of Trustworthiness in the Formation and Governance of Construction Allianes[J]. Building and Environment,2007,42(4):1828-1835.

[177] CHEN M,WANG. Social Networks and a New Venture's Innovative Capability:the Role of Trust within Entrepreneurial Teams[J]. R&D Management,2008,38 (3):56-68.

[178] SALMAN N,SAIVES A L. Indirect Networks:an Intangible Resource for Biotechnology Innovation[J]. R&D Management,2005,

35(10):203-215.

[179] LIAO K. Organizational Dynamic Capability and Innovation: An Empirical Examination of Internet Firms[J]. Journal of Small Business Management,2009,(6):67 85.

[180] STUART E A. Interorganizational Endorsements and the Performance of Entrepreneurial Ventures[J]. Administrative Science Quarterly,1999,(2) :315-349.

[181] SAMPSON R C. R&D Alliances and Firm Performance: The Impact of Technological Diversity and Alliance Organization on Innovation [J]. Academy of Management Journal,2007,50(2):364-386.

[182] SOH P H,ROBERTS E B. Technology Alliances and Networks: An External Link to Research Capability[J]. IEEE Transactions on Engineering Management,2006,(4):419-428.

[183] SOH P H,ROBERTS E B. Technology Alliances and Networks: An External Link to Research Capability[J]. IEEE Transactions on Engineering Management,2006,(4):419-428.

[184] WENPIN T. Knowledge Transfer in Intraorganizational Networks: Effects of Network Position and Absorptive Gapagity on Business Unit Innovation and Performance[J]. Academy of Management Journal,2001,44(7):996-1004.

[185] SOREN B, STUART T E. Syndication Networks and the Spatial Distribution of Venture Capital Investments[J]. Amer. J. Sociol. , 2001,(12):46-88.

[186] VANHAVRBEKE, DUYSTERS G. Network Embeddedness and the Exploration of Novel Technologies: Technological Distance, Betweenness Centrality and Density[J]. Research Policy, 2008, (3) 17-31.

[187] 盛亚,范栋梁.结构洞分类理论及其在创新网络中的应用[J].科学学研究,2009,27(9):1408-1411.

[188] Gulati R. Network Location and Learning: the Influence of Network Resources and Firm Capabilities on Alliance Formation[J]. Strategic Management Journal,1999,20(6):397-420.

[189] RANJAY G. Alliances and Networks[J]. Strategic Management Journal,1998,19(6):293-317.

[190] PODLNY J M. Networks as the Pipes and Prisms of the Market [J]. American Journal of Sociology,2001,107 (1):33-60.

[191] KOKA B R,PRESCOTT J E. Designing Alliance Networks:the Influence of Network Position,Encironmentaal Change,and Strategy on Firm Performance[J]. Strategic Management Journal,2008,29 (6):123-141.

[192] ZAHERR A,BELL G. Benefiting from Network Position:Firm Capabilities,Structural Holes,and Performance[J]. Strategic Management Journa,2005,26(9):809-825.

[193] POWELL W W,SMITH-DOERR L. Networks and Economic Life In The Handbook of Economic Sociology[M]. Princeton:Princeton University Press,1994,158-176.

[194] CHAN K Y,OERLEMANS L A G,PRETORIUS M. A Conceptual Model of the Impacts of Networking on Innovative Performance of New Technology-Based Firms[C]. Management of Engineering & Technology International Conference,2008,(9):443-453.

[195] HARGADON A,SUTTON R I. Technology Brokering and Innovation in a Product Development Firm[J]. Administrative Science Quarterly,1997,42(2):716-749.

[196] WALTER J, LECHNER C, KELLERMANNS F W. Knowledge Transfer between and within Alliance Partners:Private versus Collective Benefits of Social Capital[J]. Journal of Business Research, 2007,60(5):698-710.

[197] SMITH-DOERR L,OWEN-SMITH J. Network Position and Firm Performance:Organizational Returns to Collaboration in the Biotechnology Industry[J]. California Management Review, 1999, 40 (3),222-228.

[198] UZZI B. The Sources and Consequences of Embeddedness for the Economic Performance of Organizations:the Network Effect[J]. American Sociological Review,1996,61(7):674-698.

[199] ZAHRA, GEORGE G. Absorptive Capacity: A Review Reconceptualization and Extension[J]. Academy of Management Review, 2002, 27(2): 185-203.

[200] WIKLUND, SHEPHERD D. Knowledge-based resource, Entrepreneurial Orientation, and the Performance of Small and Medium-sized Businesses [J]. Strategic Management journal, 2003, (6), 13-24.

[201] HOSKISSION R, KIM H. International Diversification Eeffects on Innovation and Firm Performance in Product Diversified Firms[J]. Acadomy of Management journal, 1997, (7), 76-89.

[202] BENNER M J, TUSHMAN M L. Exploitation, Exploration, and Process Management: The Productivity Dilemma Revisited[J]. Academy of Management Review, 2003, 28(2): 38-56.

[203] TASI W, GHOSHAL S. Social Capital and Value Creation: The Role of Intrafirm Networks[J]. Academy of Management Journal, 1998, 42(4): 51-67.

[204] LONG, VICKERS-KOCH. Using Core Capabilities to Create Competitive Advantage[J]. Organizational Dynamics, 1995, 24(1): 6-21.

[205] DE MAN A P. The Network Economy: Strategy, Structure, Management[M]. U. K.: Edward Elgar, Aldershot, 2004: 129-145.

[206] DELERY J E, DOTY D H. Modes of Theorizing in Strategic Human Resource Management: Tests of Universalistic, Contingency and Configurational Performance Predictions[J]. Academy of Management Journal, 1996, 39(4): 802-835.

[207] NEVIS E C, DIBELLA A J, Gould J M. Understanding Organizational Learning as learning systems[J]. Sloan Management Review, 2001, (4): 65-67.

后　记

随着创新范式日益网络化和开放化，高新技术企业创新活动深深嵌入在R&D联盟网络中，对高新技术企业创新绩效的影响并不仅仅是单个R&D联盟在起作用，而是整个R&D联盟网络作用的结果。因此，将高新技术企业创新绩效的研究视角从企业间的双边互动关系拓展到相互嵌入的R&D联盟网络水平层次，具有重要的理论意义和应用价值。

本书从更为微观的层面揭示了单个高新技术企业通过R&D联盟网络提升创新绩效的内在机理，为高新技术企业在R&D联盟网络中提升创新绩效提供管理建议和决策支持，有利于我国高新技术企业在激烈的国际市场竞争中不断提升技术创新能力，从而提升我国整体的科技创新能力。

本书从构思到完成，经历了一年多时间，投入了大量的时间和精力，为了力争能探究和揭示出在R&D联盟网络环境下高新技术企业获取竞争优势的形成机理，收集了大量的文献资料，找寻更为科学的论证方法和调查数据。我本人完成了第一章、第二章、第三章、第五章和第七章，第四章、第六章和第八章由江崇莲完成。

在本书出版之际，内心充满了无限的感激！感谢黑龙江科技大学管理学院领导和同事们的支持！感谢中国矿业大学出版社编辑老师们的辛苦付出！最后，谨在此感谢所有在我成长道路上关心、爱护和支持我的师长、亲人与朋友们，祝你们幸福、安康！